乡镇供电营业所

本书编写组　编

内容提要

为了满足加强全国农村乡镇供电营业所技术和管理工作，以及适应农电“两改一同价”后的需要，根据国家电网公司、南方电网公司等对农村乡镇供电营业所安全管理和实际管理的经验，依据乡镇供电营业所规范化管理标准、安全技术标准、现场作业标准和相关管理规定等，组织编写了一套《乡镇供电营业所电工手册》、《乡镇供电营业所管理手册》和《乡镇供电营业所现场安全手册》共3册，并与《乡镇供电营业所电工考核培训教材》、《农电安全技术培训教材》相配套，以方便全国农村电工人员、农电技术人员和管理干部的工作需要、随身携带和经常查阅。

本书是《乡镇供电营业所管理手册》，共分8章，主要内容有：乡镇供电营业所规范化管理、安全生产管理、供电所生产及设备管理、电能品质管理、供电所营销管理、供电所电能损耗管理、供电优质服务管理、供电所现代化管理。

本手册适用于全国县供电企业、农村乡镇供电营业所、乡镇企业等农村电工人员、农电技术人员和管理干部等知识技能考核、管理规范化，可作为随身携带、经常查阅的必备工具书。

图书在版编目（CIP）数据

乡镇供电营业所管理手册/《乡镇供电营业所管理手册》编写组编. —北京：中国电力出版社，2006.1

ISBN 978-7-5083-3751-7

Ⅰ. 乡...　Ⅱ. 乡...　Ⅲ. 乡镇－供电－工业企业管理－手册　Ⅳ. F426.61－62

中国版本图书馆CIP数据核字（2005）第144840号

中国电力出版社出版、发行
（北京三里河路6号　100044　http：//www.cepp.com.cn）
北京密云红光印刷厂印刷
各地新华书店经售
*
2006年3月第一版　　2007年1月北京第二次印刷
850毫米×1168毫米　32开本　10印张　315千字
印数3001—6000册　　定价**22.00**元

前　　言

为了满足加强乡镇供电营业所管理工作的需要，适应农电体制改革和农村电网建设与改造的需要，根据国家电力体制改革后新颁发的一系列规定、规程、制度，我们编写了《乡镇供电营业所管理手册》一书，以期对供电所管理很快达到“职责到位、管理规范、工作高效、服务真诚”的工作要求贡献一份力量。

国家电网公司的前身国家电力公司曾于 2002 年开展了“农村供电所管理年”活动。为夯实供电所安全管理基础，提高农电安全管理水平，减少农电生产事故，又于 2005 年开展了“农村供电所安全管理年”活动。本书就是按照这两次管理年活动的要求，拟定了编写大纲，并在国家电网公司北海农电培训中心举办的几期农村供电所管理研讨班上征求意见，形成了现在的章节体系，包括了供电所管理中常遇到的管理内容和即将遇到的管理课题。全书共八章，第一章为乡镇供电营业所规范化管理，涉及到供电所机构设置、场所设置、岗位设置及岗位职责、定员管理、指标考核、规范化管理供电所考核条件和同业对标深化创一流工作等内容。第二章为安全生产管理，以安全生产法为主线安排了十六节内容。第三章为供电所生产及设备管理，安排了十三节内容。第四章为电能品质管理，涉及到供电企业对社会承诺的电压合格率和供电可靠率。第五章为供电所营销管理，安排了十节内容。第六章为供电所电能损耗管理，安排了六节内容。第七章为供电优质服务管理，体现了国家电监会和国家电网公司对供电优质服务的新要求。第八章为供电所现代化管理，安排了当前最热门的信息管理、负荷管理和电力需求侧管理等内容。因此本手册是供电所搞好管理、搞好优质服务不可缺少的重要工具书。

参加本手册编写的有王晋生、李军华、韩晓鹏、王世珊、展忠民、魏新发、段锦、肖光裕等，全手册由王晋生统稿和主编。在本手册编写过程中得到了陕西省西安供电局农电处、青海省电力公司农电工作部、陕西省铜川供电局农电处、福州市供电公司农电部、新疆维吾尔自治区塔城电力公司农电部的大力支持和协助，在此表示诚挚的谢意。国家电网公司北海农电培训中心为本手册编写大纲和编写内容的研讨提供了方便和给予指导，在此表示衷心的敬意和谢意。

由于编者水平有限，编写时间仓促，定会有疏漏和不足之处，望广大读者批评指正，以便再版时补充完善。

编　者

2005 年 11 月

目 录

乡镇供电营业所规范化管理

第一节 机构设置

一、设置原则

(1) 改革乡镇电管站的现行管理模式，将乡镇电管站改为县级供电企业所属的供电所或营业所，其人、财、物纳入县级供电企业统一管理。

(2) 将乡镇电管站改为县供电企业直接管理的供电营业所，使其成为县供电企业统一管理的派出机构，采取营配合一的管理模式。

(3) 供电营业所应按照便于管理、方便用户的原则设置，使之成为电力为农民生活、为农村经济、为农业生产服务的前沿阵地，成为降低农村电价、减轻农民负担和开拓农村电力市场的排头兵。县供电企业要明确各供电营业所的营业区域，名称统一为××县（市）供电公司（局）××乡（镇）供电营业所。

(4) 2002年国家（电力公司）以农发［2002］20号文颁发的《农村供电所规范化管理标准》中提出的设置原则是：

供电所是县级供电企业的派出机构，其人、财、物纳入县级供电企业统一管理，是供电企业面向大众、服务社会的一个“窗口”。供电所的设置应按照便于管理、方便客户、经济合理的原则，一般采取营配合一的管理模式。根据配电网络结构、用电设备、供电量的多少，以及城镇规模，并适当考虑行政区划来设置供电所，做到有利于“四到户”管理的实施。原则上一个乡或几个乡（镇）设一个供电所，名称统一为：××县（市）供电公司××供电所。

(5) 结合变电所建设实行“所营配合一”模式的供电所。由于农村电力规划一般以一个乡镇有一个变电所为目标，因此所营配合一的供电所将会越来越多。

(6) 以便于管理、方便客户、经济合理为原则，一般应与乡镇行政

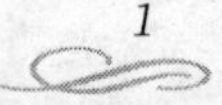

区划一致，在乡镇政府所在集镇设立供电所。

二、办公经营场所

（1）为履行好工作职责，供电所要有必要的办公室、客户服务部（厅、室）、材料库房、工器具室和值班室，要体现出行业“窗口”的特点，树立供电企业良好的外部形象。

（2）用电量较少、用电水平较低的地区按几个乡镇或片区设置一个供电所，供电所办公地点设在某一个乡镇（变电所所在乡镇），在其他乡镇或片区设营业网点或电工组。

（3）供电所设在变电所，距离集镇较远，不方便客户的可在集镇中心设立供电所的客户服务部（厅）。

三、供电所职责

（1）认真贯彻执行国家有关电力的各项方针、政策、法律、法规、标准和上级主管部门颁发的规章制度。严格执行电价政策，搞好农村电费、电价管理。

（2）负责供电区域内农村 10kV 及低压电网的运行、维护和检修管理。

（3）按规定受理客户的业扩报装申请，及时办理变更用电及临时用电等用电业务。对业务界定范围不属于供电所办理的高压客户申请，由供电所受理后转报上一级办理。

（4）负责供电区域内的抄表、审核、电费票据管理和电费收缴、合同管理和开拓农村电力市场。

（5）负责供电区域内计量装置的安装、更换、维护和管理。

（6）负责供电区域内 10kV 及低压配电台区的电能损耗管理。

（7）搞好农村供用电优质服务，认真履行供电服务承诺，树行业新风，搞好两个文明建设。

（8）搞好农村用电检查，宣传普及安全用电常识，指导客户安全用电、节约用电、依法用电，维护农村供用电秩序。

（9）建立和完善所内的各项规章制度、基础资料，搞好综合管理，并按规定及时、准确地填报有关业务报表。

（10）做好供电所人员的培训考核，积极推广农电新技术、新材料、新工艺、新设备，推进现代化管理。

（11）完成县级供电企业下达的各项技术经济指标和其他工作任务。

（12）所营配合—供电所负责变电所的运行维护。

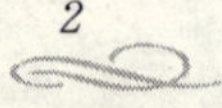

第二节 生产经营场所设置

一、设置原则

（1）供电所生产经营场所的设置，除应满足当前生产经营的需要外，还应考虑今后生产经营发展的需要。

（2）供电所的办公场所的设置必须根据当地的管理模式，与其经济条件和社会环境相适应。

（3）应力求整洁大方、节俭适度，不得追求豪华、气派或进行宾馆化的装修。

（4）根据供电所担负的职责，为保证供电所生产运行、营业服务工作的正常进行，实施规范化管理，供电所的生产办公场所应按功能设置，一般设有办公室、客户服务部（厅）、工器具室、电能表库房、备品备件室、材料库房、资料室、值班室、会议室、集体宿舍、食堂及后勤服务等基本设施。

二、办公室

办公室是生产经营管理的场所，为保证供电所正常的工作秩序，所长、管理人员、农电工均应安排必要的固定办公室。在经济条件许可的情况下，应设有所长办公室，安全、技术员办公室，核算、计量员办公室，农电工办公室若干。在有经济条件的供电所，管理岗位的办公室应设微机终端。

所长办公室须设置会客区，并配置相应的会客设施。

农电工办公室应配置个人更衣柜和工器具柜，有条件的可单独放置。

三、客户服务部（厅）

客户服务部（厅）作为对外服务受理接待客户的“窗口”，应为客户提供舒适满意的环境和服务。

客户服务部（厅）设置的首要条件是对外方便客户，对内便于联系，能及时受理各种用电业务，使客户一进入客户服务部（厅）大门，就能感到亲切、热情、和蔼的良好气氛。用电客户服务部（厅）应临街而设，以方便客户进出。对于所址较为偏僻的供电所，可单独在集镇中心设立客户服务部（厅）。

客户服务部（厅）应有明显国家电网公司规定的统一标识，或中国南方电网有限责任公司规定的统一标识。门口应有醒目的“营业时间”和事故报修、监督、投诉电话号码。室内在醒目位置提供电价、业扩流程、供电优质服务要求等信息。

四、值班室

根据供电所24h报修值班工作的需要设置值班（接待）室，用于供电所值班人员的值班、休息。

（1）为保证值班接听报修信息及值班人员有良好的休息环境，值班室应装设报修电话，以及相应的生活设施。

（2）值班室属生产管理场所，不得同家属混居，不乱留外人住宿。不得放置灶具炊具等物品。

（3）建立值班抢修制度，配备事故值班及报修记录。

（4）供电所除值班室外还应设置职工休息室，方便于离供电所较远的职工和抢修时使用。

五、资料室

为规范基础工作管理，供电所应设置资料室或档案室，用于存放客户资料、电费发票和供电所的档案资料。资料管理要按照国家档案管理的有关规定执行，分类存放，日期具体，索引清晰，并存放于有标识的资料柜内，便于查阅。

资料室兼作阅览室时，应放置必要的桌椅，以方便整理资料和查阅资料使用。

六、会议室

供电所的会议室用于召开小型会议，同时可兼作学习培训用。会议室应配备相应的会议桌和椅子。

会议室应整洁、明亮，通风良好，室内有禁烟标志。

会议室面积和布置应保证容纳全所人员的座位并留有足够的通道。会议室兼作学习培训用的，应配备必要的教育设备。

七、电能表库房

为保证计量管理的工作需要，供电所应设电能表库房，用于存放轮换、新装、备用电能表及计量互感器、维护用仪器仪表等计量器具。

（1）库房的面积应根据器具的存放量及其存放管理设施而定，备用电能表应以所管客户分类表计的1％数量备用。

（2）库房应保持干燥、整洁，空气中不应含有腐蚀性气体，温度不得低于零摄氏度。并有防尘、防盐雾、防潮、防高温、防火措施，不得存放与计量表计无关的任何物品。

（3）库房应有牢固的电能表支架，计量器具应按不同的类别、不同的状态（如待检、待装、淘汰等）分区放置，并有明确的分区线和标志。表计存放要符合有关规定。

（4）待装的电能表还应分类、分型号放置在专用的架子或周转车上，不得叠放，取用应方便。

（5）电能计量器具的出入库应及时进行计算机登记，做到库存电能计量器具与计算机档案相符。

八、备品备件室

备品备件室用于存放供电所维护抢修用材料，亦可与值班室合并；备品备件室应方便材料的进出，宜靠近值班室，并严禁无关人员随意进入。备品备件应按型号、品种分区存放，并分别编号、标识。备品备件室内应配置货架，对小件物品应存放于货架之上，并设置标签卡，做到架、层、号明晰和账、卡、物相符。

备品备件应建立材料领用制度和剩余材料退料制度，健全材料使用台账，记录使用和节超状况。

备品备件要根据实际情况确定最低库存量，一旦到达最低库存量，必须立即增补，以满足抢修报修的材料需求。

九、工器具室

供电所应设立用于存放供电所维修抢修工器具的工器具室。在工器具室内应根据当地供电所运行维护管理权限，足量配备各种工器具。

各种工器具应放置在货架上或专用的支架上。工器具应分类分区存放，安全工器具应与施工工器具分开存放。工器具不能堆放叠放，一物一位置，“对号入座”放置，并以标签牌注明放置位置。

按周期试验的工器具，应在工器具上贴上试验标签。

对绝缘工器具应采取防湿、防潮措施，并要防腐蚀性气体，防紫外线照射，以保证安全器具的绝缘水平，防止老化腐蚀。

报废的工器具应及时处理或集中上缴，不得在工器具室混放。

十、材料库房

根据生产运行及工程建设的需要，供电所可设有用于存放维修、施工的材料库房。库房位置要便于材料的进出，不宜设置在楼上，面积应根据实际条件确定；对大件的器材（如水泥构件、配电变压器、线盘等）在条件受限的情况下可露天存放，但应划定区域、堆放整齐。

材料应按型号、品种分区存放，并分别编号、标识。库房内应配置货架，对小件物品应存放于货架之上，并设置标签卡。

易燃易爆的材料应专门存放、专人保管，并有严格的防火、防爆措施。有防湿、防潮要求的材料，应有防湿、防潮措施，并做好标识。有保质期的库存材料应定期检查，防止过期，并做好标识。易损坏的材料应保护好外包装，防止损坏。设施用料、包装物及容器应及时回收，并建立回收台账。

十一、集体宿舍、食堂及其他后勤设施

（1）根据供电所工作性质和工作特点，辟出一些房屋作为集体宿舍，供事故抢修人员或离家较远的员工居住。

（2）为节约费用、方便值班人员用餐和给员工创造文明良好的工作生活条件，有条件的供电所，应设有员工食堂。

1）员工食堂的餐厅和操作间应分设，并做到整齐、清洁、优美、舒适，通风良好，门窗应有防蝇措施。餐厅应按正常就餐高峰人数配备餐桌和座椅。操作间应瓷砖化，排烟排气良好。有条件的应使用液化气或煤气做饭，并配置消毒用具（消毒柜等）及冰箱等设备。

2）食堂应健全严格的清洗、消毒、隔离、卫生清洁制度，公备碗筷餐具必须严格消毒，彻底清除苍蝇、老鼠等；垃圾要及时处理，确保食堂卫生符合规定的标准要求，并注意做好食堂安全防护工作。

（3）有条件的应设有洗浴室（间），根据当地条件，可适当选择配备小型锅炉或太阳能、电热淋浴器。

（4）应配有必要的交通工具和交通工具的存放场所。

（5）所区内要有绿化、美化规划，布局合理，分期分批实施。并要划分卫生、绿化责任区，保持环境卫生清洁。努力创造一个有利生产、方便生活、文明卫生的生产经营环境。

第三节　岗位设置及岗位职责

一、设置原则

供电所的岗位设置必须遵循“精简高效、按需设岗、依岗定人、一人多岗、一岗多责”的原则。可设所长、安全管理、设备管理、电费管理、业扩管理、计量管理、电能损耗管理和专职电工等岗位，专职电工根据实际情况按营业户数核定，做到劳动资源的科学合理配置。

供电所岗位设置标准和办法由各省电力公司统一制定，县供电企业结合本地的实际情况进行核定，并经上级主管部门审批后实施。

二、所长岗位职责

（1）认真贯彻执行国家有关电力方针、政策、法律、法规和上级主管部门颁发的各项规章制度，维护国家和企业利益。带领全所职工努力完成上级下达的各项生产、经营任务和安全、技术经济指标。

（2）制定本所年、季、月的工作计划，并具体组织实施落实。抓好综合基础管理，建立和完善各项规章制度。

（3）坚持“安全第一，预防为主”的方针，加强设备运行、维护管理工作。落实安全生产责任制，定期组织安全检查，制定和落实防范事故措施，做到安全、可靠、经济供电。

（4）加强电力营销管理，严格执行电价政策，认真落实“三公开”、“四到户”、“五统一”管理。

（5）定期主持召开经济活动分析例会，对售电量、电能损耗、售电单价、电费回收、增供扩销等工作进行分析研究，提出改进工作的办法与措施，并组织实施。

（6）严格执行上级有关财务管理制度，遵守财经纪律。

（7）加强行风建设，提高服务质量，坚持客户接待与走访制度，按有关规定处理好客户的来信、来访和投诉。

（8）定期组织对全所人员的技术业务、安全规程、职业道德的培训，提高人员素质。

（9）督促有关业务报表的按时、准确报送。

（10）按照县供电企业部署，开展同业对标、深化创一流工作。

三、安全管理岗位职责

（1）坚持“安全第一，预防为主”的方针，认真贯彻国家有关安全生产的方针、政策、法律、法规和上级主管部门颁发的规章制度。

（2）提出本所安全生产工作计划和工作目标，监督本所各岗位安全责任制的落实，监督各项安全生产规章制度、安全措施、反事故措施的落实。

（3）严格执行“两票”、“三制”。协助所长定期或不定期地召开安全工作例会，分析安全形势，研究安全工作，制定并落实安全管理办法，认真开展安全考核。

（4）组织对10kV及以下电力设施进行定期安全巡视检查，搞好劳

动保护和安全工器具的管理。

(5) 抓好安全工作，按照“四不放过”的原则，参与事故调查，并做好事故的调查、统计和上报工作。

(6) 协助所长组织季节性安全检查，对检查中发现的问题与事故隐患，要及时提出整改意见，并详细做好记录，向领导汇报。

(7) 依法保护供电区域内的电力设施，负责做好交通、防火、防盗等安全工作。

(8) 负责全所人员的安全技术培训、安全规程学习与考试工作，及时、准确填报安全报表。

(9) 负责全所人员的农电安全教育工作，组织开展安全知识竞赛活动。

(10) 负责供电所安全性评价工作和农村用电安全管理和宣传工作。

四、设备运行管理岗位职责

(1) 严格按照有关规程的要求，负责全所设备的运行、检查、维护管理工作。

(2) 组织对设备的日常巡视检查工作，定期巡视配电室、变压器、线路、接地装置、漏电保护装置等，确保设备的正常运行。

(3) 对供电区域内的电力设施进行周期性维护和有针对性维护，按照设备的检修试验周期，编制检修计划，并负责组织实施。

(4) 按规定组织对供电设备的测量检查，包括配电变压器的接地电阻、线路的对地距离、交叉跨越距离的测试，并认真做好记录。

(5) 负责供电设备的缺陷管理及消缺工作。发现设备缺陷应进行现场鉴定，做好详细记录，并进行分类处理。

(6) 负责供电区域内高低压电力设备的评级工作，提高设备完好率，完成供电可靠性指标。

(7) 建立健全供电区域内的供电设施资产台账，加强备品备件管理，按规定建立备品备件管理制度，定期对备品备件进行检查、修复、补充，满足事故抢修的需要。

(8) 按时、准确地填报有关业务报表。

五、电费管理及核算岗位职责

(1) 认真贯彻执行电价政策，负责电费电价管理和客户的电费、电价查询工作。

(2) 负责抄表卡（抄表器）的发放与回收，以及电费发票的领取与管理；负责组织按时、准确地输入、核算、打印、分发电费票据。

（3）负责本所抄表卡、电费结算单、电费票据、应收电费清单的审核与传递，建立健全客户电费台账资料，并编制应（实）收电费月报表，按时完成电费回收任务。

（4）负责计算退补电费，填写退补电费审批表，办理退补电费手续。

（5）监督供电营业工作中的“三公开”、“四到户”、“五统一”的执行情况，杜绝农村用电中的“三乱”和“三电”现象。

（6）对本所售电量、平均电价、抄表率、电费回收率、客户用电的波动情况进行统计分析。

（7）负责供电所相关费用的收支管理，按时、准确填报有关业务报表。

六、业扩管理岗位职责

（1）认真执行有关业扩报装政策与规定，负责本所的业扩报装工作。严格按照业扩报装流程和服务承诺，为客户办理业扩报装及相关手续。

（2）建立客户台账资料，负责接待客户有关业扩报装及用电业务的咨询和服务。

（3）按照业务界定，负责办理营业区域内客户的新装、增容、变更用电和临时用电业务。

（4）经县级供电企业授权，与客户签订供用电合同。

（5）负责营业区域内的负荷预测以及农村电力发展规划和需求预测管理工作。

（6）按时、准确地填报有关业务报表。

七、计量管理岗位职责

（1）认真执行《计量法》和有关电能计量装置管理方面的规定，负责全所的计量管理工作。

（2）负责计量装置的检查、检定和维护管理工作。

（3）负责《计量法》在本所的贯彻实施与落实，按规定负责对业务范围内电能计量装置的定期检修、校验和轮换工作。

（4）按业务界定的要求，根据客户的报装容量、负荷性质和负荷变化情况，科学合理地配置、安装计量装置，并建立计量管理档案，记录客户计量装置的新装、暂停、迁址、轮换等相关资料。

（5）负责客户表计和用电数据的管理，建立健全计量管理台账。

（6）编制本所计量装置的定期轮换和计量器具、仪表的送检计划。

（7）按时、准确地填报有关业务报表。

八、电能损耗管理岗位职责

（1）负责电能损耗管理工作，完成上级下达的电能损耗指标。

（2）编制 10kV 及低压电能损耗管理的工作计划和指标分解方案，并协助所长提出对本所人员的电能损耗考核和奖惩。

（3）提出并落实供电区域内的电网结构优化、无功补偿配置，改善电压质量及其他降损节能的技术措施。

（4）按时对供电区域内的电压质量、线路功率因数和负荷分布变化情况进行统计分析。

（5）定期组织营业普查。查处违约用电，打击窃电行为，堵塞管理漏洞，对用电量波动异常的客户，及时调查分析。

（6）协助所长定期召开经济活动分析会，提供各种分析资料，制定并落实降损措施。

（7）按时、准确地填报有关业务报表。

九、专职电工岗位职责

（1）负责供电区域内高低压设备的运行维护、巡视检查。

（2）负责供电区域内低压客户计费表计的抄表和收费工作。

（3）负责供电区域内低压用电客户的用电检查和低压用电报装申请的传递工作。

（4）负责完成供电所下达的电费回收、电能损耗、安全、抄表率等经济技术指标，及时反映和汇报工作中出现的问题，提出改进工作的建议。

（5）遵守《农村电工服务守则》，履行服务承诺，服从统一调配，参加紧急业务处理。

（6）做好农村安全用电的宣传，普及安全用电常识，做好漏电保护装置的运行管理工作；指导客户安全用电、节约用电、依法用电，维护农村供用电秩序。

（7）完成供电所交办的其他工作。

十、电工组组长岗位职责

设有电工组的供电所，每一电工组可设电工组长一人。电工组组长的基本职责是：

（1）在供电所所长的领导下，负责本组的日常管理工作。

（2）监督、检查管区内供电设备和线路的安全运行，领导、组织并监督本组电工执行安全工作规程。

（3）领导、组织本组电工对管区内用户抄表、收费等工作，做好各项用电管理工作。组织好对管区内设备、线路的检修，维护和巡查等工作。

（4）在供电所的统一布置下，组织全组电工开展安全学习，生产培训等活动。

（5）领导全组人员开展优质服务活动，组织对突发事故的抢修工作。

（6）参加管区内设备、线路、人身事故的调查工作。

（7）完成领导交办的其他任务。

第四节　定员标准

一、劳动定员与劳动合同管理

（一）劳动定员

劳动定员直接关系到企业的劳动生产率和成本核算，是劳动管理的重要内容。供电所的劳动定员一般都是由县供电企业测算，报地（市）供电企业、省电力企业批准的，供电所甚至县供电企业都没有擅自用工权。

在供电所的劳动定员管理中要坚持科学分工、合理配人、满负荷工作、高效率生产的原则。供电所要坚持“以人为本”，实行“竞争上岗”和“优胜劣汰”制度，在保证安全生产的基础上，合理组织生产，不断提高劳动效率和管理、服务水平，更好地为“三农”服务。

（二）劳动合同管理

根据国家关于农电体制改革办法的有关规定，在原有电管员、村电工中招聘的供电所管理人员和专职电工，实行有固定期限农民合同工制；由县供电公司统一培训、考核后，签订 2～3 年聘用合同，期满时重新聘任，可以续聘。

按照《劳动法》规定，供电所录用人员均应与县供电公司签订劳动合同。劳动合同的主要内容包括：明确本企业和录用人员双方的职责、权利、义务和聘用期限。劳动合同书应由劳动主管部门、县供电公司和本人等各持一份。在劳动合同规定的聘期内，无正当理由和合法程序，任何单位和个人均不得随意解除合同。

对招聘录用人员，原来身份不变，视同本企业职工进行管理、考核，其工资及劳保统筹等费用纳入供电成本，按照省电力公司统一核算、统一标准，由县供电公司统一发放，或经省电力公司同意，由地、县供电公司制定其工资及劳保统筹等办法。

对原有电管员、村电工中未被录用的要注意妥善解决好善后工作。

二、城区配电线路及设备运行维护

(1) 工作范围：高、低压配电线路及设备的正常巡视、特殊巡视、故障巡视、夜间巡视，一般事故处理，清理巡线道，护线宣传，杆基检查、防护、涂漆及编号，导线弛度、交叉跨越距离的检测，配电线路及设备的维护，进户线零星修理，负荷测量及调整，油样的采集，吸湿器的缺陷处理及吸附剂的更换，设备及运行方式管理，检修计划拟订，施工验收，信息数据、技术管理等。

(2) 定员标准：配电线路及设备运行维护定员标准见表 1-1。

表 1-1　配电线路及设备运行维护定员标准

城区百公里 10kV 线路配电变压器平均台数	计算单位（回长）	定员（人）
50	每 100km	1.2
100		1.6
200		2.2
350		2.8
550		3.4
800 及以上		4.0

注　表内没有列出百公里 10kV（6kV）线路配电变压器平均台数数值的定员标准按插值法确定。

(3) 补充规定如下：

1) 严寒、高原地区与污秽地段按对应的定员标准分别乘以 1.1 的系数。

2) 每 15 座配电所（配电所容量大于 1500kV・A 的按 1.5 所计算、配电所容量大于 3000kV・A 的按 2 所计算）或开关所增加定员 1 人；每 30 座配电室或箱式变增加定员 1 人。

三、城区供电值班

(1) 工作范围：供电运行值班，供电线路及设备的临时事故处理，信息数据、技术管理等。

(2) 定员标准：供电值班定员标准见表 1-2。

表 1-2　　　　供电值班定员标准

城区营业户数（万户）	计算单位	定员（人）
3 万户及以下	每供电营业区	4
3 万户以上的每多 3 万户增加		1

(3) 补充规定如下：

1) 一表多户的每表按 3 户计算城区营业户数。

2) 一个供电营业区的定员最多不超过 20 人，地区级供电机构所在地的市区只为一个供电营业区的定员最多不超过 30 人。

四、城区售电营业

(1) 工作范围：用电抄表计费，电费的核算、收缴、催缴，票据发行，账务、表卡管理，营业统计，现场营业调查，用户违章查处，供用电合同管理，售电营业管理，自动抄表系统维护管理，营销计算机网络运行维护，信息数据、技术管理等。

(2) 定员标准：售电营业定员标准见表 1-3。

表 1-3　　　　售电营业定员标准

项　目	每供电营业区百公里 10kV 线路所辖平均营业户数	计算单位	定员（人）
就地抄表	1000 及以下	每万营业户	15.2
	6000		12.8
	13000		11.0
	22000		9.7
	33000		8.6
	46000		7.6
	61000		7.0
	78000		6.5
	97000		6.0
	118000		5.5
	139000 以上		5.0
自动抄表	—		2.5

注　表内没有列出户数数值的定员标准按插值法确定。

(3) 补充规定；严寒、高原、山区地区按对应的定员标准分别乘以 1.1 的系数。

五、城区用电服务

(1) 工作范围：用户用电申请业务受理，设计审查，现场勘察，工程委托受理，用户工程竣工验收，用户所需各项服务的内部审批及联系，用户报修值班，促销宣传，咨询服务，信息数据、技术管理等。

（2）定员标准：用电服务定员标准见表1-4。

表1-4　用电服务定员标准

营业户	计算单位	定员（人）
2万户及以下	每供电营业区	3
2万户以上的每多1万户增加		1

（3）补充规定如下：

1）一个供电营业区的定员最多不超过15人。

2）地区级供电机构所在地的市区只为一个供电营业区的定员可增中4人。

六、镇及乡村配电营业

（1）工作范围：供电营业所辖区内的高低压配电线路及设备运行维护、检修，事故处理，抄表、核算、收费，用户违章查处，低压用户、照明用户业扩报装，用电服务，电能表的新装与轮换，信息数据搜集，生产、技术管理等。

（2）定员标准：镇及乡村配电营业定员标准见表1-5。

表1-5　镇及乡村配电营业定员标准

供电营业所每百公里10kV线路平均直接抄表户数	计算单位	定员（人）
1000及以下	每万营业户	40.0
2000		33.5
3500		28.6
5500		25.0
8000		22.2
11000		20.0
14500		18.2
18500		16.9
23000		15.4
30000		14.3
46000以上		13.3

注　表内没有列出户数数值的定员标准按插值法确定。

（3）补充规定如下：

1）严寒、高原、山区地区按对应的定员标准分别乘以1.1的系数。

2）地区供电机构或县供电机构可对镇及乡村配电营业定员进行统一调剂。

七、配电电缆运行检修

（1）工作范围：高、低压配电电缆所经路段地理、地貌的巡视，电缆头及附属设备的维护、试验、大小修、事故抢修，护缆宣传，防止外力破坏，工程验收，信息数据、技术管理等。

（2）定员标准：配电电缆运行检修定员标准见表1-6。

表1-6　配电电缆运行检修定员标准

百公里10kV（6kV）电缆平均条数	计算单位（回长）	定员（人）	
400及以下	每100km	5	平均条数为400以上的每多40条每100km定员标准增加0.1人

八、电力促销与用电检查

（1）工作范围：电力市场开发、促销，协助用户贯彻有关规章制度，安全用电检查，违约用电稽查，信息数据、技术管理等。

（2）定员标准：电力促销与用电检查定员标准见表1-7。

表1-7　电力促销与用电检查定员标准

用户类型	计算单位	定　员（人）
35kV及以上用户	每百营业户	2
10kV用户	每千营业户	3.5
低压动力用户	每千营业户	0.8
照明用户	每万营业户	0.2

九、电力负荷管理

（1）工作范围：电力及电量的监控，远方抄表，实时负荷信息搜集，用电分析，设备的巡视、维修及试验，软件开发，信息数据、技术管理等。

（2）定员标准：电力负荷管理定员标准见表1-8。

表1-8　电力负荷管理定员标准

电力负荷设备折算系数	计算单位	定员（人）
100及以下	每中心站	4
	每分站	2
100以上的每多100增加		0.5

电力负荷设备折算系数见表1-9。

表1-9　电力负荷设备折算系数

<table>
<tr><th>设备名称</th><th>计算单位</th><th>折算系数</th></tr>
<tr><td>1. 单向终端</td><td rowspan="2">每　套</td><td>1.0</td></tr>
<tr><td>2. 双向终端</td><td>1.5</td></tr>
</table>

十、电能计量装置管理

(1) 工作范围：变电所电能表、高低压用户计费表、表用互感器及附属设备的新装、定换、修理、校验、故障处理，运行表变动迁移，量值传递，电能表管理，信息数据、技术管理等。

(2) 定员标准：电能计量装置管理定员标准见表1-10。

表1-10　电能计量装置管理定员标准

<table>
<tr><th colspan="3">项　目</th><th>计算单位</th><th>定员（人）</th></tr>
<tr><td rowspan="2">实际新装表、定期换表</td><td colspan="2">单　相</td><td rowspan="2">每万块运行电能表</td><td>0.7</td></tr>
<tr><td colspan="2">三　相</td><td>2.5</td></tr>
<tr><td rowspan="4">修校表</td><td rowspan="2">机械表</td><td>单　相</td><td rowspan="4">每万块运行电能表</td><td>0.6</td></tr>
<tr><td>三　相</td><td>3.2</td></tr>
<tr><td rowspan="2">电子表</td><td>单　相</td><td>0.2</td></tr>
<tr><td>三　相</td><td>0.8</td></tr>
<tr><td rowspan="2">外勤校表</td><td colspan="2">变电所</td><td>每百站</td><td>3.0</td></tr>
<tr><td colspan="2">10kV及以上工业用户</td><td>每千户</td><td>6.0</td></tr>
</table>

(3) 补充规定：实际新装、定换和修校表的周期与规程规定的周期（5年）不相符合的，按实际轮换周期进行折算；实行抽检制的由上级主管部门确定定员。

十一、配电检修

(1) 工作范围：配电线路及设备的清扫、检查、大小修，接户线更新改造，杆塔扶正，导线弛度、交叉跨越距离的调整，导线更换，绝缘子、隔离开关、避雷器、熔断器及接线的调整、更换及故障排除，配电变压器的调整、更换及迁移，信息数据、技术管理等。

(2) 定员标准：配电检修定员标准见表1-11。

(3) 补充规定如下：

1) 配电变压器平均容量大于315kV·A的按定员标准乘以1.1的系数。

表 1-11　　配电检修定员标准

城区每供电营业区百公里 10kV（6kV）线路配电变压器平均台数	计算单位（回长）	定员（人）
50	每 100km	1.6
100		2.0
200		2.6
350		3.4
550		4.4
800 及以上		5.6

注　表内没有列出百公里 10kV（6kV）线路配电变压器平均台数数值的定员标准按插值法确定。

2）严寒地区与污秽、高原、高原重覆冰、河网地段按对应的定员标准分别乘以 1.1 的系数。

3）配电所（配电室、开关所、箱式变）的检修按表 1-12 增加定员。但对于配电所容量大于 1500kV·A 的按定员标准乘以 1.1 的系数；配电所容量大于 3000kV·A 的按定员标准乘以 1.2 的系数。

表 1-12　　配电所（配电室、开关所、箱式变）检修定员标准

10kV 开关组数	计算单位	定员（人）
4 组及以下	每 10 所	0.3
4～10 组		1
10 组以上		2

第五节　供电所生产经营指标考核

一、县供电企业对供电所的考核

实行严格的目标管理责任制考核是供电所规范化管理的主要内容。县供电企业对供电所所长实行按年度签订任期目标责任书和指标考核；供电所对所内管理人员、专职电工按月（年）度进行指标考核，并与工资奖金挂钩。县供电企业对供电所的考核指标，一般包括供电所执行国家电价政策情况，维护农村供用电秩序、电费回收、安全管理、电能损耗管理、供电可靠性、营业管理、成本费用、优质服务等内容。

供电所为完成县供电企业下达的生产经营指标，应将指标分解，层层下达。千斤重担众人挑，人人头上有指标。

二、供电所生产经营指标内部考核

供电所应对所内管理人员、专职电工签订目标责任书，落实岗位职责和考核指标，建立考核台账。考核工作应实现程序化、经常化和专业化，作到严格考核、奖惩兑现。

（1）安全——以安全天数考核，或以配变台区停电次数、低压设备事故率、总保护投运率、农村触电事故率为依据，按月、季、年度考核；考核人为供电所所长、安全管理专责。

（2）电费回收率——以农户低压用电应收电费为依据，按月、季、年度完成情况考核；考核人为供电所电费管理专责。

（3）电能损耗率——以配变台区低压电能损耗率为依据，按月、季、年度累计完成情况考核；考核人为供电所所长、电能损耗专责。

（4）售电量——以农户低压表计实抄电量为依据，按月或按季、年度完成情况考核；考核人为供电所核算统计专责。

（5）执行电价正确率——以农户低压用电检查情况为依据，按月或按季、年度考核；考核人为供电所所长、核算统计专责。

（6）劳动纪律——以班前会、值班记录、工作例会、应召抢修实到情况为依据，按月、年度考核；考核人为供电所所长、安全运行专责、考勤员。

（7）优质服务——以文明建设、工作作风、来信来访统计情况为依据，按月、季、年度考核；考核人为供电所所长、有关专责人。

（8）其他交办工作——以工作安排为依据，按月、季、年度考核；考核人为供电所所长、有关专责人。

三、奖惩办法

（1）工资奖罚制：以指标完成情况来奖罚工资，奖罚系数根据各地工资水平和工资结构不同而不同。

（2）百分制考核：将各种考核指标和内容细化为一定的分数，然后进行考核，总得分多少与经济挂钩。

（3）风险抵押制：供电所与员工先签订风险抵押合同或协议，然后依据指标完成情况进行扣除、返还和奖励。

（4）星级管理：依据指标完成情况，进行星级评定，并给予一定的奖励。

（5）末位淘汰制：依据指标完成情况，对末位者淘汰或解聘。

第六节　规范化管理供电所的考核与申报

一、规范化管理供电所考核必备条件

(1) 完成乡镇电管站体制改革，实现县乡电力一体化管理；

(2) 供电所有固定办公场所，办公条件能够满足生产、经营、管理和服务的需要；

(3) 供电所按标准完成定责、定编、定岗、定员；

(4) 农村供电达到“四到户”、“三公开”和“五统一”管理要求；

(5) 考核年度内供电所未发生生产类人身死亡事故和群伤事故，不发生责任重大的设备事故和经济事故，不发生责任性农村人身触电死亡事故。

(6) 建立了抢修及服务网络，在当地行风测评中反映良好。

二、规范化管理供电所考核内容及评分标准

1. 千分制六项考核内容及标准（见表 1-13）

表 1-13　千分制六项考核内容及标准

考　核　项　目	考核标准	合格分
一、机构和人员管理	150	120
二、安全生产及设备管理	180	144
三、营销管理	200	160
四、专业管理	150	120
五、优质服务	170	136
六、基础资料管理	150	120
总　　分	1000	800

2. 具体考核内容和评分细则（见表 1-14、表 1-15）

表 1-14　供电所规范化管理考核评分细则

（第一部分：必备条件）

序号	考　核　标　准	检　查　内　容	考核结果
1	完成乡镇电管站体制改革，实现县乡电力一体化管理	通过上级乡镇电管站体制改革验收的有关文件，国电农［2001］75号文件中下发的《供电所体制改革验收标准》中有关内容的落实情况	

续表

序号	考核标准	检查内容	考核结果
2	供电所有固定办公场所，办公条件能够满足生产、经营、管理和服务的需要	供电所应具备的一定生产和办公条件，包括：生产及安全工器具、办公室、客户服务部（厅、室）、资料柜、材料库及值班室等	
3	供电所按标准完成定责、定编、定岗、定员	供电所定岗、定责、定编是否本着方便客户、便于管理、按需设岗、依岗定人、精简高效的原则，按有关文件标准执行。检查“三定”有关办法、资料、记录	
4	农村供电达到“四到户”、“三公开”和“五统一”管理要求	农村用电全部实现一户一表，用户营业档案健全。检查营业档案及抄核、收相关资料；“四到户”、“三公开”和“五统一”资料及现场	
5	考核年度内供电所未发生生产类人身死亡事故和群伤事故，不发生责任重大的设备事故和经济事故，不发生责任性农村人身触电死亡事故	安全生产活动、分析记录；两措计划及组织实施落实情况和总结；设备检修工程项目三大措施，及组织实施落实情况和总结	
6	建立了抢修及服务网络，在当地行风测评中反映良好	建立健全抢修服务标准、制度及闭环管理的抢修服务网络；现场走访客户对服务的评价及有关服务的落实情况，定期开展的行风调查结果	

表 1-15　　供电所规范化管理考核评分细则

（第二部分：考核条件）

序号	考核标准	标准分	检查内容	评分标准	考核分	扣分原因
1	机构和人员管理	150				
1.1	供电所有明显、统一的标志，有必要的办公室、客户服务部（厅、室）、材料库房、工器具室（柜）和值班室，体现行业“窗口”的特点	25	办公室、客户服务部（厅、室）、材料库房、工器具室（柜）和值班室，供电所名称设置情况	每缺一种设置扣5分；名称不明显、不规范扣3分		

续表

序号	考核标准	标准分	检查内容	评分标准	考核分	扣分原因
1.2	岗位设置及定编定员精干、高效，岗位细致、明确，员工实行持证上岗	25	岗位设置情况；人员的“三定”工作；人员考核、辞退、聘用办法；人员花名册；是否持证上岗	岗位设置缺一项扣5分；未完成“三定”工作缺一项扣3分；无人员考核、辞退、聘用办法扣5分，每超员1人扣3分；未建立人事档案扣3分；发现未持证上岗每人扣1分		
1.3	全面、准确、细致、规范地制定岗位职责，并认真严格履行，职责明确	20	岗位职责及履行情况	岗位职责每缺一项扣5分；岗位职责不全面、不准确、不细致、不规范各扣2分；未按职责认真严格履行，每发现一例扣2分		
1.4	人员管理科学规范，实行统一考核，统一择优录用、合同管理、统一取酬	20	人员聘用合同书；人员动态管理办法及实施情况	未实行“三统一”，缺一项扣3分；员工无聘用合同扣5分，合同不规范扣2分；无人员动态管理办法扣5分，未实施扣3分		
1.5	建立健全合理的按劳分配制度，实行工效挂钩考核办法，对人员进行经济责任制考核	20	经济责任制考核办法及记录（公司对所的考核）；供电所员工经济责任制考核办法及记录	无经济责任制考核办法及实施细则扣10分，无考核记录扣5分；考核内容不够全面扣3分		

续表

序号	考核标准	标准分	检查内容	评分标准	考核分	扣分原因
1.6	建立健全人员岗位培训制度，努力提高员工政治、技术、业务素质；建立考勤制度，严格按章执行	20	岗位培训制度，员工培训记录；考勤制度及执行情况	无人员岗位培训制度扣4分，无人员季度培训计划扣3分，培训记录内容不全扣3分；无考勤制度扣5分，执行不严扣3分		
1.7	建立例会制度。定期召开例会（工作例会、所务会、民主生活会、安全例会）	20	各种例会记录；安全活动记录	未实行例会制度每项扣3分；会议记录每缺一次扣1分；会议记录及安全活动记录不规范扣2分		
2	安全生产及设备管理	180				
2.1	坚持“安全第一、预防为主”的方针，认真执行国家有关安全生产规章、政策和电力安全生产规程，落实安全生产责任制，定期开展安全活动	15	有关安全生产规程；安全管理制度；安全责任制；安全活动记录	安全生产管理制度、责任制、记录不齐全，每缺一项扣3分；未落实安全责任制扣5分；活动记录不全扣2分		
2.2	加强农电资产安全管理，明确资产产权分界点，定期与双电源等特殊客户签订安全合同	10	供用电合同中有关安全协议部分；电力客户资产代维护管理的“代维护协议”	供用电合同中未对产权分界点进行确定的扣3分；安全责任不明确扣3分；未签订“代维护协议”扣3分，与双电源等特殊客户未签安全合同扣3分		

续表

序号	考核标准	标准分	检查内容	评分标准	考核分	扣分原因
2.3	加强配电设备与线路管理，做到相关名称、编号、相位标志规范、统一；相关配电线路、设备安全警示牌齐全	10	配电设备台账辖区内10kV网络结构图；配电线路名称和杆塔编号；配电台区名称和编号；10kV线路相位标志；线路断路器、隔离开关调度名称及编号；变压器、电容器、户外配电箱（柜）以及配电线路、设备经过特殊地段的安全警示牌	无配电设备装置台账扣4分；配电线路、设备名称、编号、相位标志不规范、不统一扣4分；编号不齐全扣2分；安全警示牌未挂，每少一处扣2分		
2.4	供电区域内配电线路、设备管理分工明确，责任到人，并按有关要求定期开展设备巡视、检查、试验、维护和检修；制定缺陷管理制度，对设备缺陷及时分类处理	15	配电线路、设备管理网络责任图；配电线路与设备巡视、检查记录；配电线路、设备检修记录；电力设备消缺记录	无管理网络责任图扣3分；未定期巡视、检查配电线路、设备扣2分；巡视、检查记录不全扣2分；无电力设备缺陷管理制度扣2分；对配电线路、设备缺陷未及时处理扣2分；电力设备消缺记录不全扣1分		
2.5	定期组织季节性安全检查，制定和落实防范措施，并按《用电检查管理办法》规定，定期或不定期对辖区内客户安全用电情况进行检查，做到安全、可靠、经济供电	15	安全生产检查记录；客户安全用电情况检查记录	安全检查每少一次扣4分；检查无记录扣2分；无总结材料扣2分；对检查中发现问题未及时处理扣2分		

续表

序号	考核标准	标准分	检查内容	评分标准	考核分	扣分原因
2.6	农村低压电网实行二级或三级剩余电流动作保护器，并按有关要求定期进行巡视、检查、测试、维护，保证“保护器”安全可靠运行	15	剩余电流动作保护器安装运行管理办法：“保护器”运行、测试、试跳记录	无“保护器”安装运行管理办法扣3分；未实行二级或三级保护扣3分；未安装总保护或退出运行每发现一处扣4分；无运行、测试、试跳记录扣2分；总保护未定期测试扣2分；未定期试跳扣2分；保护正确动作率每低1%扣1分		
2.7	制定年度安全用电宣传教育计划并认真实施，采取多种形式开展安全用电宣传教育，做好电力设施保护和安全用电知识的普及工作	15	年度安全宣传教育计划及执行情况	无年度安全用电宣传教育计划扣3分；计划未实施扣4分；无记录扣4分		
2.8	严格执行供电所高低压“两票、三制”，记录要齐全，完整，两票合格率达100%	15	“两票、三制”管理办法；高低压“两票”记录；“两票”合格率统计资料	无“两票”管理办法扣3分；无“两票”统计记录扣3分；每发现一张不合格票扣2分；“两票”执行不全面扣2分		
2.9	妥善做好安全工器具和施工工具的配备、检验、试验、使用和保管	10	安全工器具管理制度；安全工器具台账；施工工具台账；安全工器具、施工工具定期试验记录	无安全工器具管理制度扣4分；无安全工器具、施工工具台账各扣2分；安全、施工工器具定期试验，每项超周期扣2分；无试验记录扣2分；未贴合格证扣2分		

续表

序号	考核标准	标准分	检查内容	评分标准	考核分	扣分原因
2.10	按规定编制年度检修、技改计划及“两措”计划，认真组织实施	10	年度检修、技改计划；“两措”计划及实施情况	无年度检修、技改计划和“两措”计划各扣6分；计划未按时完成各扣2分；“两措”完成率每低1%扣1分		
2.11	实现无人身（员工重伤和农村人身触电死亡责任）和设备事故，无轻伤和障碍，控制未遂和异常，确保实现安全生产年度目标	10	年度安全目标，实现安全目标的保证措施；轻伤和障碍统计表；未遂和异常统计	无年度安全目标扣3分；无实现安全目标的保证措施扣2分；未落实保证措施扣2分；每发生一起人身和设备事故扣10分；每发生一起轻伤或障碍扣3分；每发生一起未遂或异常扣1分		
2.12	按时上报安全生产月报表和农村触电伤亡事故报表，发生的事故，落实“三不放过”原则	10	触电伤亡分析、统计、上报制度；安全生产月报表；农村触电伤亡事故报表；事故处理分析报告	无触电伤亡事故分析、统计、上报制度扣2分；发生事故隐瞒不报发现一次扣10分；发生事故，未落实“三不放过”原则，每次扣3分		
2.13	按照安全生产奖罚规定，将安全生产纳入经济责任制考核，与工资奖金挂钩，制定安全生产考核实施细则	10	安全经济责任制考核办法；安全考核记录	无安全经济责任考核办法扣3分；安全生产未与经济责任挂钩扣3分；安全考核记录不真实、不全面扣2分		

续表

序号	考核标准	标准分	检查内容	评分标准	考核分	扣分原因
2.14	按规定要求对线路、配电装置开展安全性评价及评级工作；农村10kV线路完好率100%；低压线路及配电装置完好率达到90%以上，其中一类设备达到80%以上	10	安全性评价相关资料；设备、线路评级报表；低压线路、配电装置评价明细表及其完好率统计表	未开展配电线路、设备安全性评价及评级工作扣3分；安全性评价相关资料不全或不真实扣2分；低压配电装置完好率低于标准1%扣1分，一类设备低于标准1%扣1分		
2.15	制定安全教育培训计划，定期对所属人员进行培训并考核，努力提高其安全意识和安全生产管理水平	10	安全培训计划；安全培训记录；安规考试记录；工作票签发人、工作许可人、工作负责人资格认定	无安全培训计划扣3分；无培训考核记录扣3分；未进行“三种人”资格认定扣5分		
3	营销管理	200				
3.1	业扩报装按流程和制度办理，从申请、勘察、施工到竣工验收，装表接电，做到闭环管理；按规定收取相关费用	20	业扩报装流程和制度，业扩工作传票；相关费用的收取；供用电合同等业扩资料；高低压客户档案	业扩流程或制度不全扣5分，相关费用收取，违规一起扣3分；供用电合同等业扩资料未归档扣4分；无高低压客户档案各扣3分；未实行“一口对外”扣5分		
3.2	执行电能计量管理制度，对计量装置实行统一管理，严禁安装淘汰或伪劣计量装置；合理设置网点，电能表按周期校验，建立客户电能表台账	20	电能计量管理制度及执行情况；表计更换记录；表计定期校验记录；封印钳的使用和保管情况；客户电能表台账	无电能计量管理制度扣3分；未严格执行扣3分；表计更换、校验无记录各扣3分；记录不全各扣1.5分；安装使用淘汰或伪劣计量装置，每处扣0.5分，最多扣10分；电表超周期未校，每只扣0.3分，最多扣到8分；封印钳领用无手续和记录，一次扣3分		

续表

序号	考核标准	标准分	检查内容	评分标准	考核分	扣分原因
3.3	建立供电所抄、核、收管理制度和工作流程，定期抄表、核算、收费，做到不漏抄、不估抄、不错抄，确保月抄表率符合要求	20	抄、核、收和工作流程制度；抄表卡及相关电费台账；供电所电量、电费月报表	无抄、核、收和工作流程制度各扣5分；抄表卡未妥善保管扣3分；填写不清楚、不全扣2分；电费台账及相关资料不全扣3分；月抄表率每低1%扣2分		
3.4	按时结算和回收电费，实行微机统一开票，电费差错率控制在0.05%以内	20	电费差错率统计记录；电费回收制度；走访客户查电费发票；用电客户台账	电费差错率每超0.01%扣2分；无用电客户台账扣3分；未推行电费坐收等先进收费办法扣3分，未实行微机开票扣5分		
3.5	定期开展用电营业普查，规范用电类别，严格执行分类到户电价政策；用电检查规范、合法、制定反窃电、反违约用电工作计划，加大反窃电工作力度	20	供电所营业普查记录；营业普查总结材料；分类到户电价清册；用电检查情况；反窃（违约）电工作计划及执行情况；反窃（违约）电的查处记录及追补电量情况	未定期进行用电营业普查扣4分；普查记录不全扣2分；发现问题未及时解决扣3分；无分类到户电价清册扣2分；电价执行不规范，每例扣0.5分；用电检查违规一次扣3分；无反窃（违约）电工作计划扣3分；执行不力扣2分；反窃（违约）电处理未按程序执行扣5分；记录不规范扣1分		

续表

序号	考核标准	标准分	检查内容	评分标准	考核分	扣分原因
3.6	严格执行农村电价政策，农村用电实行“四到户”、管理；加强电价、电费考核，杜绝“三乱”行为和“三电”现象	20	农村电价执行情况；电价电费考核办法；农村用电“四到户”情况；走访客户，随机抽查电价	未实行“四到户”管理，一项扣3分；无考核办法扣3分；发现“三乱”行为或“三电”现象，每一例扣10分		
3.7	执行农村供用电合同管理制度，加强农村供用电合同管理，规范供用电行为	20	农村供用电合同管理制度及执行情况；农村供用电合同	无农村供用电合同管理制度扣3分；未签订供用电合同一例扣1分；因合同不规范发生纠纷，造成经济损失的扣5分		
3.8	按县公司制定的供电所财务收支两条线管理办法及财务管理制度，加强电费票据管理，统一设置核算账簿、财务报表、电费发票、并严格领取和使用	20	财务收支两条线管理办法；财务管理制度；财务核算账簿、财务报表；电费发票管理办法，票据领用记录	无财务收支两条线管理办法及财务管理制度各扣3分；制度执行不严扣4分；财务核算账簿、财务报表不规范各扣3分；财务有超支、坐支、作假现象，发现一例各扣5分；电费发票和相关票据无专人保管扣2分，发现外购发票或自制收据扣10分		
3.9	提高经济效益，按时完成县公司下达的电量、售电均价、电费回收等技术经济指标	20	县公司下达的各项技术经济指标；完成指标情况，相关记录(报表)	经济指标未分解落实扣3分；未完成公司下达的技术经济指标每项扣5分；无完成指标保证措施扣3分，未落实保证措施扣2分		

续表

序号	考核标准	标准分	检查内容	评分标准	考核分	扣分原因
3.10	开拓农村电力市场，促进农村电力销售工作；定期进行营销分析，及时解决营销中出现的问题	20	电力营销报表；营销分析记录；开拓农村电力销售市场及实施情况	未定期填报电力营销分析表扣2分；无营销分析记录扣5分，分析结果未落实扣2分；未有效地开拓农村电力销售市场扣2分		
4	技术管理	150				
4.1	将县公司下达的电能损耗指标，分解到配电台区，制定电能损耗考核办法，严格考核和兑现奖惩	20	县公司下达的电能损耗指标，分解到各配电台区的电能损耗指标；人员分工情况；供电所电能损耗考核办法，电能损耗报表、考核记录；奖惩情况	县公司下达的电能损耗指标未分解到配电台区考核，扣5分；未责任到人扣3分；无电能损耗考核办法扣5分；未严格考核扣4分；奖惩未兑现扣4分		
4.2	10kV综合电能损耗（含配电变压器损失）≤10%，低压电能损耗≤12%；制订降损计划、措施，并认真实施，做好降损节能工作	20	降损计划、降损措施及实施情况；电能损耗实绩	未制定降损计划、措施各扣5分；未认真实施各扣5分；无记录各扣3分；电能损耗实绩每超标准的1%扣3分		
4.3	建立电能损耗分析例会制度，及时发现问题，采取对策、纠正问题，降低电能损耗，提高效益	20	电能损耗分析例会记录；针对问题而采取的措施；措施落实情况	无供电所电能损耗分析例会记录扣4分，记录不全扣2分；无针对性措施扣5分；措施未落实扣5分		

续表

序号	考核标准	标准分	检查内容	评分标准	考核分	扣分原因
4.4	配电台区设置在负荷中心，坚持做到“小容量，密布点，短半径”原则；10kV线路供电半径≤15km，低压线路供电半径≤0.5km；淘汰高能耗配电变压器	20	随机抽查配电变压器情况；配电装置及线路台账	配变位置严重偏离负荷中心或三相负荷严重不平衡扣5分；无高耗变淘汰计划扣3分；未实施扣3分；10kV线路供电半径每超1km扣1分；低压线路供电半径每超0.1km扣1分		
4.5	优化无功补偿，应采取集中、分散、随机补偿方式，制定无功管理计划；功率因数指标力争符合要求：农村生活和农业线路cosφ≥0.85；工业、农副业专用线路cosφ≥0.90	20	检查执行上级有关无功管理文件落实情况，无功管理工作计划和无功补偿技术措施，查看无功补偿设备安装点，无功补偿设备定期巡视检查记录	无上级文件分配补偿技术指标扣3分，无无功管理计划扣3分，未采取措施扣3分；无补偿设备巡视记录扣2分；农村生活和农业线路功率因数每降0.01%扣1分；农副业专用线路功率因数每降0.01%扣1分		
4.6	电压监测点设置合理，对供电区域电网的电压质量和设备情况进行定期监测巡视，10kV电压为额定电压±7%；380V电压为额定电压±7%；220V电压为额定电压+7%，－10%，努力履行对电压合格率服务承诺	20	电压监测装置运行记录；电压质量和设备情况检查记录，定期分析记录；相关报表，服务承诺履行情况	未按规定装设电压监测装置扣5分；无电压监测装置运行记录扣4分；无电压质量和设备情况检查记录扣4分；各电压等级每低于标准的扣1分；无定期分析记录扣4分；无电压合格率统计表扣3分		

续表

序号	考核标准	标准分	检查内容	评分标准	考核分	扣分原因
4.7	制定供电可靠性工作计划，采取提高供电可靠率的技术措施，尽可能地减少停电次数和停电时间	15	供电可靠性工作计划及执行情况；采取提高供电可靠率技术措施及落实情况	无可靠性工作计划扣5分；未按计划执行扣3分；未尽量采取“零点”工程等提高供电可靠性的措施扣5分；未落实扣3分		
4.8	对辖区电网的供电可靠率进行定期分析，做好统计、分析、汇总和上报工作，努力履行对供电可靠率的服务承诺	15	供电可靠率定期分析记录；供电所供电可靠率统计表	无供电可靠性定期分析记录扣5分；记录不全扣2分；无供电可靠率统计表扣3分		
5	优质服务	170				
5.1	供电所客户服务部（厅、室）应具备“一口对外”和提供报装、报修、咨询、投诉、电费和用电业务费的收取等各项服务功能	30	客户服务部（厅、室）、报装、报修、咨询、投诉，电费和用电业务费收取等各项服务	客户服务部（厅、室）报装、报修、咨询、投诉，电费和用电业务费收取等各项服务不规范，每发现一项扣3分		
5.2	客户服务部（厅、室）有明显统一的名称标志；有醒目的营业时间，事故报修、投诉、监督电话；配备客户座椅、饮用水、文具、老花镜等便民设施	20	客户服务部（厅、室）、营业时间、事故报修、投诉、监督电话、便民设施配备及环境状况	无客户服务部（厅、室）名称标志扣3分，不统一、不明显各扣1分；无营业时间、事故报修、投诉、监督电话分别扣2分，不醒目扣1分；便民设施每缺一项扣1分		

续表

序号	考核标准	标准分	检查内容	评分标准	考核分	扣分原因
5.3	倡导文明礼貌的服务行为。客户服务部（厅、室）工作人员业务熟练、着装整洁，接待热情、服务周到，仪容大方、举止文明、行为规范；营业人员挂牌上岗，上门服务尊重民风民俗，出示证件	20	工作人员接待客户、接听电话使用文明用语情况；营业人员仪容仪表，着装情况；营业人员的业务知识；营业人员挂牌情况、工作人员证件（工作证）是否齐全；上门服务规定	接待客户或接听电话用语不规范扣2分；营业人员着装不整洁或仪容不规范扣2分；现场提问回答错误或不全扣1～3分；营业人员未挂牌服务扣2分；工作人员证件不全每1人扣1分；无上门服务规定扣1分		
5.4	保持文明整洁的工作环境。办公设施、工器具摆放整齐，资料有专柜，存放有序；值班室、餐厅、厨房、卫生间等整洁卫生	20	办公场所及各种标牌、标示；整体环境卫生状况；各档案资料存放及管理情况、工器具备品备件存放情况	资料及工器具摆放不符合规定扣3分；不整齐扣2分；办公室及楼院每发现一处卫生不合格扣1分		
5.5	开展便民服务活动。制定便民服务制度、计划，建立特殊客户服务档案，定期开展便民服务并有记录，客户服务部（厅、室）设立咨询台，有专（兼）职人员负责咨询接待工作	20	便民服务规定、计划；便民服务工作开展情况；为特殊客户提供上门服务；咨询接待及用电宣传开展情况	无便民服务计划扣2分；未按制度及计划执行扣1分；无特殊客户档案扣2分；未开展为特殊客户上门服务扣2分；营业场所无专（兼）职人员负责咨询接待工作扣2分；无用电宣传标语、广告扣2分		

续表

序号	考核标准	标准分	检查内容	评分标准	考核分	扣分原因
5.6	建立故障报修制度，设立报修值班室，实行24h报修值班制度，有值班记录及故障报修工作传票，抢修时限符合要求，故障报修实行闭环管理。计划检修停电应提前7天公告	30	报修值班室、报修值班制度及值班情况；值班记录、故障报修工作传票及相关记录；计划检修停电公告；抢修工作时限及闭环情况	未建立报修值班室扣5分；无报修电话扣2分；未实行24h值班制度扣3分；报修值班制度不健全扣1分；报修值班无记录扣2分；故障报修无工作传票扣2分；工作传票内容不全或填写不规范扣1分；抢修工作时限超过规定扣2分；抢修不闭环扣1分；计划检修未按规定公告扣3分		
5.7	供电所推行社会服务承诺。承诺内容要全面充实，有切实的承诺保证措施，确保有诺必践	30	社会服务承诺；承诺保证措施；承诺兑现情况	无承诺扣5分；承诺内容不全或低于标准扣3分；无相应的保证措施扣2分；承诺内容有一项未兑现扣3分		
6	基础资料管理	150				
6.1	备有《农村供电所规范化管理标准》中规定的有关制定	20	资料室各种制度	制度每缺一种扣2分；制度内容不符合规定，每种扣1分		
6.2	备有《农村供电所规范化管理标准》中规定的记录、台账、资料、图表	25	客户服务部(厅、室)、办公室、资料室(柜)、安全工器具、个人工具柜、悬挂图表、记录、台账、资料	每缺一项扣2分		

续表

序号	考核标准	标准分	检查内容	评分标准	考核分	扣分原因
6.3	上级文件和各种制度、办法、标准要分类归档	15	资料室（柜）相关资料	未分类归档的每种扣3分		
6.4	客户服务部（厅、室）必须备有电力法规、客户用电须知、供电业务指南、收费标准、承诺内容、安全用电知识等方面宣传资料	15	客户服务部（厅、室）宣传材料	每缺一项扣4分		
6.5	客户服务部（厅、室）应明示以下项目： （1）农村现行电价价目表及用电收费标准。 （2）用电业扩报装流程图。 （3）服务人员监督台。 （4）社会服务承诺	20	客户服务部（厅、室）明示图表	每缺一种图表扣5分；每种图表内容不完善扣2分；每发现一处错误扣1分		
6.6	办公室应方便查阅到以下图表： （1）供电所10kV电网地理接线图。 （2）供电所设备情况一览表。 （3）供电所生产经营情况一览表	15	办公室查阅图表	办公室每缺一种图表扣4分；每种图表内容不完善扣2分；每发现一处错误扣1分		

续表

序号	考核标准	标准分	检查内容	评分标准	考核分	扣分原因
6.7	应备有下列常用的国家级法规：①电力法；②电力供应与使用条例；③电力设施保护条例及细则；④供电营业规则；⑤用电检查管理办法；⑥居民用户家用电器损坏处理办法；⑦供用电监督管理办法；⑧进网电工培训管理办法及考核大纲；⑨关于审理触电人身损害赔偿案件若干问题的解释；⑩与电力相关的其他法律条文	20	法律、法规文本	每缺一项法律、法规扣4分，存放不便于查阅扣4分，没有专人管理扣3分；没有借阅记录扣2分		
6.8	应备有下列国家级常用的技术规程：①电业安全工作规程（电力线路部分、发电厂和变电所电气部分）和国家电网公司电力安全工作规程（电力线路部分、变电所和发电厂电气部分）；②低压配电设计规范；③架空配电线路设计技术规程；④农电事故调查统计规程；⑤架空配电线路及设备运行规程；⑥电力线路防护规程；⑦农村低压电力技术规程；⑧农村安全用电规程；⑨农村低压电气安全工作规程；⑩剩余电流动作保护器农村安装运行规程	20	技术规程文本	每缺一项规程扣4分，存放不便于查阅扣4分，没有专人管理扣3分，没有借阅记录扣2分		

三、规范化管理供电所的申报

1. 申报条件

(1) 具备所有必备条件。

(2) 各项考核内容自查得分率≥80%。

2. 申报资料

(1) 县供电企业关于开展规范化管理工作情况汇报，包括供电所必备条件和各项考核指标的完成情况及自查评分情况。

(2) 填报《规范化管理供电所申报表，一张供电所考核情况表，见表1-16；一张供电所考核汇总表，见表1-17。

(3) 其他必备的证明材料和基础材料。

上述材料均一式三份。省电力公司、地（市）、县供电企业各一份。

表1-16　　供电所考核情况表

供电所名称：　　　　　　　　　　　　　　　　填报日期：

<table>
<tr><td colspan="6">(一) 供电所基本情况</td></tr>
<tr><td rowspan="2">年售电量
（万kW·h）</td><td rowspan="2"></td><td rowspan="2">供电所人数</td><td>管理人员</td><td></td><td></td></tr>
<tr><td>专职电工</td><td></td><td></td></tr>
<tr><td>用电户数（万户）</td><td></td><td colspan="2">配电变压器台数</td><td colspan="2"></td></tr>
</table>

<table>
<tr><td colspan="6">(二) 主要指标完成情况</td></tr>
<tr><td>序号</td><td>指　标　名　称</td><td>单位</td><td>考核年实际完成情况</td><td>上年完成情况</td><td>备注</td></tr>
<tr><td>1</td><td>供电所人员死亡事故</td><td>人/次</td><td></td><td></td><td></td></tr>
<tr><td>2</td><td>农村人身触电重大事故</td><td>人/次</td><td></td><td></td><td></td></tr>
<tr><td>3</td><td>农村人身触电伤亡事故</td><td>人/次</td><td></td><td></td><td></td></tr>
<tr><td>4</td><td>重大责任设备事故</td><td>次</td><td></td><td></td><td></td></tr>
<tr><td>5</td><td>农村营销“四到户”率</td><td>%</td><td></td><td></td><td></td></tr>
<tr><td>6</td><td>高压综合电能损耗率</td><td>%</td><td></td><td></td><td></td></tr>
<tr><td>7</td><td>低压电能损耗率</td><td>%</td><td></td><td></td><td></td></tr>
<tr><td>8</td><td>年电费回收率</td><td>%</td><td></td><td></td><td></td></tr>
<tr><td>9</td><td>剩余电流动作保护器安装率</td><td>%</td><td></td><td></td><td></td></tr>
<tr><td>10</td><td>农村供电可靠率</td><td>%</td><td></td><td></td><td></td></tr>
</table>

<table>
<tr><td colspan="7">(三) 考核得分</td></tr>
<tr><td rowspan="2">总分</td><td colspan="6">单　项　分</td></tr>
<tr><td>机构和人员管理</td><td>安全生产及设备管理</td><td>营销管理</td><td>技术管理</td><td>优质服务</td><td>基础资料管理</td></tr>
<tr><td></td><td></td><td></td><td></td><td></td><td></td><td></td></tr>
<tr><td>县供电企业考核意见</td><td colspan="6"></td></tr>
</table>

表 1-17　　　　　　　　**供电所考核汇总表**

<table>
<tr><td rowspan="3">序号</td><td rowspan="3">供电所名称</td><td colspan="8">县供电企业考核得分情况</td></tr>
<tr><td rowspan="2">总评分</td><td colspan="6">其中：单项得分</td><td rowspan="2">考核是否合格</td></tr>
<tr><td>机构和人员管理</td><td>安全生产及设备管理</td><td>营销管理</td><td>技术管理</td><td>优质服务</td><td>基础资料管理</td></tr>
<tr><td></td><td></td><td></td><td></td><td></td><td></td><td></td><td></td><td></td><td></td></tr>
<tr><td></td><td></td><td></td><td></td><td></td><td></td><td></td><td></td><td></td><td></td></tr>
<tr><td></td><td></td><td></td><td></td><td></td><td></td><td></td><td></td><td></td><td></td></tr>
<tr><td></td><td></td><td></td><td></td><td></td><td></td><td></td><td></td><td></td><td></td></tr>
<tr><td></td><td></td><td></td><td></td><td></td><td></td><td></td><td></td><td></td><td></td></tr>
<tr><td></td><td></td><td></td><td></td><td></td><td></td><td></td><td></td><td></td><td></td></tr>
<tr><td></td><td></td><td></td><td></td><td></td><td></td><td></td><td></td><td></td><td></td></tr>
<tr><td></td><td></td><td></td><td></td><td></td><td></td><td></td><td></td><td></td><td></td></tr>
<tr><td>县供电企业自查情况</td><td colspan="9">年　月　日（盖章）</td></tr>
<tr><td>省电力公司审查意见</td><td colspan="9">年　月　日（盖章）</td></tr>
</table>

四、考核与命名

（1）“规范化管理供电所”由县供电企业进行考核。考核合格两个月后，上报省电力公司。

（2）省电力公司组织地（市）供电局对各县供电企业上报的规范化管理供电所进行复查、确认。

（3）达到规范化管理标准的供电所，由省电力公司授予“规范化管理供电所”的称号，并抄报国家电力公司。

（4）国家电网公司、中国南方电网有限责任公司将组织对所辖各省规范化管理供电所进行抽查。

第七节 开展同业对标，深化创一流工作

一、县供电企业开展同业对标深化创一流工作的重要性

1. 什么是同业对标工作

同业对标工作的基本思想是通过选定标杆企业并进行规范、连续的比较分析，帮助企业寻找、确认、跟踪、分析并超越自己的竞争目标，其基本手段是通过分析指标与管理差距，研究制定措施，改进生产、经营和管理状况，不断提高指标水平，规范、优化管理流程，促进与先进水平接轨。通过开展同业对标，为企业持续提高管理水平提供了实现方法，有利于企业创造一流业绩。

2. 为什么要在县供电企业开展同业对标深化创一流工作

为全面实施国家电网公司“一强三优”发展战略（电网坚强、资产优良、服务优良、业绩优秀），贯彻落实“三抓一创”工作思路（抓发展、抓管理、抓队伍、创一流），结合当前农电改革、发展、管理状况，国家电网公司农电部根据国家电网公司开展创一流同业对标工作精神，决定在县供电企业开展同业对标、深化创一流工作，并于 2005 年 4 月 18 日以国家电网农［2005］246 号文下发《关于在县供电企业开展同业对标深化创一流工作的指导意见》。在县供电企业开展同业对标深化创一流工作，必将促进供电所的管理工作迈向新的台阶。

3. 开展同业对标工作的重要性

县供电企业开展创一流工作，是国家电网公司为巩固农电“两改一同价”工作成果，不断加强农电管理的重要举措，为企业提供了努力方向，是企业加强管理、促进发展的重要手段，是搞好农电工作的宝贵经

验，也是新时期县供电企业搞好同业对标，不断取得工作成效的动力。

4. 开展同业对标工作的意义

在农电改革与发展的新形势下，在推进县供电企业深化创一流工作过程中，搞好县供电企业同业对标工作，对于实施国家电网公司“一强三优”发展战略，不断提高农电管理水平，提高企业经济效益和核心竞争力，促进农电事业持续健康发展，具有十分重要的意义。

二、县供电企业开展同业对标的指导思想和基本原则

1. 指导思想

以“一强三优”建设为目标，以企业自我分析评价为基础，以学习标杆企业为手段，不断深化创一流工作，完善和改进企业管理方式、方法，全面加强企业管理，推动农电事业持续、快速、健康发展。

2. 基本原则

开展同业对标应遵循以下原则：坚持全面开展同业对标的原则。所有的县供电企业均要开展同业对标，不但要开展综合比较，也要进行专业比较。坚持动态比较的原则。通过动态比较，不断更新标杆，确保标杆的先进性。坚持管理与指标兼备的原则。对标比较中，既要进行指标比较，更要注重管理手段、管理流程的比较。坚持创特色、讲方法、计成本、重实效的原则。考虑到农电企业的数量规模和管理基础，对标工作不论是在对标指标选择上，还是工作的组织管理和方式、方法方面，都要体现农电特点，不能贪大求洋，防止对标工作中的形式主义，原则上标杆企业在国内同行业中选择。

三、对县供电企业开展同业对标深化创一流工作的要求

（1）建立和不断完善同业对标体系。国家电网公司制定的同业对标指标体系，如表1-18所示。各省公司、地市公司可结合当地情况，细化标准体系和对标内容。确定同业对标指标要紧紧围绕企业生产、经营、管理、服务等重点工作，力求突出重点，能够适应县供电企业管理现状和发展要求。

（2）按照同业对标方法步骤，扎扎实实做好对标工作。明确同业对标各阶段的工作目标、主要工作内容及工作要求，围绕现状分析、选定标杆、对标比较、最佳实践、持续改进五个阶段开展工作。按照“分析工作全面深入、标杆选择先进合理、对标比较准确客观、工作实践积极稳健、整改工作及时持续”的要求，认真做好每一步工作，确保对标工作取得实效。

表 1-18　　县供电企业同业对标指标体系

序号	指　标	单　位	定义及计算方法
1	35kV 及以上变电所达到 N-1 准则的比率	%	按原能源部、建设部“能源电[1993] 228 号文《城市电力网规划设计导则》”规定执行
2	10kV 及以上断路器无油化率	%	10kV 及以上无油断路器台数/10kV 及以上断路器总台数×100%
3	有载调压变压器比率	%	有载调压主变压器台数/主变压器总台数×100%
4	连续安全生产天数	天	截止统计日期，连续不间断的安全生产天数
5	变电事故率	次/(台·年)	年变电事故次数/主变总台数
6	输电事故率	次/(100km·年)	年送电事故率/输电线路总长度
7	年人均售电量	万 kW·h	企业年度售电量/企业本年度主业人员平均数
8	净资产利润率	%	税后利润/净资产总额×100%
9	不良资产率	%	期末不良资产/期末资产总额×100% 期末不良资产：指企业尚未处理的资产净损失和潜亏（资金）挂账，以及按财务会计制度规定应提未提资产减值准备的各类有问题资产预计损失金额。见《企业国有资本保值增值结果确认暂行办法》，2004 年 8 月 30 日施行
10	陈欠电费余额占当年电费总额的比率	%	历年陈欠电费余额/当年电费总额
11	综合电能损耗率	%	（供电量－售电量）/供电量×100% 供电量：企业购入电量之和 售电量：销售给各类用电户的全部电量之和

续表

序号	指　　标	单　位	定义及计算方法
12	高压电能损耗率	%	（供电量－售电量）/供电量×100% 供电量：从10（6）kV及以上电源购入电量之和 售电量：10（6）kV及以上电力客户的计费电量＋城镇及农村公用变压器低压侧电能表的抄见电量
13	低压电能损耗率	%	（供电量－售电量）/供电量×100% 供电量：10kV公用变压器低压侧总表抄见电量 售电量：各台区380/220V用户的抄见电量之和
14	综合电压合格率	%	综合电压合格率＝0.5A＋0.5（B＋C＋D）/3 式中　A—变电所10kV母线电压合格率 B—35kV及以上专线客户电压合格率 C—10kV客户电压合格率 D—380/220V低压客户电压合格率，计算式如下 电压合格率＝（1－Σ各监测点超偏差时间/Σ监测运行时间）×100%
15	居民客户端电压合格率	%	（1－Σ各监测点超偏差时间/Σ监测运行时间）×100%
16	供电可靠率（RS3）	%	［1－（用户平均停电时间－用户平均限电停电时间）/统计期间时间］×100% 本指标包括县城和农村

续表

序号	指　　标	单　位	定义及计算方法
17	供电营业窗口规范化服务达标率	%	规范化服务达标供电营业窗口数/供电营业窗口总数×100%
18	全员培训率	%	专项培训达60课时及以上的培训人数/企业总人数×100%
19	全员劳动生产率增长率	%	（考核年度全员劳动生产率－上一年度全员劳动生产率）/上一年度全员劳动生产率×100% 全员劳动生产率＝［工业总产值（不变价）（万元）］/年职工平均人数×100%

同业对标指标采取分级发布，发布周期原则上不超过一年。国家电网公司将建立指标发布制度，重点负责一流县供电企业或各省县供电企业最好指标的汇总发布，并进行指标动态排序。各省公司或地市公司负责本地区的指标发布和动态排序工作。

（3）认真搞好企业的自我评价工作。企业自我评价是开展好同业对标工作的基础和前提，通过评价和诊断，对企业管理状况进行深入、客观、全面的分析，找出存在的问题和差距，找准定位，确立学习标杆。国家电网公司将研究提出县供电企业综合分析评价方法，以提高企业评价工作的科学性和准确性。

（4）建立同业对标过程管理控制机制。对同业对标过程中阶段性工作目标提出要求。对涉及各专业管理过程中发生的苗头性、关键性、倾向性等可能影响企业指标先进性问题，及时提出控制和改进要求，及时分析原因，制定措施，确保生产、经营各项工作高效、有序进行。

（5）通过开展同业对标进一步深化创一流工作。县供电企业创一流仍是当前农电工作的重要内容，各县供电企业要运用同业对标方法，深入分析企业管理现状，明确与一流标准、一流企业的差距，有针对性地确定标杆单位，不断提高管理水平。已经获得一流县供电企业称号的单位，要通过开展同业对标，建立工作常态机制，不断巩固一流成果，实现从优秀到卓越的奋斗目标。

安全生产管理

第一节　安全生产管理方针

一、安全第一，预防为主

《安全生产法》第三条明确指出："安全生产管理，坚持安全第一，预防为主的方针"。

生产经营单位必须遵守安全生产法和其他有关安全生产的法律、法规，加强安全生产管理，建立健全安全生产责任制度，完善安全生产条件，确保安全生产。

生产经营单位的主要负责人对本单位的安全生产工作全面负责。

生产经营单位的从业人员有依法获得安全生产保障的权利，并应当依法履行安全生产方面的义务。

二、农电安全生产管理

（1）农电安全工作的重心在县供电公司，已经改制为由县供电公司统一管理的乡镇供电所，其安全责任也要纳入县供电公司统一考核。

（2）农电安全工作是国家电网公司和中国南方电网公司的公司系统安全工作的重要组成部分。各单位必须遵循"管生产必须管安全"的原则，将农电安全工作与生产工作的计划、布置、检查、总结、考核同时安排部署（五同时）。

（3）建立健全农电安全管理责任制、完善农电安全保障体系和监督体系，使农电安全管理工作逐渐做到科学化、制度化和规范化。

（4）农电安全工作应实行科学管理，不断完善安全设施，强化安全教育，提高人员的安全技术素质；开展"安全性评价"和"危险点控制"活动，对事故进行科学预测，并采取措施加以防范。

三、农电安全生产目标

（一）总体目标

防止发生对社会造成重大影响、对电力企业生产经营造成重大损失的 4 种事故如下：

（1）人身重伤和死亡。

（2）大面积停电。

（3）主设备严重损坏。

（4）重大火灾。

（二）县供电企业目标

（1）杜绝发生生产性人身死亡事故。

（2）杜绝发生有本企业人员责任的重、特大设备事故以及重、特大火灾和交通事故。

（3）控制重伤和事故，不发生人身死亡、重大设备损坏和电网事故；

1）输电事故率不大于 0.5 次/（100km·年）；

2）变电事故率不大于 0.1 次/（台·年）；

3）配电事故率不大于 0.5 次/（100km·年）。

（4）不发生本企业负同等及以上责任的农村触电死亡事故。

（5）每年实现 3 个百日安全无事故记录。

（三）县供电企业的车间（含工区、工地，下同）目标

（1）车间控制障碍和轻伤，不发生重伤和设备事故。

（2）班组控制异常和未遂，不发生障碍和轻伤。

（四）乡镇供电营业所目标

（1）不发生中低压电力设备事故和电力设施失窃事故。

（2）不发生农村触电死亡事故。

第二节　安全生产工作职责

一、生产经营单位主要负责人安全生产工作职责

《安全生产法》第十七条规定：

生产经营单位的主要负责人对本单位安全生产工作负有下列职责：

（1）建立、健全本单位安全生产责任制；

（2）组织制定本单位安全生产规章制度和操作规程；

（3）保证本单位安全生产投入的有效实施；

（4）督促、检查本单位的安全生产工作，及时消除生产安全事故隐

患；

（5）组织制定并实施本单位的生产安全事故应急救援预案；

（6）及时、如实报告生产安全事故。

二、省、市电力公司农电主要负责人安全生产工作职责

（1）负责建立健全本企业农电安全管理责任制，并督促所属各级领导认真贯彻执行。

（2）批阅上级有关安全工作的重要文件并组织落实，及时协调和解决各部门在贯彻落实中出现的问题。

（3）及时了解安全工作情况，定期听取下级安全监督部门的汇报。主持召开安全分析会议，及时研究解决安全工作中出现的重大问题。

（4）保证安全监督机构及其人员配备符合要求，支持安全监督部门履行职责。

（5）保证反事故措施和安全技术劳动保护措施（以下简称“两措”）所需经费的提取和使用，保证安全奖励所需费用的提取和使用。

三、县供电公司主要负责人安全生产工作职责

县供电公司安全第一责任人必须严格贯彻党和国家的有关安全工作的政策和指示，对本企业的安全生产负全面领导责任。各分管副职要在加强安全生产和用电中，不断提高科学性和预见性，做好常规情况下可能发生特大事故的思想准备，制订切实可行的反事故措施。县供电公司领导要加强对安全工作的监督与管理，及时消除安全隐患。主要安全职责如下：

（1）熟悉国家、电力行业和公司系统有关农电安全管理方面的政策、法规、规程和制度。组织制定本企业的各种安全制度和管理办法。

（2）掌握本企业电网情况及主设备运行情况，了解农村用电安全状况，组织建立本企业内安全保证和监督管理体系，配足人员力量。

（3）学习和处理上级有关安全工作方面的文件及通报。分管副职要结合本单位具体情况，提出贯彻执行的方法，并组织实施。

（4）组织企业安全例会。分析安全形势，处理安全事故，制订安全措施，督促检查安全措施落实情况，并做好安全情况上报工作。

（5）制订企业安全工作目标、年度安全工作计划、两措计划，保证安全管理所需费用的提取和使用。

（6）加强对供电所及其人员的安全管理，根据农时、季节特点提出防止农村人身触电事故的措施。

四、乡镇供电营业所安全职责

(1) 受县供电公司的委托，对工作人员统一组织安全培训和安全考核工作。

(2) 负责辖区内电力设施的巡视检查、维护检修、安装验收，保证设备安全运行。

(3) 贯彻执行县供电公司的各种安全用电管理办法，加强对配电变压器剩余电流动作保护器和农户家用剩余电流动作保护器的定期检查，保证剩余电流动作保护器的安装率、投运率和动作率达到有关规定要求。

(4) 进行农村安全用电知识的宣传和普及工作，不断提高用户的安全用电意识，防止发生人身触电事故。

(5) 依靠《电力法》、《电力设施保护条例》等有关法律、法规，加强对电力设施的保护。

第三节 安全生产责任制

一、农电安全工作实行归口管理分级负责

(1) 省电力公司负责本省农电安全管理，具体工作由农电部（局、处）或地电部负责。主要职责是指导、检查和考核本省农电安全工作，并将每年全省农电事故情况进行统计汇总，上报国家电网公司或中国南方电网公司。

(2) 市公司具体指导和管理所属县供电公司的安全工作，并负责事故上报工作。

(3) 县供电公司负责供电范围内电网的安全供电管理工作和事故上报工作，并协助政府做好农村安全用电管理工作。

(4) 各级供电公司行政正职是农电安全第一责任人，对本企业的安全工作负全面责任。分管农电工作的行政副职是农电安全工作的主要负责人。

(5) 各部门、各岗位应有明确的安全职责，并实行安全工作逐级负责制。

二、安全目标责任书（状）

(1) 省电力公司（或委托市公司）与县供电公司第一责任人应签订安全目标责任书，县供电公司与供电营业所要签订安全责任状，供电所与电力用户之间要以资产分界点签订安全用电责任书。

(2) 供电所应建立安全责任制。所长为第一责任人，对本所安全生产负全面责任，并与县供电公司第一安全责任人签订安全责任状。供电所要设一名专职或兼职安全员，负责本所安全管理工作计划的具体实施，指导农电工做好安全用电管理工作。供电所长要与农电工签订安全协议书，农电工的安全责任要与其工资奖金挂钩。

(3) 农电工安全责任如下：

1) 应熟知《农村安全用电规程》、《农村低压电气安全工作规程》、《农村低压电力技术规程》，经考试合格后持证上岗，凡是在工作中不听从指挥，自行其是缺乏安全意识的人员，一律予以解聘。

2) 农电工在担任电气工作负责人和许可人之前必须经县供电企业资质审查，并进行培训，经考试合格并得到县供电公司领导批准后，方可担任此项工作。

第四节　安 全 监 督

一、安全监督部门职责

县供电公司应设安全监督机构和专职安全员，并建立县供电公司、车间、班组三级安全网。

安全监督部门职责如下：

(1) 监督检查本单位各级领导和部门对国家和上级部门有关农电安全工作的法规、标准、规定的贯彻执行情况和安全工作责任制的落实情况。

(2) 组织编制本单位农电安全工作的办法、规章制度，会同有关部门编制安全技术劳动保护措施计划和反事故措施计划，并监督执行。

(3) 参加和协助本单位领导组织事故调查，在事故调查中有权向发生事故的单位和人员索取事故原始资料，制止破坏事故现场的行为；发现事故原因分析不符或对责任者的处分不当时，有权提出否决性的意见，报主管领导批准。对本单位隐瞒事故、阻碍事故调查的行为以及对事故的分析、认定与领导意见不一致时，有权向上级安全监督部门反映。

(4) 根据电网公司《安全生产工作奖惩规定》，对在安全工作中作出贡献者提出表彰奖励的建议，对事故过失人员、违反安全规程制度的责任者和有关领导责任者，提出处理意见。

(5) 对安全工作存在严重问题的单位发出“安全检查整改通知书”，明确提出整改意见并监督限期解决。

（6）制订并实施安全培训计划，监督并配合有关单位做好安全工作规程的学习、考试和反事故演习，负责组织安全网活动。

（7）对新建、改建、扩建工程的设计，以及检修设计变更、施工、竣工验收等实行全过程安全监督，参加重要工程及主要设备的招投标工作，对可能危及人身、设备安全的方案应提出否决意见。

（8）负责向生产单位反馈安全经验和事故教训信息，监督安全工器具和劳动保护用品的采购、发放和试验，并就正确使用这些工器具和用品进行培训。

（9）监督检查农电生产和工程建设中的人身安全情况，检查设备、系统的安全运行工作，检查农村用电安全知识的宣传执行情况。

（10）对各单位安全指标完成情况进行统计、分析、考核，并负责事故上报工作。

二、安全监督人员职权

（1）参加本单位“两措”计划编制，对新建、改建、扩建、检修、技改工程、技术革新项目的设计审查和竣工验收工作进行安全监督。

（2）有权进入生产、施工现场、调度室、控制室等场所检查安全情况，制止危及人身和设备安全的违章行为。参加安全工作的有关会议，查阅有关资料，向有关人员了解情况和征集对安全工作的意见。

（3）及时做好事故的统计分析，找出安全工作中薄弱环节和带倾向性的问题，并按规定上报有关部门。

第五节　安全制度与安全措施

一、基本要求

（1）国家电网公司、中国南方电网公司的公司系统各有关单位要严格执行上级部门下发的农电安全制度和办法，结合本企业的具体情况制定实施细则或补充规定。建立健全保障安全工作的各项规章制度，及时修订现场规程、制度。

（2）在县供电公司范围内工作的其他组织、个人必须按照规定严格执行“两票三制”（工作票、操作票、交接班制、巡回检查制、设备定期试验轮换制）和设备缺陷管理等制度，施工单位必须严格执行安全施工作业票制度和安全交底制度。

（3）县供电公司每年要编制年度两措计划。

1）反事故措施计划的内容主要包括：对典型事故的对策，上级颁发的事故通报和反事故技术措施，需要消除的重大设备缺陷方法和提高设备可靠性的重大技术改进措施等。

2）安全技术劳动保护措施计划的内容主要包括：有关防止人身伤亡事故的对策，防触电、防高空摔跌、改善职工劳动条件和防止职业病或职业中毒的措施。

（4）年度反事故措施计划应在编制企业年度大修、更新改造工程计划之前完成，所需经费按项目、内容、性质，在大修、更新改造或成本费中优先安排。

（5）安全技术劳动保护措施计划提出后，由公司行政正职批准执行，并报上级主管部门备案。

（6）两措计划经批准后，公司安全监督人员应经常督促、检查落实情况，并将检查情况定期向公司领导报告。

二、两票管理

（一）两票管理基本要求

（1）供电所工作票签发人、工作负责人、工作许可人由隶属县供电企业组织培训、考试、并行文公布。

（2）操作票、工作票应按月统计、妥善保管，两票合格率应达到100％。

（3）在高压线路及设备的工作应遵守部颁《电业安全工作规程》[发电厂和变电所电气部分（DL 408—1991）和电力线路部分（DL 409—1991）]或国家电网公司颁发《电力安全工作规程》（变电站和发电厂电气部分和电力线路部分）的规定。

（4）在低压线路和电气设备的工作应遵守《农村低压电气安全工作规程》（DL 477—2001）的规定。

（5）属于国家电网公司系统的县供电企业还应遵守从2005年3月1日起在国家电网公司系统内试行的企业标准《国家电网公司电力安全工作规程（变电站和发电厂电气部分、电力线路部分）》的规定。

（6）属于中国南方电网有限责任公司系统的县供电企业还应遵守从2004年6月1日起执行的中国南方电网有限责任公司企业标准：《电气操作导则》（Q/CSG 10006—2004）、《电气工作票技术规范》（发电、变电部分）（Q/CSG 1000—2004）、《电气工作票技术规范》（线路部分）（Q/CSG 1000—2004）的规定。

（7）两票合格率的统计。

1）操作票合格率的计算公式为

操作票合格率（%）=（合格操作票份数/操作票总数）×100%

2）工作票合格率的计算公式为

工作票合格率（%）=（合格工作票份数/工作票总数）×100%

3）供电所安全员按规定填写《“两票”登记簿》，及时记录“两票”执行情况。

4）供电所安全员按照企业规定，每月进行“两票”的汇总和评价，分析“两票”管理执行中存在的问题，制定改进的措施。

5）供电所安全员负责“两票”的保存、评价和统计上报工作。

（二）操作票管理

1. 操作票格式

当电气设备由一种状态转换到另一种状态或改变电力系统的运行方式时，需要进行一系列的操作，这种操作叫电气设备的倒闸操作。运行人员依据运行负责人的命令，执行设备操作的作业文件叫操作票。操作票的书面格式如表2-1所示。

表2-1　　倒闸操作票

单位　　　　编号：

操作开始时间：　　年　月　日　时　分，终了时间：　日　时　分		
操作任务：		
	顺序	操　作　项　目
备注：		

操作人：　　　　监护人：　　　　工作许可人：

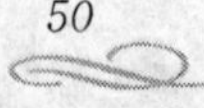

2. 操作票执行流程

操作票执行流程如图 2-1 所示。

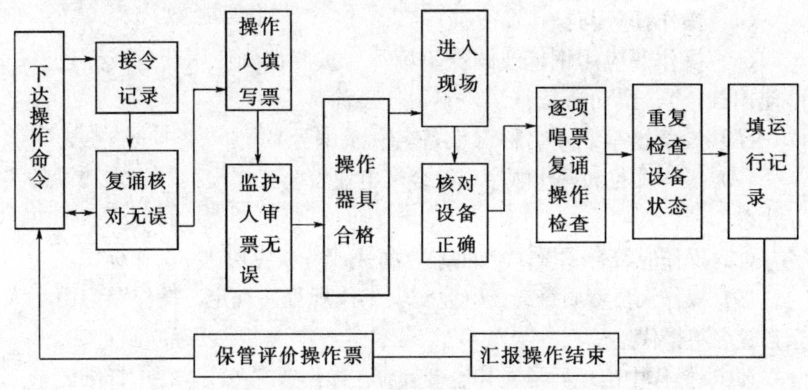

图 2-1 操作票执行流程图

（1）监护人接受操作命令、填写《值班记录》，并向发令人复诵核对无误。

（2）操作人依据操作命令填写操作票。

（3）监护人依据操作命令、接线图等审查操作内容、顺序无误。

（4）检查操作工具无问题后，操作人、监护人共同进入设备现场。

（5）操作人、监护人共同核实设备名称、编号和设备断、合位置及状态确定是否符合操作命令要求。

（6）监护人记录操作开始时间。

（7）监护人、操作人按照“操作复诵制”的要求和操作票顺序进行逐项操作。

（8）操作内容全部完成后，监护人、操作人共同核实设备断、合位置及状态符合操作命令要求。

（9）监护人记录操作终结时间。

（10）操作人、监护人在操作票签名。

（11）监护人向发令人汇报操作任务执行完毕、终结时间和设备状态，并填写《值班记录》。

（12）按规定存放、保管操作票。

3. 操作票的检查内容和评价

（1）操作票书面格式符合《电业安全工作规程》规定。

（2）单位名称、供电所名称、操作票编号应符合本企业规定。

（3）操作命令使用正规操作术语(调度规程规定的术语),准确清晰。

（4）操作任务与操作命令应一致。

（5）操作票应用钢笔或圆珠笔填写（按照惯例使用蓝色或黑色，不得使用红色），票面清楚整洁，不得任意涂改。

（6）设备填写双重名称（设备名称及编号）。

（7）操作项目和操作顺序应符合《电业安全工作规程》规定和设备实际状态。

（8）操作应符合“操作复诵制”，每完成一项应划“√”作标识。

（9）操作人员资质符合《电业安全工作规程》规定，操作票应由本人亲自签名不得代签。

（10）操作中出现异常或其他事宜应在操作票“备注”栏中详细记录。

（三）工作票管理

1. 工作票格式及其适用范围

工作票是依据工作计划，执行电气设备设施的安装、检修、试验、消缺、维护等工作的作业文件。根据工作条件分别填用电力线路第一种工作票、电力线路第二种工作票、低压第一种工作票（停电作业）、低压第二种工作票（不停电作业）。

（1）填用电力线路第一种工作票的工作为：①在停电线路（或在双回线路中的一回停电线路）上的工作；②在全部或部分停电的配电变压器台架上或配电变压器室内的工作。所谓全部停电，是指供给该配电变压器台架或配电变压器室内的所有电源、线路均已全部断开。

电力线路第一种工作票格式，如表 2-2 所示。

表 2-2　　　　电力线路第一种工作票

编号：________

____________供电所（工区）

1. 工作单位名称：____________________

2. 工作负责人姓名：____________________

3. 工作班人员：____________________

____

____________________________________共________人

4. 停电线路名称（双回线路注明双重称号）：____________________

____________________站____________________路

5. 工作地段（注明分、支路名称，线路的起止杆号）：____________________

6. 工作任务：________________

____

____

7. 应采取的安全措施[包括拉开的隔离开关(刀闸)、断路器(开关)，应停电的范围]：

____

____

保留的带电线路或带电设备：________________

____

____

____

应挂的地线：

线路名称及杆号：________________

接地线编号：________________

监护人姓名：________________

操作人姓名：________________

8. 计划工作时间：自____年____月____日____时____分

至____年____月____日____时____分

9. 许可开始工作命令：

许可命令方式	许可人	实际许可工作的时间
		年 月 日 时 分

10. 工作终结的报告：

终结报告的方式	许可人	实际终结报告的时间
		年 月 日 时 分

11. 工作延期办理：

延期办理方式	原因	延期时间	批准人
		年 月 日 时 分	

工作票签发人(签字)：____________工作负责人(签字)：________ 年__月__日

工作地点简图及注意事项：

（2）填用电力线路第二种工作票的工作为：①带电作业；②带电线路杆塔上的工作；③在运行中的配电变压器台上或配电变压器室内的工作。

电力线路第二种工作票的格式如表2-3所示。

表2-3　　电力线路第二种工作票

编号：________

________供电所（工区）

1. 工作单位名称：________
2. 工作负责人姓名：________
3. 工作班人员：________

____

________共________人

4. 工作的线路或设备名称：________

工作范围：________

工作任务：________

____

5. 计划工作时间：自____年____月____日____时____分

至____年____月____日____时____分

____

____

____

6. 执行本工作应采取的安全措施：________

____

7. 通知调度：

工作开始时间：________年____月____日____时____分

工作完工时间：________年____月____日____时____分

工作票签发人：________　　工作负责人：________

（3）填用低压第一种工作票（停电作业）的工作为：低压停电工作。

低压第一种工作票格式如表2-4所示。

表2-4　　低压第一种工作票（停电作业）

编号：________

1. 工作单位及班组：________
2. 工作负责人：________
3. 工作班成员：________
4. 停电线路、设备名称（双回线路应注明双重称号）：________

____

____

5. 工作地段（注明分、支线路名称，线路起止杆号）：

6. 工作任务：

7. 应采取的安全措施（应断开的开关、刀开关、熔断器和应挂的接地线，应设置的围栏、标示牌等）：

保留的带电线路和带电设备：

应挂的接地线：

线路设备及杆号				
接地线编号				

8. 补充安全措施：

工作负责人填：

工作票签发人填：

工作许可人填：

9. 计划工作时间：

自____年____月____日____时____分至____年____月____日____时____分

工作票签发人：________签发时间：____年____月____日____时____分

10. 开工和收工许可：

开工时间（日时分）	工作负责人（签名）	工作许可人（签名）	收工时间（日时分）	工作负责人（签名）	工作许可人（签名）

11. 工作班成员签名：

____

12. 工作终结：

现场已清理完毕，工作人员已全部离开现场。

全部工作于______年____月____日____时____分结束。

工作负责人签名：________工作许可人签名：____________

13. 需记录备案内容（工作负责人填）：____________

14. 附线路走径示意图：______________________________

注 此工作票除注明外均由工作负责人填写。

（4）填用低压第二种工作票（不停电作业）的工作为：低压间接带电工作。

低压第二种工作票的格式如表2-5所示。

表2-5　　低压第二种工作票（不停电作业）

编号：______

1. 工作单位及班组：______________________________

2. 工作负责人：______________________________

3. 工作班成员：______________________________

4. 工作任务：______________________________

____

____

5. 工作地点与杆号：______________________________

____

____

6. 计划工作时间：

自_____年____月____日____时____分至________年____月____日____时____分

7. 注意事项（安全措施）：______________________________

____

____

____

____

____

____

8. 工作票签发人（签名）________________年____月____日____时____分

工作负责人（签名）：________（开工）________年____月____日____时____分

（终结）________年____月____日____时____分

工作许可人（签名）：________（开工）________年____月____日____时____分

9. 现场补充安全措施（工作负责人填）：______

______

工作许可人填：______

10. 工作班成员签名：______

11. 备注：______

______

2. 工作票执行程序

工作票的一般执行程序，如图 2-2 所示。

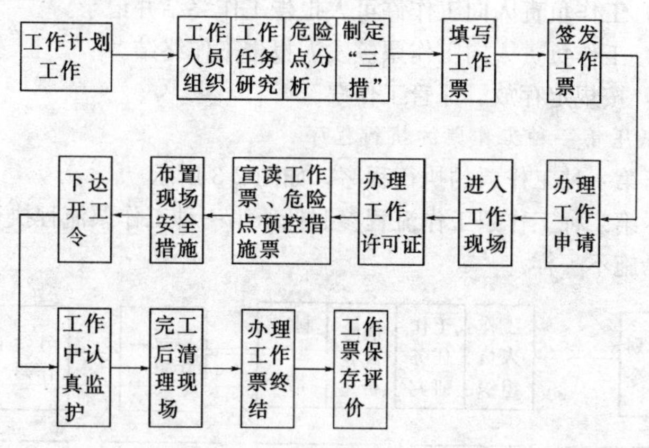

图 2-2　工作票的一般执行程序图

3. 电力线路第一种工作票的执行程序

（1）工作负责人接受工作指令并记录。

（2）确定工作班成员。

（3）依据工作指令、工作计划及相关的设备资料，工作负责人组织工作班成员研究工作内容、危险点分析控制并制订“三措”。

（4）工作负责人填写工作票（一式两联）和《现场作业危险点及控制措施票》（小型工作或简单工作危险点控制内容可以填写在工作票内，不再填写《现场作业危险点及控制措施票》）。

（5）工作票签发人审查并签发工作票，并于工作前一天将下联交给工作负责人。

（6）工作负责人接受已签发的工作票后按调度规程规定办理工作申请并记录。

（7）工作负责人在开工前履行工作许可程序。

（8）工作负责人向工作班成员宣读工作票内容并交代和布置现场安全措施。

（9）工作负责人下达开工命令，工作班成员进入现场工作，工作负责人履行监护职责。

（10）完工后，工作负责人检查设备处于完好状态。

（11）工作负责人下达拆除工作班所布置的安全措施，恢复设备正常状态。

（12）工作负责人向工作许可人报告工作终结并记录。

（13）工作负责人向工作票签发人报告工作终结。

（14）按规定存放、保管工作票。

4. 低压第一种工作票的执行程序

低压第一种工作票的执行程序，如图 2-3 所示。

低压第二种工作票工作流程参照低压第一种工作票流程执行，仅具体安全措施不一样。

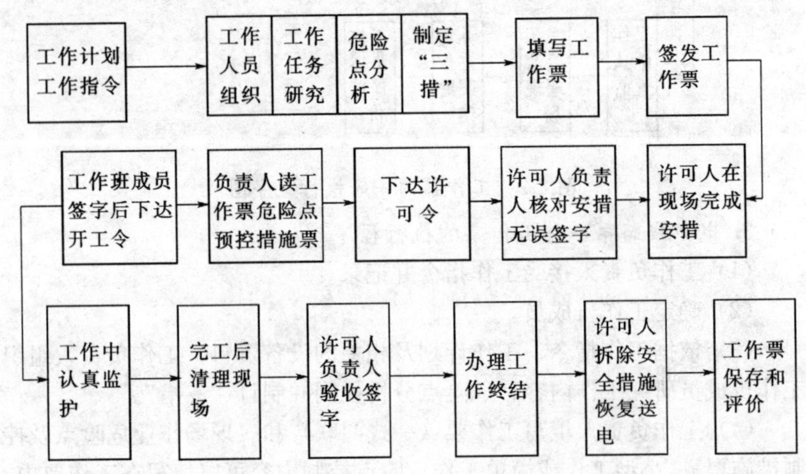

图 2-3　低压第一种工作票执行程序图

（1）工作负责人接受工作指令并记录。

（2）确定工作班成员。

（3）依据工作指令、工作计划及相关的设备资料，工作负责人组织工作班成员研究工作内容、危险点分析控制并制订“三措”。

(4) 工作负责人填写工作票（一式两联）和《现场作业危险点及控制措施票》。

注：小型工作或简单工作危险点控制内容可以填写在工作票内，不再填写《现场作业危险点及控制措施票》。

(5) 工作票签发人审查并签发工作票，并于工作前一天将一式两联工作票交给工作负责人。

(6) 工作许可人手持一联工作票在工作现场完成工作票上所列安全措施。

(7) 工作许可人向负责人（手持另一联工作票）交代已完成安全措施并双方核对。

(8) 双方在工作票上下联签字写明时间后，许可人下达许可令。

(9) 工作负责人现场宣读工作票、危险点预控票，工作班成员在签字处逐一签字，工作负责人下达开工令。

(10) 工作负责人在工作中认真监护及时纠正不安全动作。

(11) 工作完工后清理现场，工作负责人检查验收后命令人员撤离现场后向许可人报告。

(12) 工作许可人、工作负责人共同验收无误后，双方签字，工作票终结。

(13) 工作许可人拆除安全措施恢复送电。

(14) 工作票保存和评价。

5. 电力线路第一种工作票实例演示

(1) 工作内容。××供电所 10kV××911 线停电消缺。

(2) 事由。月度巡线过程中发现 10kV××911 线存在着 30 号杆针瓶有破损、43 号杆横担倾斜、45～47 号杆拉线松弛等一般性缺陷，在规定时限内向主管部门上报停电检修计划，主管部门审核批准下发停电计划后，供电所按规定时限提前办理停送电相关申请手续，报上级部门审批。

(3) 办理工作票。根据下发的停电计划，工作票签发人指派×××为工作负责人并确定工作班成员×××、×××等，工作负责人及工作班成员研究工作内容，对现场作业中的危险点因素分析之后，根据讨论结果，工作负责人填写危险点预控票、现场施工“三措”（组织措施、技术措施、安全措施），工作票于开工前一天交工作票签发人签发，“三措”在开工前按规定时限报上级安监部门、生产部门审批。

(4) 交代安全措施危险点告知。出发前由工作负责人组织召开班前会，按“三措”内容详细交代安全措施、技术措施、组织措施，做好危险点分析，交代注意事项，并在班前、班后会记录簿上记录。

(5) 进入施工现场。工作负责人×××手持签发的工作票下联带领工作班成员进入施工现场，工作负责人×××向值班调度员（或工区值班员）申请停电，调度（或工区值班员）办理停电后，向工作许可人发出命令，工作许可人接令后，在工作票上许可人处签名并注明时间，向工作班组下达许可令，工作负责人接到工作许可令后现场宣读工作票和危险点预控票，工作班成员在危险点预控票上逐一签字，之后工作负责人安排工作班成员×××、×××在30、46号杆处验电分别挂×号、×号地线，布置好现场措施后下达开工令。

(6) 工作监护。工作中，工作负责人×××始终在现场认真监护，及时纠正不安全动作。

(7) 工作终结。完工后，工作负责人组织工作班成员认真清理现场，确无遗留工具材料，通知并查明全体人员确由杆上撤下后，下令×××、×××拆除×号、×号地线等安全措施，工作负责人×××向工作许可人×××做工作终结报告：我是工作负责人×××，10kV××911线检修工作已完工，30号杆针瓶已更换、43号杆横担调平、45～47号杆拉线已调整，所有工作人员已从线路上撤离，×号、×号地线已拆除，可以恢复送电，工作许可人向值班调度员交令，向线路恢复送电。

工作负责人×××向工作票签发人报告工作终结并交回下联。

(8) 工作票终结。工作票签发人在备注栏内盖已执行章，按规定期限保存工作票。

(9) 工作总结。工作负责人×××组织召开班后会，总结讲评当天工作和安全情况，表扬好人好事、批评忽视安全、违章作业等不良现象，并在班前、班后会记录簿上记录。

6. 低压第一种工作票实例演示

(1) 工作内容。××供电所10kV××线×号杆变台低压出线大修改造。

(2) 事由。根据上级部门10kV××线×号杆变台低压出线大修改造的指令，供电所向上级部门报批停电计划。

(3) 办理工作票。依据下发停电计划，指派×××为工作负责人并确定工作班成员×××、×××等，工作负责人及工作班成员研究立杆、换线等工作内容，对现场作业中的立杆、换线危险点因素分析，根据讨论结果，工作负责人填写危险点预控票，现场施工“三措”，工作票，工作票于开工前一天交工作票签发人签发，“三措”在开工前的规定时间内报上级安监部门、生产部门审批。

（4）危险点告知交代安全措施。出发前由工作负责人组织召开班前会，按“三措”内容详细交代组织措施、安全措施、技术措施，做好危险点分析，交代注意事项，并在班前、班后会记录簿上记录。

（5）工作许可与工作监护。工作负责人×××手持一式两联工作票带领工作班成员×××、×××等进入施工现场，将一联工作票交工作许可人×××，工作许可人×××按工作票上所列内容，正确完成停电、验电、挂地线等安全措施，工作许可人×××向工作负责人交代已完成的安全措施，工作负责人核对后两人分别在两联工作票上签字，工作许可人下达许可命令，工作负责人持另一联工作票向全体工作人员交代现场安全措施带电部位和其他注意事项，全体成员在签名栏处签字，在危险点预控票上逐一签字，工作负责人×××始终在现场认真监护，及时纠正不安全动作。

（6）工作终结。完工后，工作负责人组织工作班成员认真清理现场，确无遗留工具材料，工作负责人命令全体人员撤离工作地点工作负责人向许可人报告工作终结。工作许可人会同工作负责人现场检查验收，在工作票上填明工作票时间双方签字工作终结。

工作许可人拆除地线等所有安全措施后向线路恢复送电。

工作负责人×××向工作票签发人报告工作终结并交回工作票。

（7）工作票终结。工作票签发人在备注栏内盖已执行章，工作票终结按规定期限保存工作票。

（8）工作总结。工作负责人×××组织召开班后会，总结讲评当天工作和安全情况，表扬好人好事、批评忽视安全、违章作业等不良现象，并在班前、班后会记录簿上记录。

7. 工作票检查内容和评价

（1）工作票书面格式符合《电业安全工作规程》规定。

（2）单位名称、供电所名称、工作票编号应符合本企业规定。

（3）使用正规操作术语，准确清晰。

（4）工作任务与工作指令（计划）应一致。

（5）工作票应用钢笔或圆珠笔填写（按照惯例使用蓝色或黑色，不得使用红色)，票面清楚整洁，不得任意涂改。

(6) 设备填写双重名称（设备名称及编号）。

(7) 安全措施应符合《电业安全工作规程》规定和设备实际状态。

(8) 工作地段和带电线路（设备）部位明确具体。

(9) 操作人员资质符合《电业安全工作规程》规定，工作票应由本人亲自签名不得代签。

(10) 其他事宜应在工作票“注意事项”栏中详细记录。

当不符合上述要求之一者，均为不合格工作票。

(四) 危险点预控措施票的管理

1. 危险点预控法

危险点预控法是引导职工对电力生产中的每项工作，根据作业内容、工作方法、环境、人员状况等分析可能产生危及人身或设备安全的危险因素，也就是不安全因素，再依据规程规定，采取可靠的防范措施，以达到防止事故发生的目的。对作业全过程的危险因素进行分析控制，是针对性很强的一种补充安全注意事项。它便于提高职工的安全意识，增强职工的自我防护能力，有利于纠正习惯性违章，是电力安全生产规范化管理的重要内容。

2. 危险点预控措施票格式

实施危险点预控法的作业文件称为危险点预控措施票。现场作业危险点及控制措施票格式，如表 2-6 所示。

表 2-6　　现场作业危险点及控制措施票

_____年____月____日　　　　　　　　　　第　　号

<table>
<tr><td colspan="2">工作负责人</td><td></td><td>审核人</td><td></td><td>工作班组</td><td></td><td>工作内容</td></tr>
<tr><td>序号</td><td colspan="2">作业项目</td><td colspan="3">危　险　点</td><td>控制措施</td><td>责任人</td></tr>
<tr><td></td><td colspan="2"></td><td colspan="3"></td><td></td><td></td></tr>
<tr><td colspan="8">上列工作内容、工作地点、作业项目、安全措施、危险点及其控制措施工作负责人已向工作班成员交代清楚，工作班成员在下栏签名：</td></tr>
<tr><td colspan="8"></td></tr>
<tr><td colspan="8">执行情况检查：</td></tr>
</table>

3. 使用危险点预控措施票应遵循的原则

（1）真实性。每一个操作任务，每一个施工现场，都有不同特征的作业危险点，要调查研究分析，不能照抄照搬，弄虚作假应付检查。

（2）具体性。作业点控制措施的制定，应深入现场实地调查，根据作业任务，对照有关规程条款和事故通报有关防范措施，结合工段地理、气候、现场条件、工器具、高低压施工跨越、邻近带电部位和人员素质等情况，认真分析研究，做到内容具体，便于操作。

（3）全面性。要有全过程控制措施，要从明显的、隐蔽的，开工前的准备和工作中和完工的各个环节，组织工作人员进行全面的分析讨论。

（4）专责性。制订好的危险点预控措施，必须在开工前及时向工作班成员宣讲，交代清楚，并指定专人落实负责，必须实行全过程专人监控，及时纠正和查处违章。

（5）完整性。对已执行的危险点控制措施，要认真总结经验，查找不足和隐患，以利于下次执行得更好。

4. 危险点预控措施票填写执行程序

（1）在接受工作任务后，工作负责人组织工作班成员讨论分析存在的危险因素并制定具体的控制措施。

（2）工作负责人负责填写《现场作业危险点及控制措施票》，控制措施应明确、具体，责任落实到人。

（3）《现场作业危险点及控制措施票》经主管人审核批准后，工作负责人组织落实控制措施。

（4）到达工作现场后，工作负责人再次指明危险点和控制措施，并严格监护执行；发现问题及时纠正。

（5）工作完成后，工作负责人按规定妥善保存《现场作业危险点及控制措施票》。

5. 危险点预控措施票的审批程序

（1）一般性作业项目的危险点预控措施票，由工作负责人填写，工作票签发人审查批准签字后执行。

（2）复杂的作业项目或技改工程，各作业班组依据批准的安全、组织、技术措施方案填写危险点预控措施票，经主管领导批准后执行。

（3）复杂的电气倒闸操作，由工作负责人填写危险点预控措施票，经运行技术人员或主管领导批准后执行。

三、“三制”管理

电力系统为了保证设备的安全运行，执行交接班制、巡回检查制度、设备定期试验轮换制，上述三个制度的简称为“三制”。

“三制”是有人值班变电所必须严格执行的最基本的制度，但“三制”的基本做法可供其他单位参考。供电所执行“三制”的主要内容是严格执行安全生产责任制，切实落实各项安全生产经营工作程序，有计划地进行线路、设备巡视检查和设备定期检验、试验、检修、维护工作。

（一）交接班制度

（1）值班人员应按照现场交接班制度的规定进行交接，以控制室钟表为准，正点交接完毕。接班人员应提前20min进入控制室。未办完交接手续之前，不得擅离职守。

（2）交接班前、后30min内，一般不进行重大操作。在处理事故或倒闸操作时，不得进行交接班；交接班时发生事故，应停止交接班，由交班人员处理，接班人员在交班值长指挥下协助工作。

（3）交接班的主要内容。

1）运行方式及负荷分配情况。

2）当班所进行的操作情况及未完的操作任务。

3）使用中的和已收到的工作票。

4）使用中的接地线号数及装设地点。

5）发现的缺陷和异常运行情况。

6）继电保护、自动装置动作和投退变更情况。

7）直流系统运行情况。

8）事故异常处理情况及有关交代。

9）上级命令、指示内容和执行情况。

10）一、二次设备检修试验情况。

11）维护工作情况。

12）环境卫生。

（4）交班值长按交接班内容向接班人员交代情况，接班人员在交班人员陪同下进行重点检查，交班值长或指定人员负责监盘。实现微机管理的变电所，在交接班时，应当面打印出当班的值班记录。值班记录的签名栏，应由交接班人员亲自签名，不得打印。

（5）接班人员重点检查的内容。

1）查阅上次下班到本次接班的值班记录及有关记录，核对运行方式变化情况。

2）核对模拟图板。

3）检查设备情况，了解缺陷及异常情况。

4）负荷潮流。

5）检查试验中央信号及各种信号灯。

6）检查直流系统绝缘及浮充电流。

7）检查温度表、压力表、油位计等重要表计指示。

8）核对接地线编号和装设地点。

9）核对保护连接片的位置。

10）检查内外卫生。

（6）接班人员将检查结果互相汇报，认为可以接班时，方可签名接班。

（7）接班后，根据天气、运行方式、工作情况、设备情况等，安排本班工作，做好事故预想。

（二）巡回检查制度

（1）对各种值班方式下的巡视时间、次数、内容，各单位应作出明确规定。

（2）值班人员应按规定认真巡视检查设备，提高巡视质量，及时发现异常和缺陷，及时汇报调度和上级，杜绝事故发生。

（3）变电所的设备巡视检查，一般分为正常巡视（含交接班巡视）、全面巡视、熄灯巡视和特殊巡视。

（4）正常巡视的内容，应按本单位《变电运行规程》规定执行。

（5）每周应进行全面巡视一次，内容主要是对设备全面的外部检查，对缺陷有无发展作出鉴定，检查设备的薄弱环节，检查防火、防小动物、防误闭锁等有无漏洞，检查接地网及引线是否完好。

（6）每周应进行熄灯巡视一次，内容是检查设备有无电晕、放电，接头有无过热现象。

（7）特殊巡视检查的内容，按本单位《变电运行规程》规定执行。遇有以下情况，应进行特殊巡视：

1）大风前后的巡视。

2）雷雨后的巡视。

3）冰雪、冰雹、雾天的巡视。

4）设备变动后的巡视。

5）设备新投入运行后的巡视。

6）设备经过检修、改造或长期停运后重新投入系统运行后的巡视。

7）异常情况下的巡视，主要是指：过负荷或负荷剧增、设备超温、设备发热、系统冲击、跳闸、有接地故障情况等，应加强巡视，必要时应派专人监视。

8）设备缺陷近期有发展时和法定节假日、上级通知有重要供电任务时，应加强巡视。

（8）所长应每月进行一次巡视，并严格监督、考核各班的巡视检查质量。

（三）设备定期试验和轮换制度

1. 一般规定

（1）本制度适用于变电所内所有一、二次设备，同时包括通风、消防等附属设备。

（2）变电所内设备除应按有关规程由专业人员根据周期进行试验外，运行人员还应按照本制度的要求，对有关设备进行定期的测试和试验，以确保设备的正常运行。

（3）对于处在备用状态的设备，各单位应按照本制度的要求，定期投入备用设备，进行轮换运行，保证备用设备处在完好状态。

（4）各单位应根据本制度的要求，并结合实际情况，将有关内容列入变电所的工作年、月历中，并建立相应的记录。

2. 设备定期试验制度

（1）有人值班变电所应每日对变电所内中央信号系统进行试验，试验内容包括预告、事故音响及光字牌。集控所亦应每日对监控系统的音响报警进行试验。

（2）在有专用收发信设备运行的变电所，运行人员每天应按有关规定进行高频通道的对试工作。

（3）蓄电池定期测试规定。

1）铅酸蓄电池每月普测一次单体蓄电池的电压、密度、每星期测一次代表电池的电压、密度。

2）碱性蓄电池每月测一次单体蓄电池的电压，每星期测一次代表蓄电池的电压。

3）有人值班所的阀控密封铅酸蓄电池，每月普测一次电池的电压，每星期测一次代表电池的电压。

4）无人值班站的阀控密封铅酸蓄电池，每月普测一次电池的电压。

5）代表电池应不少于整组电池个数的1/10，选测的代表电池应相对固定，便于比较。

6）蓄电池测量值应保留小数点后两位，每次测完电池应审查测试结果。当电池电压或密度超限时，应在该电池电压或密度下边用红色横线标注，并应分析原因及时采取措施，设法使其恢复正常值，将检查处理结果写入蓄电池记录。对所内解决不了的问题，及时上报，由专业人员处理。

7）各所应参照蓄电池厂家说明书及相关规程，写出符合实际的蓄电池测试规范及要求，并贴在《蓄电池记录簿》中，以便测量人员核对。

8）各所所长（操作队长）应及时审核《蓄电池记录簿》，并在每次测完的蓄电池记录（右下角）签字。

(4) 变电所事故照明系统每月试验检查一次。

(5) 运行人员应在每年夏季前对变压器的冷却装置进行试验。

1）凡变压器装有冷却设备的风扇、油泵、水泵、气泵正常时为备用或辅助状态的应进行手动启动试验，确保装置正常，试验后倒回原方式。

2）冷却装置电源有两路以上的且平时作为备用的电源应进行启动试验，试验时严禁两电源并列，试验后倒回原方式。

(6) 电气设备的取暖、驱潮电热装置每年应进行一次全面检查。

1）检查取暖电热应在入冬前进行。对装有温控器的电热应进行带电试验或用测量回路的方法进行验证有无断线，当气温低于0℃时应复查电热装置是否正常。

2）检查驱潮电热应在雨季来临之前进行，可用钳型电流表测量回路电流的方法进行验证。

(7) 装有微机防误闭锁装置的变电所，运行人员每半年应对防误闭锁装置的闭锁关系、编码等正确性进行一次全面的核对，并检查锁具是否卡涩。

(8) 对于变电所内的不经常运行的通风装置，运行人员每半年应进行一次投入运行试验。

(9) 变电所内长期不调压或有一部分分接头位置长期不用的有载分接开关，有停电机会时，应在最高和最低分接头间操作几个循环，试验后将分接头调整到原运行位置。

（10）直流系统中的备用充电机应半年进行一次启动试验。

（11）变电所内的备用所用变压器（一次不带电）每年应进行一次启动试验，试验操作方法列入现场运行规程；长期不运行的所用变压器每年应带电运行一段时间。

（12）变电所内的低压剩余电流动作保护器每月应进行一次试验。

3. 设备定期轮换制度

（1）备用变压器（备用相除外）与运行变压器应半年轮换运行一次。

（2）一条母线上有多组无功补偿装置时，各组无功补偿装置的投切次数应尽量趋于平衡，以满足无功补偿装置的轮换运行要求。

（3）因系统原因长期不投入运行的无功补偿装置，每季应在保证电压合格的情况下，投入一定时间，对设备状况进行试验。电容器应在负荷高峰时间段进行；电抗器应在负荷低谷时间段进行。

（4）对强油（气）风冷、强油水冷的变压器冷却系统，各组冷却器的工作状态（即工作、辅助、备用状态）应每季进行轮换运行一次。将具体轮换方法写入变电所现场运行规程。

（5）对GIS设备操动机构集中供气的工作和备用气泵，应每季轮换运行一次，将具体轮换方法写入变电所现场运行规程。

（6）对变电所集中通风系统的备用风机与工作风机，应每季轮换运行一次，将具体轮换方法写入变电所现场运行规程。

四、反事故措施计划和安全技术劳动保护计划

（一）“两措”的主要任务和实施流程

“反事故措施计划（反措）”和“安全技术劳动保护措施计划（安措）”简称为“两措”。

“反措”的主要任务是采取组织和技术措施，消除设备隐患，提高设备可靠性，保证电网安全、人身安全和设备安全。

“安措”的主要任务是加强劳动保护工作，改善生产工作条件，防止伤亡事故，预防职业病和职业危害，保证职工身心健康。

“两措”的实施流程，如图2-4所示。“两措”的实施体现了企业管理中的PDCA循环，即

“两措”是由计划编制→计划实施→效果检验评价→工作总结四个阶段组成的闭环管理过程，是一个计划期完成后即进入下一个计划期的

螺旋状不断盘升的过程。

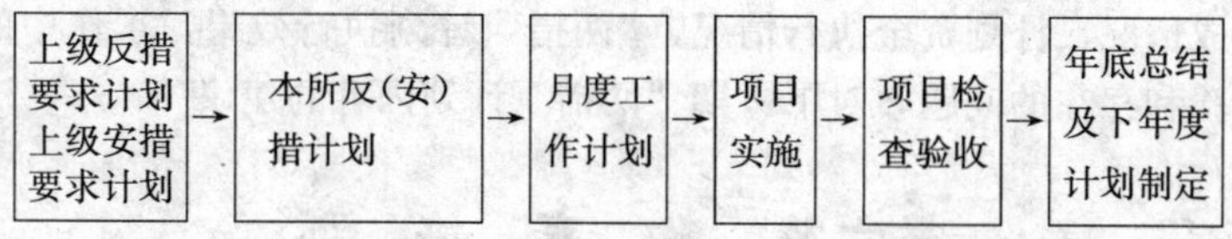

图 2-4 “两措”实施流程图

（二）“两措”的编制和实施

(1) 供电所“反措”应根据上级下达的“反措”计划、需要消除的设备缺陷、提高设备可靠性及事故防范对策进行编制。主要内容包括：防止电气火灾事故，防止电气误操作事故，防止变压器损坏事故，防止开关设备事故，防止接地网事故，防止污闪事故，防止倒杆塔和断线事故，防止厂房垮塌事故，防止人身伤亡事故，防止交通事故，防止环境污染事故等。

(2) 供电所的“安措”应根据国家、行业的标准和上级的“安措”计划，从改善作业环境、预防伤亡事故、预防职业病、加强安全监督管理等方面进行编制。主要内容包括：职工安全教育培训和安全工作规程的考核、考试，修改完善现场安全操作规程和标准化作业程序，改进完善现场安全保护设施、照明和生产工作环境，补充更新安全工器具，职工定期身体检查，劳动保护用品发放等。

(3) 县级供电企业“两措”计划批准发布后，供电所应根据计划要求，编制实施计划和材料、费用计划，落实工作组织、工作要求、安全措施，保证计划项目按期完成。在实施过程中，主管领导和安全员要加强监督检查，对存在的问题及时纠正。

（三）两措的评价和上报总结

(1) 对“两措”计划的每一个项目都应该进行效果检验评价。一般的“反措”项目，以是否能达到预期效果进行定性评价。重大的“反措”项目，一般是以项目可以避免事故直接经济损失进行定性定量评价。“安措”项目通常以人身事故、人员责任事故、违章情况、职业病危害情况等方面进行安全性评价。

(2) 供电所安全员按照企业规定填报《“安措”完成情况季度报表》和《反事故技术措施完成情况报表》，经供电所所长审核后报送上级主管部门。

(3) 每年末应对年度“两措”计划执行情况进行全面的统计和总

结，并向主管领导和上级主管部门报告。总结的主要内容包括：计划项目完成情况，计划资金执行情况，“两措”计划执行效果，工作中的主要经验和存在的问题，对下一期“两措”计划内容的建议。

第六节　教　育　培　训

一、教育培训内容和形式

1. 教育培训内容

教育和培训按等级、层次和工作性质分别进行，管理人员的重点是安全生产意识和安全管理水平，操作者的重点是遵章守纪、自我保护和提高防范事故的能力。

（1）新工人（包括合同工、临时工、学徒工、转业军人、实习和代培人员）必须进行公司、工地和班组的三级安全教育。教育内容包括安全生产方针、政策、法规、标准及安全技术知识、设备性能、操作规程、安全制度、严禁事项及本工种的安全操作规程。

（2）电工、焊工、架工、司炉工、爆破工、机操工及起重工、打桩机和各种机动车辆司机等特殊工种工人，除进行一般安全教育外，还要经过本工程的专业安全技术教育。

（3）采用新工艺、新技术、新设备施工和调换工作岗位时，对操作人员进行新技术、新岗位的安全教育。

（4）新任命的生产领导人员，应经有关安全生产的方针、法规、规程制度和岗位安全职责的学习，由上级管理部门安排或组织考试。

各级领导人员参加的生产培训，应有安全方面的课程内容。

（5）电网公司系统职业培训应设安全技术专业课程。

2. 教育培训形式

生产性企业可运用安全录像、幻灯、电视、计算机多媒体、广播、板报、实物、图片展览，以及安全知识考试、演讲、竞赛等多种形式宣传、普及安全技术知识，进行有针对性、形象化的培训教育，提高职工的安全意识和自我防护能力。

生产性企业应设置安全教育室，用音像、实物等对职工进行安全教育。

二、三级培训

新入公司（局、厂）的生产人员（含实习、代培人员），必须经公司（局、厂）、车间和班组三级安全教育，经《电业安全工作规程》考试合格后方可进入生产现场工作。

三级安全教育是每个刚进企业的新工人必须接受的首次安全生产方面的基本教育。

1. 公司级教育

新工人在分配到车间、供电所之前，必须进行初步的安全教育。其安全教育内容如下：

（1）劳动保护的意义和任务的一般教育。

（2）安全生产方针、政策、法规、标准、规范、规程和安全知识。

（3）企业安全规章制度等。

2. 车间、供电所级教育

车间、供电所的教育内容如下：

（1）电业工人安全生产技术操作一般规定。

（2）施工现场安全管理规章制度。

（3）安全生产纪律和文明生产要求。

（4）现场作业基本情况，包括现场环境、施工特点，可能存在不安全因素的危险作业部位及必须遵守的事项。

3. 班组级教育

班组级岗位教育是新工人分配到班组后，开始工作前的一级教育。其教育内容如下：

（1）本人从事施工生产工作的性质，必要的安全知识，机具设备及安全防护设施的性能和作用。

（2）本工种安全操作规程。

（3）班组安全生产、文明施工基本要求和劳动纪律。

（4）本工种事故案例剖析、易发事故部位及劳防用品的使用要求。

三、全员培训

1. 特种人员培训

县供电企业、供电所因生产经营需要，还应配备一些特殊工种，如焊工、起重工。特种作业人员除进行一般安全教育外，还要执行《关于特种作业人员安全技术考核管理规划》（GB 5306—1985）的有关规定，按国家、行为、地方和企业规定进行本工种专业培训、资格考核，取得《特种作业人员操作证》后上岗。

2. 特定情况下的适时安全教育培训

(1) 季节性，如冬季、夏季、雨雪天、汛台期施工。

(2) 节假日前后。

(3) 节假日加班或突击赶任务。

(4) 工作对象改变。

(5) 工种变换。

(6) 新工艺、新材料、新技术、新设备施工。

(7) 发现事故隐患或发生事故后。

(8) 新进入现场等。

3. 新上岗生产人员的培训

新上岗生产人员必须经过下列培训，并经考试合格后上岗：

(1) 运行、调度人员（含技术人员），必须经过现场规程制度的学习、现场见习和跟班实习，200MW 及以上机组和 220kV 变电所的主要岗位运行人员，应经仿真机培训。

(2) 检修、试验人员（含技术人员），必须经过检修、试验规程的学习和跟班实习。

(3) 特种作业人员，必须经过国家规定的专业培训，持证上岗。

4. 在岗生产人员的培训

(1) 在岗生产人员应定期进行有针对性的现场考问、反事故演习、技术问答、事故预想等现场培训活动。

(2) 离开运行岗位 3 个月及以上的值班人员，必须经过熟悉设备系统、熟悉运行方式的跟班实习，并经《电业安全工作规程》考试合格后，方可再上岗工作。

(3) 生产人员调换岗位、所操作设备或技术条件发生变化，必须进行适应新岗位、新操作方法的安全技术教育和实际操作训练，经考试合格后，方可上岗。

(4) 200MW 及以上机组主要岗位运行人员、地区（市）及以上供电企业调度部门的调度人员和 220kV 及以上变电所的值班人员，应定期进行仿真系统的培训。

(5) 对于在岗人员，要定期进行有针对性的现场考问、反事故演习、技术问答、事故预想等现场培训活动。

(6) 所有生产人员必须熟练掌握人身触电现场急救方法，所有职工应掌握消防器材的使用方法。

四、安全生产规程制度考试

（1）生产性企业对车间负责人、生产科室负责人及专业技术人员，每年进行一次有关安全生产规程制度的考试。

（2）生产性企业对车间的运行、检修、试验人员以及特种作业人员，每年进行安全生产规程制度的考试。

（3）生产性企业每年应对工作票签发人、工作负责人、工作许可人进行培训，经考试合格后，书面公布有资格担任工作票签发人、工作负责人、工作许可人的人员名单。

（4）对县公司安全责任人和各级农电安全监督人员一般每两年进行一次培训，经考试合格后上岗。

五、供电所农电安全教育培训

安全教育培训工作是提高职工安全思想意识，提高安全作业技能的重要措施，供电所要根据实际情况，有计划地开展安全教育和培训工作。每位农电工应熟知《农村安全用电规程》（DL 493—2001）、《农村低压电气安全工作规程》（DL 477—2001）、《农村低压电力技术规程》（DL/T 499—2001），经考试合格后持证上岗。

（1）公司应制订对农村供电所人员的培训计划，并认真落实。培训工作要坚持安全知识培训和生产技术培训相结合，以安全知识培训为基础；坚持全员培训和重点培训相结合；坚持基础培训与专业培训相结合。组织开展农村供电所安全知识竞赛活动。

（2）对农村供电所人员进行安全规程调考，现场考问，保证规程考试真实可信。安全规程考试不合格者一律不准参加现场工作。

（3）供电所人员必须经过电气安全工作的现场实习和农村安全用电知识的学习，经考试合格后上岗。

（4）制订年度安全教育培训计划，明确培训的内容、时间、进度和要求，并如期执行。安全教育培训计划可列在“安措”计划中。

（5）所长和安全员负责组织并督促检查安全教育培训工作，每年对安全教育培训情况进行总结、分析和评价。

（6）每次进行安全教育培训工作后，应及时填写《安全培训记录》。

（7）安全教育培训的形式如下：

1）举办专题培训班或参加上级举办的培训班。

2）专题技术讲座。

3）反事故演习。

4）专业技术比武。

5）技术问答。

6）《安规》考试。

（8）安全教育培训的主要内容如下：

1）安全规程、安全措施的研讨。

2）登高作业、安全工器具的正确使用等标准化作业培训、训练。

3）专业安全工作方法研讨。

4）防火知识及消防器材的应用。

5）新技术、新工艺、新材料的安全运用。

6）触电急救常识。

六、培训考核管理制度

1. 三级教育管理制度

（1）三级教育一般由企业的安全、教育、劳动、技术等部门配合进行。

（2）受教育者必须经过考试合格后才准予进入生产岗位。

（3）给每一名职工建立职工劳动保护教育卡、记录三级教育、变换工种教育等教育考核情况，并由教育者与受教育者双方签字后入册。

2. 安规考试制度

（1）生产性企业应将安全生产规程制度的考试成绩记入个人教育培训档案，考试不及格的应限期补考，合格后方可上岗。

（2）对违反规程制度造成事故、一类障碍和严重未遂事故的责任者，除按有关规定处理外，还应责成其学习有关规程制度，并经考试合格后，方可重新上岗。

3. 事故案例汇编教育制度

生产性企业应将企业内部及外部的典型事故案例编成教材，及时对有关人员进行教育。

第七节　安　全　检查

一、安全检查基本要求

（1）安全检查是公司系统加强安全管理，保证安全制度贯彻落实，发现事故隐患，减少事故发生的重要手段。各单位每年应定期对所辖单位进行安全检查，根据季节特点或临时性工作的需要进行专项安全检查。

（2）各省公司（或委托市公司）每年至少对县公司的安全工作检查一次。检查重点是：规程制度的贯彻情况，安全管理工作的薄弱环节，安全思想意识，电力生产和施工现场存在的缺陷和隐患。

（3）县公司要根据地区、季节和事故规律等情况进行定期或不定期的安全检查；特别要加强对重大节假日期间的农村用电安全情况检查。

（4）县公司领导要经常深入现场检查安全管理、劳动纪律、规程制度的执行情况。还要在夜间、特殊天气或节假日进行抽检。

（5）安全检查前应编制检查提纲或“安全检查表”，经主管领导审批后执行。检查内容以查领导、查思想、查管理、查规程制度、查隐患为主，对查出的问题要制订整改计划并监督落实。

（6）安全检查应逐步结合安全性评价进行。

二、供电所安全检查组织和考核

1. 定期安全检查组织

（1）根据供电企业下达春（秋）查计划安排，制定供电所安全检查计划，落实任务、明确责任项目，工作进度和要求。

（2）组织实施安全大检查计划项目，供电所长和安全员不间断进行监督检查，并按项目分类及时填写《春秋查实施情况记录》。

（3）月度分析会，检查和小结春秋查实施情况。

（4）计划任务完成后，及时总结，以书面形式向主管部门报告安全检查情况。

2. 不定期抽查的组织

（1）由供电所内部组织，制定抽查内容及具体要求。

（2）由安全员组织抽查，所长监督，填写安全检查记录。

（3）在月度分析会上，对查出的问题制定整改措施。

（4）整改结束后进行总结考核。

3. 安全检查考核工作

安全检查考核工作流程，如图 2-5 所示。

三、供电所安全检查内容

1. 例行安全检查内容

（1）查个人安全工器具保管、使用情况。

（2）查“两票”、“三制”执行情况。

（3）现场安全措施执行情况。

（4）线路设备问题整改落实情况。

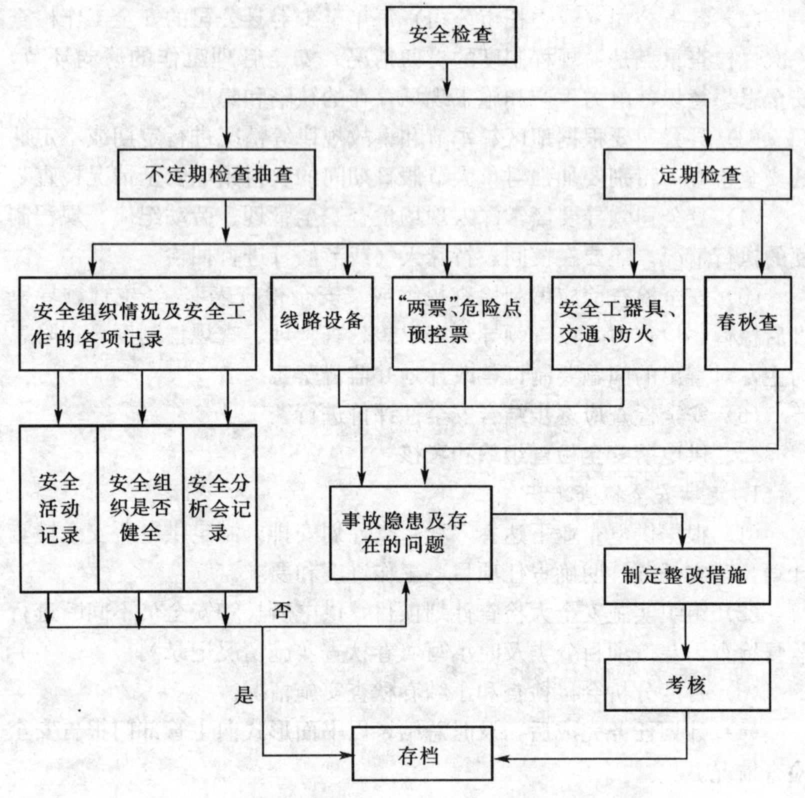

图 2-5　安全检查考核工作流程

(5) 客户安全情况。

2. 定期安全检查内容

春秋查安全大检查是全方位大检查，春查是以防止雷击伤害为主要内容的综合性安全大检查；秋查安全大检查是以防止冰冻和污闪伤害为主要内容的季节性大检查。

(1) 安全管理工作检查。

(2) 查领导的安全意识。

(3) 查各级人员安全思想是否牢固。

(4) 查规章制度执行情况。

(5) 查劳动纪律遵守情况。

(6) 查安全工器具配置、保管使用和执行情况。

3. 设备状态检查

(1) 设备检修（停电式状态检修）清扫检查。

(2) 设备预防性试验。

(3) 防雷设备的投入、防冰害装置的投入。

第八节 安 全 性 评 价

一、什么是安全性评价

安全性评价是近年来电力行业逐步推广的一种超前控制的方法，是一种科学的方法和有效的手段，是对企业现存的危险因素进行分析判断，并给予初步量化的评估，通过自评自改—专家评价—整改—复验—再整改多个阶段，能够巩固安全生产局面，提高设备健康水平，对全体职工是一次全面而极其深刻的安全教育，使广大干部职工，能够认真找出差距，增强企业活力。

安全性评价定义是：综合运用安全系统工程的方法，对系统的安全性进行度量和预测，通过对系统存在的危险性进行定性和定量分析，确认系统发生危险及其严重程度，提出必要措施，以寻求最低事故、最小事故损失和最良好的安全投资效益。

企业应结合生产管理范围和安全工作需要组织开展各种层次的安全性评价。

二、安全性评价的作用

(1) 通过安全性评价，对企业安全可靠性进行一次综合性诊断，挖掘出安全生产责任制、设备设施、生产环境、安全管理等方面的薄弱环节，揭示出安全隐患和安全风险程度，并实现初步量化，为各级领导对安全工作的决策提供有效依据。

(2) 实现安全大检查工作的系统化、规范化、科学化、标准化，提高安全大检查的实效，为制定“两措”计划提供可靠依据。

(3) 通过安全性评价工作，有利于克服盲目乐观情绪，对全体职工是一次全面、深刻的安全教育。

(4) 评价项目和查证方法是一部很好的岗位培训教材，层层分解，纳入到日常工作中，借以提高安全工作管理水平。

三、安全性评价的内容

供电所安全性评价工作应严格按照《国家电网公司县供电企业安全

性评价标准》执行。

安全性评价的目的是从防止电网事故、人身事故、设备事故出发评价企业安全基础状况。评价内容以反映上述事故的有关危险因素为主。安全基础是指保证安全生产必须具备的基本条件，包括生产设备、劳动安全和作业环境、安全生产管理三个方面，主要评价内容包括：

（1）安全生产责任制是否完善落实。

（2）生产、安全规章制度是否健全并认真贯彻执行。

（3）生产设备、设施是否符合安全条件。

（4）生产工具、器具、机具是否符合安全条件。

（5）人员技术素质是否达到安全工作要求。

（6）“两措"计划是否落实。

（7）生产劳动环境是否符合安全要求。

（8）抵抗重大自然灾害的措施是否落实。

四、安全性评价的方法

安全性评价是一项综合性的、全方位、全员参与的工作，涉及到企业各个专业管理面。因此，企业要加强安全性评价工作的组织，明确分工、各负其责，充分发挥每个专业人员和广大职工的积极性。

安全性评价工作应实行闭环动态管理。企业应结合安全生产实际和安全性评价内容，以2～3年为一周期，按照“评价、分析、评估、整改”的过程循环推进，即按照评价标准开展自评价或专家评价，对评价过程中发现的问题进行原因分析，根据危害程度对存在问题进行评估和分类，按照评估结论对存在问题制订并落实整改措施。

安全性评价是依据规程、制度制定评价标准，依据评定标准进行逐条逐项检查核实并逐项打分，进行量化统计。安全性评价中用到的表格式样，如表2-7～表2-12所示。

表2-7　　安全性评价表

序号	评价项目	标准分	查证方法	评分标准及评分办法	备注

注　此表按分类逐项列出。

表 2-8　　安全性评价总分表

序号	项　　目	应得分	实得分	得分率
1	生产设备			
2	劳动安全和作业环境			
3	安全生产管理			

表 2-9　　安全性评价结果明细表

序号	系统名称	应得分	实得分	得分率	重点问题

注　有重大问题划"√"。

表 2-10　　安全性评价发现的主要问题、整改建议及分项评分结果（评价组用）

专业　　评价人　　　　　　　　　　　　　　　　第　页

项目序号	主要问题	应得分	应扣分	实得分	整改建议	是否重点问题（√）

表 2-11　　安全性评价检要发现问题及整改措施（部门、班组用）

年　月　　　　　　　　　　　　　　　　第　页

项目序号	发现问题	整改措施	责任单位	责任人	完成时间	完成情况

表 2-12　　安全性评价扣分项目整改结果统计表（评价组用）

专业　　评价人　　　　　　　　　　　　　　　　　　第　页

项目序号	标准分	评价实得分	复评价实得分	整改情况	复评价情况	是否重点问题（√）

五、安全性评价工作程序

（1）制订安全性评价工作计划，明确工作任务、工作组织、工作职责、工作进度和检查考核办法。

（2）设定评价标准，具体明确规程、制度的版本，保证运用规程制度的有效性。

（3）组织学习评价标准，明确标准的要求，掌握评价方法，规范评价程序。

（4）进行部门、班组的自我评价，报告自我评价结果。

（5）组织专家组，对部门、班组的自我评价进行检查复审。专家组成员应具备经验丰富、技术过硬、掌握标准、熟悉程序的条件。

（6）必要时，请上级主管部门组织专家组进行再一次的复审，以保证评价的正确性。

（7）专家组提交安全性评价报告和评价评分表，并列出危险因素清单。

（8）主管部门制订整改措施计划，并组织执行。

（9）企业进行安全性评价工作总结。

第九节　例　行　工　作

一、班前会和班后会

（一）班前会（或称站班会、开工会）

班前会是指：接班（开工）前，结合当班运行方式和工作任务，做好危险点分析，布置安全措施，交代注意事项。

1. 运行班班前会

运行班在接班前，首先要认真检查了解上一班（必要时查阅本班前

一次交班以来）的设备和系统运行方式、操作情况、有无检修工作、有无设备异常和缺陷存在，然后进行现场巡回检查。班组长要根据当天气象情况、设备状态变化、运行方式等特点有针对性地提出安全注意事项。“凡事预则立”意思是办一件事之前必须预先多想，才能立于不败之地。

2. 检修班组班前会

班组长首先应对当天检修工作任务及相应的安全措施、使用的安全工器具等了解正确无误，对担任工作的人员技术能力、安全思想、责任心、工作地点环境（如同杆架设或附近有相同电压线路平行架空等）、当天气象情况等了解应足够，然后在班前会上进行“二交”。

班组生产要贯彻落实“安全第一，预防为主”的方针，主要是在每日生产活动中。因此，每个班组在一日工作的准备阶段、实施阶段、总结阶段，都要自始至终地、认真地贯彻“五同时”。

（1）交工作任务、质量和进度。

根据生产计划（如检修、维护、改进、消缺等）、工作进度和其他工作需要，必须将下列几项任务交代清楚。

1）交代当天的工作任务、工作内容、质量要求和控制进度。

2）交代现场条件、作业环境。

3）交代使用的机械设备和工器具的性能、操作技术。

4）交代工作设备的名称和编号、位置、隔绝要求。

5）作出分工，指定负责人或监护人。

班组长交工作任务要特别注意知人善用，对某人能否完成某项工作要心中有底，每个小组在人员数量上、技术力量上搭配应合理，并将工作危险性大的、难的任务要置于班组长直接监控之下。

（2）交安全措施和文明生产。

根据工作任务、现场条件和有关的规章制度规定，必须交清如下几点。

1）应采取的安全措施（含组织措施和技术措施）。

2）使用的安全工器具及其性能、操作方法。

3）注意事项（含工作人员、监护人应分别注意什么）。

4）可能发生事故的类别、环节、部位和采取的防护措施，提示工作人员如何正确地佩带和使用劳动防护用品用具。

5）文明生产要求，做到工完料尽场地清，安全设施恢复原状。

（二）班后会

班后会是指：总结讲评当班工作和安全情况，表扬好人好事，批评忽视安全、违章作业等不良现象，并做好记录。

班后会是一天工作结束或告一个段落，在下班前，由班组长主持召开的一次班组会。班后会多以汇报和讲评的方式进行，在总结、检查生产任务的同时，总结、检查安全和文明生产（有的单位称之为二查），并提出整改意见。班前会是班后会的前提与基础，班后会则是班前会的继续和检查。

1. 班后会主要内容

（1）简明扼要地汇报和小结完成当天生产任务和执行安全规程的情况，既要肯定好的方面，又要找出存在的问题。

（2）对工作质量、工艺等方面的好人好事，掌握工作进度、工料消耗省的典型事例和认真执行安全规程、重视文明生产等表现突出的人员进行表扬；对轻视质量、马虎大意、草率从事、浪费工料和违章指挥、违章作业的人员，视情节的轻重和造成后果的大小，提出批评或处罚。

（3）对作业中发生的不安全因素、现象提出防范措施。

（4）班后会的一些主要情况，应记入班组长工作日志。

2. 班后会总结讲评

要全面、准确地了解实际情况，使总结讲评具有说服力。班组当天的工作情况，是总结讲评的依据。要求班组长深入现场，实地观察和多方面的了解，以取得第一手材料，要把发现的不安全现象作为重点，进行详细分析，不但要弄清始末、原因，还要分清责任、提出防止对策。由于个人的认识能力总是有限的，班组长在会前应征求有关人员的意见。而后，要进行思考，归纳要点，形成思路，力求总结讲评切合实际，要把班后会作为结合实际的安全思想教育和提高作业技术水平的演讲会，真正使之成为及时发现问题和解决问题，针对性强，有实效的好制度。

二、安全日活动

班（组）每星期或每个轮值进行一次安全日活动，活动内容应联系实际，有针对性，并做好记录。供电所所长应参加并检查活动情况。

1. 安全日活动的组织和要求

（1）所长组织并主持安全日活动，按照本企业规定的时间进行（一般在每星期最后一个工作日下午），因特殊工作不能按规定进行的，可提前或推后1～2天进行。每次活动不少于2h。

（2）安全活动情况记录在《安全活动记录》中，记录的内容应详实具体。

（3）安全活动内容要紧扣当前安全形势和生产任务，防止流于形式。

（4）所长和安全员要定期检查安全活动情况，提出改进评价、改进意见。

2. 安全日活动的内容

（1）供电所及个人一星期来的安全情况小结。

（2）对本所发生的"未遂"和"异常"，按"四不放过"的原则认真分析，制订防范措施。

（3）总结现场安全工作中的好人好事。

（4）学习安全规程、事故通报、安全简报以及有关安全方面的上级文件，并结合本所实际认真分析讨论，制订贯彻落实的措施。

（5）对本所辖区内设备的运行情况和设备缺陷进行分析、提出对策。

（6）根据下星期生产安排，讨论制订安全措施和明确注意事项。

（7）对安全工器具进行检查。

（8）对"两票"的填写和执行情况进行检查分析。

（9）进行技术问答、现场考问、反事故演习。

（10）《电业安全工作规程》、"安措"的考试及问答等。

安全活动内容不限以上几项，可根据实际情况充实。

三、安全例会和安全分析会

（一）安全例会

县供电公司每月召开一次安全例会。供电所、变电所每半月召开一次安全例会。结合实际综合应用"安全性评价"、"危险点分析"、"标准化作业"等方法，对企业和工作现场的安全状况进行科学分析，找出薄弱环节和事故隐患，及时采取防范措施。

（二）安全分析会

供电所每月召开一次安全分析会。安全分析会由所长主持，安全员组织，供电所管理人员、班组长及班组安全员参加。安全分析会的会议情况由供电所安全员负责记录并妥善保存。会议记录可以采用《安全活动记录簿》。记录内容应详实准确。

安全分析会的主要内容如下：

(1) 各班组汇报本班组当月安全情况，其内容包括：安全措施执行情况，设备运行情况，“两票”和“两措”执行情况，安全工器具检查情况，主要的成绩和存在的问题。

(2) 供电所安全员汇报全所安全情况，其内容包括：现场安全检查情况，违章查处情况，“两票”和“两措”评价情况，月度安全工作计划执行情况，交通和防火设施检查情况，事故、障碍、异常的调查、分析情况和今后防范措施等。

(3) 所长对全月安全情况进行全面总结。肯定成绩，表扬在安全管理工作中的好人好事。指明问题，明确改进的措施。提出下一月度安全管理重点工作内容和要求。

供电所安全员根据会议结论，制订下一月度安全工作计划，下发执行。

(三) 安全分析会后供电所安全员的月报工作

供电所安全员月报工作的内容如下：

(1)《农村触电死亡事故分类统计月（年）报表》。

(2)《农电生产人身事故分类统计月（年）报表》。

(3)《农电生产事故（率）统计月（年）报表》。

(4)《主变压器/配电变压器烧毁情况年报表》(年末填报)。

(5)《配电线路事故（障碍）报表》。

(6)《人身轻伤（障碍）统计月报表》。

(7)《“安措”完成情况季度报表》。

(8)《反事故技术措施完成情况报表》。

(9)《未遂（异常）统计月报表》。

(10)《（　）月份“两票”报表》。

(11)《“两票”管理考核统计月报表》。

(12)《火灾情况季报表》(每季末填报)。

(13)《交通违章、肇事月报表》。

(14)《季度“反措”及运行工作计划》(每季末填报)。

上述报表经供电所所长审核后上报县供电企业。

四、安全简报

农电系统各有关单位应定期或不定期编写安全简报、通报、快报，综合安全情况，分析事故规律，吸取事故教训。

安全简报至少每月一期。

供电所可自行编写安全简报，或向县供电公司的安全简报投稿。

第十节　剩余电流动作保护器管理

一、剩余电流动作保护器设置和安装要求

（1）所有配电变压器都必须安装线路剩余电流动作保护器，并正常投入使用；客户应主动安装使用家用剩余电流动作保护器。

（2）线路剩余电流动作保护器由供电所负责指导安装，客户家用剩余电流动作保护器按规定安装。配电台区变压器及家用剩余电流动作保护器的安装费用由设备产权所有者承担。

（3）剩余电流动作保护器必须购置国家批准的定点厂家生产的合格产品。

（4）剩余电流动作保护器安装点以后的线路绝缘性应良好，否则会发生误动影响正常供电或使剩余电流动作保护器无法投入运行。

（5）低压电网总保护采用电流型剩余电流动作保护器时，变压器中性点应直接接地；电网的中性线不得有重复接地，并应保持与相线一样的良好绝缘；剩余电流动作保护器安装点后的中性线与相线，均不得与其他回路共用。

（6）照明以及其他单相用电负荷要均匀分配到三相电源线上，偏差大时要进行调整，力求使各相漏电电流相等；当低压线路为地埋线时，三相的长度宜相近。

（7）剩余电流动作保护器实行三级保护：总保护安装于配电变压器台区（简称变台）表箱内，二级保护安装于低压线路分支杆上，末级保护安装于客户进线开关电源侧。

（8）每台保护器安装后均要进行试验，试验合格后方可投运，确保试验合格率100%。用电村全部保护器安装完毕后建立《剩余电流动作保护器清册》，数量应与用电户数一致，安装地点应与实际相符。

剩余电流动作保护器安装工作流程，如图2-6所示。

二、剩余电流动作保护器动作值的整定原则

（1）总保护额定剩余动作电流选择应以实现间接接触保护为主，并在躲过低压电网正常泄漏电流情况下，额定剩余动作电流应尽量选小，以兼顾人身和设备安全的要求。

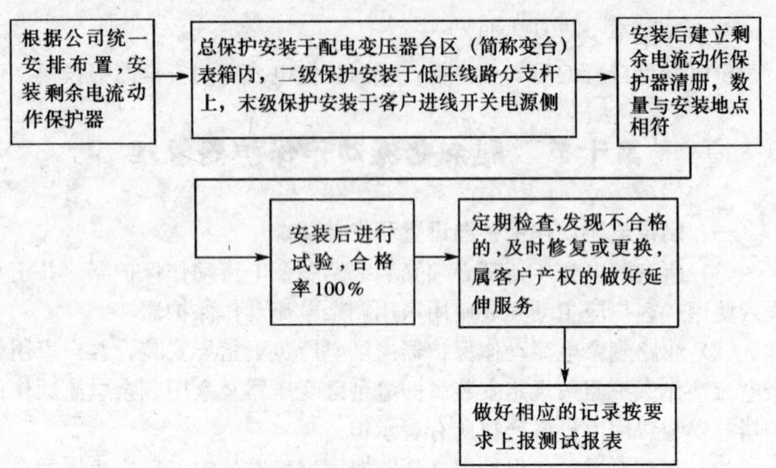

图 2-6　剩余电流动作保护器安装工作流程

总保护的额定剩余动作电流值宜为固定分挡可调，其最大值可参照表 2-13 确定。

表 2-13　额定剩余动作电流最大值

季节		非阴雨季节	阴雨季节
保护器额定剩余动作电流值（mA）	泄漏电流较小的电网	50	200
	泄漏电流较大的电网	100	300

注　1. 由县供电企业技术主管部门根据气象记录确定阴雨季节起止月份。
2. 实现完善的分级保护后，允许将动作电流加大到 500mA。

家用剩余电流动作保护器漏电动作电流值不应大于 30mA。移动式电力设备及临时用电设备的剩余电流动作保护器动作电流值为 30mA。

（2）安装在总保护与末级保护之间的剩余电流动作保护器，其额定漏电动作电流值，应介于上、下级剩余电流动作保护器漏电动作电流值之间，其数值可根据运行经验确定。

（3）低压电网实行分级保护时，上级保护应选用延时型剩余电流动作保护器。其分断时间应比下级保护器的动作时间增加 0.2s 以上。

三、剩余电流动作保护器维护管理和检查

（1）每年春季供电所应对保护系统进行一次全面普查，重点检查项目如下：

1）测试保护器的漏电动作电流值是否符合规定。

2）检查变压器和电动机的接地装置是否松动或接触不良。

3）测量低压电网和电气设备的绝缘电阻。

4）测量中性点漏电电流，消除电网中的各种漏电隐患。

5）检查剩余电流动作保护器的运行记录。

（2）农电工每月要对剩余电流动作保护器进行试验（按县供电企业规定执行），每当雷击或其他原因使保护器动作后，也应做试验；农业用电高峰及雷雨季节要增加试验次数以确认其完好；对停用的剩余电流动作保护器，在其使用前应进行试验。要注意，在进行动作试验时，严禁用相线直接触碰接地装置。平时应加强日常维护、清扫与检查。每次测试均应填写在《剩余电流动作保护器测试记录簿》上。

（3）剩余电流动作保护器动作后应立即进行检查。若检查中未发现事故点，则允许试送1次。如果再次动作，便要查明原因、找出故障，不准连续强行送电。除经检查确认为是保护器本身发生故障外，严禁私自撤除剩余电流动作保护器而强行送电。

（4）建立剩余电流动作保护器运行记录，内容包括安装、试验及动作情况等。要及时认真填写并定期进行分析。县供电企业主管部门要经常检查记录。供电所所长每月至少要查看记录1次，提出意见并签字。供电所安全员要按规定统计辖区内剩余电流动作保护器的安装率、投运率、有效动作次数及拒动次数（指发生事故后保护器不动作的次数），填报《剩余电流动作保护器测试月报表》，经所长审核后上报主管部门。

（5）在保护范围内发生电击伤亡事故后，应检查剩余电流动作保护器动作情况，分析未能起到保护作用的原因并保护好现场，不得擅动剩余电流动作保护器。运行中发现剩余电流动作保护器有异常现象时，应立即拉下进户断路器并报告主管人员处理，防止扩大停电范围。不准有意使剩余电流动作保护器误动或拒动，更不准擅自将剩余电流动作保护器退出运行。

（6）每月正常巡视时对保护器进行试跳测试，发现不合格的及时更换。

（7）填写《剩余电流动作保护器测试记录簿》，每月向上级主管部门上报《剩余电流动作保护器清册及试验报表》。

第十一节　安全工器具配置与管理

一、安全工器具配置原则

安全工器具最低限额数量的确定，以满足本班能按规程要求布置安全措施和使用安全护具不留余量为准。对易损的安全工器具，可有适量的储备，以备损坏后及时补充。供电所主要安全工器具参考配置（最低数量）见表 2-14。

表 2-14　　供电所主要安全工器具参考配置（最低数量）表

安全工器具		配置标准		检查试验周期	
分类	名称	技术条件	数量	试验周期	定期外表检查周期
电气绝缘工具	绝缘棒（操作绝缘杆）	6～10kV	2 副/班组	每半年 1 次	每月 1 次
	绝缘手套	高压	2 双/班组		
		低压	2 双/班组		
	高压验电笔	6～10kV	2 支/班组		
	低压验电笔	0.5kV	每人 1 支		
	绝缘靴	高压	2 双/班组		
	绝缘鞋	低压	每人 1 双		
	绝缘测绳（测量交叉跨越距离用）	高压	2 条/班组		
	绝缘钳	低压	每人 1 把		
接地线	线路接地线	成套接地线截面不小于 25mm	3 组/班组		
	配电变压器高压接地线		2 组/班组		
	低压接地线		4 组/班组		
防护	安全帽		每人 1 顶		
	护目眼镜		每人 1 副		
登高工具	安全带		每人 1 副	每半年 1 次	
	升降板 脚扣		每人 1 副		
	竹（木）梯		根据需要		
起重工具	白棕绳		根据需要	每年 1 次	
	钢丝绳		根据需要		
	铁链		根据需要		
	夹头及卡		根据需要		
	扒杆		根据需要		
	葫芦及滑车		根据需要		
	吊钩		根据需要		
	绞磨		根据需要		

二、安全工器具领取和使用

(1) 每年的年底各单位将下一年度安全工器具购置计划一式两份报安监部门。安监部门根据安全用具最低定额的数量确定原则，审核下发配置计划。

(2) 安全工器具的领用（流程见图 2-7），由基层单位的安全员到安监部门办理领用，领取前认真检查工器具、试验报告合格证是否齐全，并对每一件进行外观检查，领料必须有安监部门主管人员签字后方可发放。建立安全工器具台账，做到账、物、试验报告三齐全。安全工器具有专门库房，摆放整齐，账、卡、物相符。

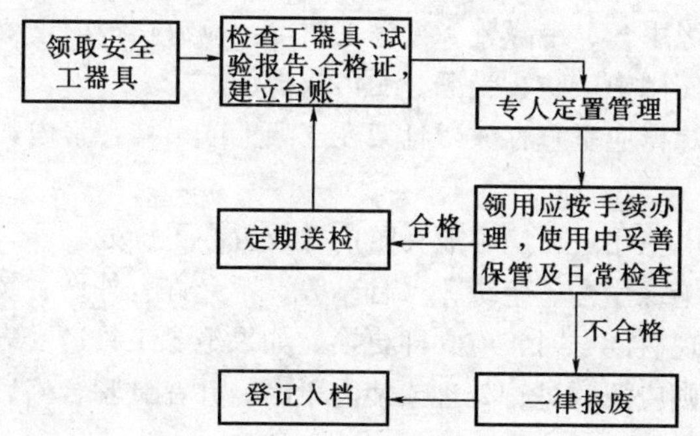

图 2-7　安全工器具领用流程图

(3) 安全工器具在交接班时和使用前应认真检查，发现有损坏的应及时停止使用，并尽快得到补充。安全工器具如有损坏，应及时修理和更换，不合格的安全工器具应及时销毁并登记入档，不得与合格品混放在一起。

(4) 各种安全工器具均按《电业安全工作规程》规定的周期进行试验，试验后应有试验报告并将试验日期及被试品的编号一起记入记录簿内，各种安全工器具均不得超过试验周期。安全工器具试验后，在适当的位置贴上统一的试验标签。各种安全工器具应有明显的编号，每月进行一次外观检查。

(5) 安全员负责安全工具的管理、使用、监督，领用工器具进行登记。

三、安全工器具保管

安全工器具的保管应遵守下列规定：

(1) 建立安全工器具使用管理规定，使用前、后都要进行外观检查；每次使用完毕，应擦拭干净放回原处，避免污损。

(2) 供电所安全员及各班组安全员负责安全工器具的管理，按照本所的规定对安全工器具进行分类和统一编号，建立《安全工器具台账》，做到账、卡、物相符。按照《电业安全工作规程》规定，定期进行检查并填写《安全用具检查记录》。

(3) 存放安全工器具的场所，应有明显的标志并按规定存放，存放场所要干净、通风良好，无任何杂物堆放。

(4) 凡橡胶制品的安全工器具，不可与石油类的油脂相接触，存放环境不能过冷或过热，也不可以与锐器、铁丝等放在一起。

(5) 绝缘手套、绝缘靴、绝缘夹钳等，应放在柜内，要与其他安全用具分开。使用中应防止受潮、受污或损伤。

(6) 绝缘棒应垂直存放，且架在支架上或吊挂在室内，注意不可与墙壁接触。

(7) 验电笔用过后应存放在匣内并放置在干燥处。

(8) 对绝缘手套、绝缘靴（鞋）等，不允许有外伤、裂纹、气泡或毛刺等。发现有问题时，应立即更换。如果绝缘工具遭受表面损伤或者已经受潮，则应及时进行处理或使之干燥，并在试验合格后方可继续使用。

(9) 无论任何情况，电气安全工器具均不可作为它用。安全工器具要按照《电业安全工作规程》规定进行定期试验，各试验项目要符合《电力安全工器具预防性试验规程》（国家电力公司国电发［2002］777号）的规定，并填写在《安全工器具测试记录》中。

第十二节　农电施工安全管理

一、农电施工安全管理的基本要求

(1) 施工安全管理工作应严格执行《农村电网建设与改造工程施工安全管理办法》和《农村电网建设与改造工程施工现场安全措施》。

(2) 项目建设单位要严把施工队伍资质关，审查安全技术措施，督促建立施工安全保证体系，必要时加强对施工人员的培训，提高他们的自我保护意识。

(3) 把加强对施工现场的安全管理作为控制发生施工事故的关键点。重点杜绝习惯性违章、监护不到位、近电或带电作业中违反操作规程的行为；必须严格执行工作票、操作票和停送电联系制度。

(4) 加强对外包工程的安全监督管理工作，要明确安全责任，签订必要的安全责任合同，严禁以包代管。

(5) 负责农网建设与改造工程的工程建设项目单位（包括各级建设项目委托管理单位，下同）应实行以行政正职为安全工作第一责任人的各级安全生产责任制，建立安全生产保证体系和安全生产监督体系，树立“安全施工，人人有责”的观念。

(6) 各单位必须按照“管生产必须管安全”的原则，做到安全工作与计划、布置、检查、总结、考核生产工作的同时进行，使施工安全工作逐渐达到制度化、规范化和标准化。

(7) 施工过程中发生的人身或设备事故及时上报。对于发生的特大、重大事故、施工人身死亡、两人及以上施工人身重伤和性质严重的设备损坏事故，施工单位必须在24h内上报工程建设项目单位。工程建设项目单位应按《农电事故调查统计规程》要求，上报国家电网公司农电工作部或中国南方电网公司。

二、施工现场安全管理基本要求

(1) 凡参加农网改造工程的施工单位，必须建立现场施工安全管理网络，制定安全管理办法，指定安全总负责人；各作业组均应设置专（兼）职安全员，并经工程业主单位确认，签订相应的安全施工协议。

(2) 施工单位安排工作应全面考虑人员特点，并进行有针对性的安全教育或培训，达到“三不伤害”（不伤害自己、不伤害别人、不被别人伤害）的目的。没有经过安全教育和培训，或培训考试不合格者不得上岗。

(3) 开工前，工作负责人应根据本措施和具体施工内容，制订和采取可靠的现场安全措施，并向全体施工人员宣读和讲解，在确认施工人员理解后，方可开工。

(4) 任何个人或单位都有权拒绝执行违反《电业安全工作规程》的任务；发生争议时应由上一级安监部门裁决。

三、施工现场安全检查

地（市）、县（市）建设项目委托管理单位每月至少两次到施工现场进行安全检查及质量检查，发现问题提出限期整改意见。

建设项目单位应派专人进驻施工现场，检查安全措施执行情况，及时反馈安全信息，必要时可下达危及人身安全通知单及习惯性违章作业处罚单，并上报有关部门。

各项目法人单位可不定期对安全施工工作进行检查。检查的主要内容如下：

（1）检查安全责任制：安全生产第一责任人是否到位，是否落实了安全施工责任制，是否做到“五同时”（计划、布置、检查、总结、考核）。

（2）检查施工管理：施工中是否执行了各项安全管理制度，各级安全机构是否发挥了基本功能。

（3）检查施工安全隐患：查施工现场存在的事故隐患，查违章违纪，查安全设施及安全标志的设置，查文明施工情况。

（4）检查事故处理：是否真正做到了“四不放过”，是否按照有关规定进行调查、处理、统计和上报。

四、临时工安全管理

临时工安全管理的内容如下：

（1）施工单位雇佣的临时工（含停薪留职职工、退休聘用人员、借用外单位职工、民工、实习生、短期参加劳动的其他人员）办理用工手续。长期临时工应经过体检、接受安全教育和必要的工作培训（如安全知识、安全技能、施工工艺、工程质量标准等）、安规培训、考试合格后方可录用、持证或佩戴标志上岗，并建立档案。对于短期协助挖坑、立杆、放线等体力劳动的农民工，施工单位应与被雇用方（乡、村或个人）签订劳动协议，明确安全责任，并进行必要的安全教育与培训。

（2）短期临时工分到施工班组，要有正式职工带领工作。长期临时工应纳入本单位职工范围进行安全管理，劳动保护应按国家规定和本行业管理标准执行。

（3）临时工进入施工现场作业前，工作负责人应有针对性地对其进行安全教育，交代清楚施工现场的安全措施及存在的危险因素和预防措施。当临时工从事有危险的工作时，必须在有经验的专业人员带领和监护下进行。

（4）每组临时工必须由有经验的专业人员带领。对有组织的临时工，应指定其中一人为安全负责人。

（5）临时工分散到车间、班组参加电力生产工作时，由所在的车间、班组负责人领导。

（6）临时工从事有危险的工作时，必须在有经验的职工带领和监护下进行，并做好安全措施。

（7）临时工进入高压带电场所作业时，还必须在工作现场设立围栏和明显的警告标志。开工前监护人应将带电区域和部位、警告标志的含义向临时工交代清楚并要求临时工复述，复述正确方可开工。

（8）禁止在没有监护的条件下指派临时工单独从事有危险的工作。

五、施工现场“十不准”

工程开工前，工作负责人必须对照施工安全措施组织全体施工人员学习与工作相关的安全知识，了解安全注意事项，向全体施工人员指明带电部位，明确危险所在。其具体内容有：

（1）不准无安全用具的人员进入施工现场。

（2）不准无工作票进行停电工作和近电（以规程规定为准）工作。

（3）不准在大雾、雷雨和5级以上大风时登杆。

（4）不准在没有确认停电的情况下接近电力设备。

（5）不准使用未经检测或已过有效期的安全工器具。

（6）不准采取突然剪断导线的方法撤线。

（7）不准在高空作业中上下抛掷物品、工具。

（8）不准使用皮尺测量带电导体。

（9）不准以约时方式进行停、送电工作。

（10）不准野蛮装卸电杆和其他电力器材。

第十三节　农村安全用电管理

一、农村安全用电管理基本要求

（1）农村安全用电管理工作是农电安全工作的重要组成部分。农电系统各单位应按照政府部门委托做好此项工作。

（2）县供电公司是从事农村安全用电管理工作的基层单位，由乡镇供电营业所具体负责辖区内的安全用电管理工作。

（3）乡镇供电营业所要建立健全农村用电安全管理网，对农村安全用电工作实行划片包干、责任到人的方式，并通过乡、村政府设立农村安全用电义务宣传员，建立安全用电协管网络。

二、农村安全用电管理中各责任方的职责

（一）电力管理部门职责

（1）负责农村安全用电的监督管理。

（2）制定、宣传、普及有关农村安全用电的法律、法规知识以及安全用电常识。

（3）监督有关农村安全用电的法律、法规和电力技术标准的执行。

（4）协调处理安全用电纠纷，协助司法机关对农村人身触电伤亡事故的调查和处理。

（5）负责对在用户受、送电装置上作业的电工的考核和承装、承修、承试电力设施单位的资格审查，并核发许可证。

（二）电力企业职责

（1）接受电力管理部门对安全用电的监督和管理。

（2）执行国家及电力管理部门颁布的电力法律、法规、政策和电力技术规程、行业管理标准中有关安全用电工作的规定。

（3）协助电力管理部门制定农村安全用电管理规章制度及宣传、普及农村安全用电知识。

（4）协助做好辖区内人身触电伤亡事故的调查和处理工作。

（5）依法开展安全用电检查工作。

（6）承办电力管理部门委托的其他事项。

（7）组织对自备电源用户的安全检查及其电气设施的验收。

（8）依法保护电力设施。

（9）建立健全安全用电工作的基础资料、用户档案和保障安全用电的工作制度。

（10）向电力管理部门报告农村安全用电情况。

（三）电力使用者的职责

（1）执行国家及电力管理部门的电力法律、法规、政策和电力规程中有关安全用电的规定。

（2）接受电力管理部门对安全用电的监督管理。

（3）接受电力企业依法开展的用电检查。

（4）做好预防事故工作，制订并落实反事故措施。

（5）必须安装防触、漏电的剩余电流动作保护器，并做好运行维护工作。

（6）学习并掌握安全用电知识。

(7) 发生事故后必须保护事故现场，配合做好对人身触电伤亡事故的调查和处理工作。

(8) 严格执行《电力设施保护条例》，做好对电力设施的保护工作。

(9) 企、事业电力用户，必须配备专职或兼职电气工作人员（以下称用户电工），并接受当地电力管理部门的监督。

(10) 企、事业电力用户按规定建立健全产权范围内的安全用电工作的基础资料、用电设施检修和运行的工作台账等以及保障安全用电的工作制度。

(11) 企、事业电力用户应按规定及时上报电力事故。

(12) 用户电工应具备下列基本条件：

1) 必须接受当地电力管理部门和电力企业的业务指导，身体健康，无妨碍工作的病症。事业心、责任心强，具有良好的社会公德和职业道德，不以权谋私。

2) 具有初中及以上文化程度。

3) 熟悉和遵守有关电力安全、技术等法规和规程，熟练掌握操作技能，熟练掌握“人身触电紧急救护法”。

4) 必须经电力企业培训、考核，电力管理部门审查合格。

5) 能从事用户产权范围内的用电设备运行维护和安全用电工作。

(13) 电力使用者在承装、承修、承试电力设施时：

1) 接受电力管理部门的监督和管理。

2) 执行国家及电力管理部门的电力法律、法规、政策和电力技术规程、行业管理标准以及有关安全用电工作的规定。

3) 接受电力企业的资质考核和电力管理部门的资格审查，并取得相应资质。

4) 接受电力企业依法开展的用电检查工作。

5) 接受电力企业对承装、承修、承试电力设施的验收。

第十四节　交通安全与消防工作

一、交通安全

交通事故是指车辆驾驶人员、行人、乘车人员以及其他在道路上进行与交通有关活动的人员，因违反《道路交通安全法》和其他交通法规、规章的行为、过失造成人身伤亡或者财产损失的事故。因此，交通安全管理的内容包括机动车辆管理、驾驶员管理和职工的交通安全教育。供电所应从以下几个方面加强交通安全管理，预防交通事故。

（1）对全体职工进行交通安全教育，增强自觉遵守交通规则，预防交通事故的发生。

（2）加强内部的交通安全管理，建立交通安全责任制。

（3）建立健全机动车辆管理和维护保养制度，机动车辆的定期审验和检查制度，驾驶员的安全教育和年审制度，交通安全统计和报告制度等。

（4）供电所安全员每月要组织车况检查，每次检查均应填写在《车辆安全技术状况检验记录簿》上。

（5）定期进行车辆交通安全情况的分析，及时解决存在的问题。

二、消防工作

供电所应以落实《电力设备典型消防规程》（DL 5027—1993）为重点，加强防火工作管理。

（1）增强全员防火意识。充分利用宣传媒介对全体职工进行防火安全教育，落实各级人员防火责任制，预防火灾事故的发生。

（2）建立防火工作组织，培养防火骨干，组建防火工作网络，健全防火管理制度。

（3）明确配电室、营业厅（室）、库房等重点防火部位，对严禁烟火的重点部位应标志醒目的警告牌，禁止在附近焚烧各种杂物。

（4）按《电力设备典型消防规程》（DL 5027—1993）规定，配齐消防器具，做到人人能正确使用消防器具，掌握安全灭火的操作方法。

（5）消防龙头、消防带应存放在专用箱内严加保管。其他消防器具应存放在固定地点，每个消防器具应挂检查记录卡，每半年检查一次，保证消防器具的完好性，并做好记录。

（6）做好消防器具的防冻、保暖工作并防止阳光暴晒。

（7）供电所每月对消防器具进行检查维护和清扫工作，并填写在《消防安全管理工作记录簿》上。

（8）供电所所长和安全员要定期进行防火检查，发现问题及时处理，并填写在《消防安全管理工作检查记录簿》上。

第十五节　考核和奖惩

一、农电安全工作考核

农电安全工作采取逐级考核制。凡是纳入农电系统管理的县供电公司，其安全工作考核情况将记录在省、市电力公司安全考核工作中。

1. 考核项目

县供电企业应考核的主要内容有：特大、重大事故次数，职工死亡、重伤人数，电网事故次数，设备事故次数，安全周期个数，县供电企业负同等及以上责任的农村人身触电伤亡事故次数，死亡、重伤人数。具体考核办法由各网、省（自治区、直辖市）电力公司自行制定。

2. 安全记录

安全记录为连续无事故的累计天数，安全记录达到100天为一个安全周期。所有特、重大事故和除以下情况外的一般事故，无论原因和责任归属，均应中断事故发生单位的安全记录。

（1）生产人身轻伤事故。

（2）供电设备因覆冰、暴风、雷击、洪水、火灾、地震、泥石流等自然灾害超过设计标准承受能力而发生的事故。

（3）不可预见或无法事先防止的外力破坏事故。

（4）无法采取预防措施的户外小动物引起的事故。

（5）为了抢救人员生命而紧急停止设备运行构成的事故。

（6）地形复杂地区夜间无法巡线的35～220kV的输电线路和不能及时得到批准开挖检修的县城电网地下电缆，停运后未引起对客户少送电或电网限电，停运时间不超过24h者。

（7）非本企业过失引起的35kV及以上输变电设备（包括直配线路）跳闸事故，并且本企业没有事故责任者。

（8）新投产的110kV及以上输变电设备（包括成套性继电保护及安全自动装置）一年以内发生由非本县供电企业管理或全资、控股的设计、制造、施工安装、调试、集中检修等单位负主要责任造成的事故。

（9）运行30年及以上的31.5MV·A及以下变压器和35kV输电线路事故，非本单位人员过失者。

（10）事先经过上级管理部门批准进行的科学技术实验项目，由于非人员过失所造成的事故。

二、农电安全奖惩制度

农电安全管理工作实行以责论处的原则，并设立奖励基金。奖惩实行精神奖励与物质奖励相结合、批评教育与经济处罚相结合的原则。对安全工作做出贡献的单位或个人给予奖励；由于失职、违章作业、违章指挥导致事故的责任者，应给予经济处罚和行政处分；情节严重、触犯刑法者，交由司法机关依法惩处。

1. 奖励

（1）国家电网公司或中国南方电网公司定期对省电力公司或县供电公司的农电安全工作进行评定，对于安全工作成绩突出的单位予以表彰。省电力公司可根据市供电公司或县供电公司及有关人员在安全工作中所取得的成绩，进行适当形式的奖励。

（2）安全奖励制度应体现“安全第一”的方针，把安全工作作为评奖的首要条件，并根据安全责任和贡献差异，设立不同的奖励标准。

2. 惩处

（1）凡是发生事故的，经分析确认责任属于设计、修造、施工、安装等部门者，应及时通告责任单位，并追回经济损失。

（2）各项事故罚款一律纳入各单位的安全奖励基金，用于安全奖励或加强安全生产措施的费用。

（3）对于弄虚作假、隐瞒事故者，应给予严肃处理。

第十六节　农电事故调查

一、农电事故调查的基本原则

（1）农电事故调查应遵守《安全生产法》、《最高人民法院关于审理触电人身损害赔偿案件若干问题的解释》、《电业生产事故调查规程》、《农电事故调查统计规程》（DL/T 633—1997）、《农村安全用电规程》（DL 493—2001）、《电力生产事故调查暂行规定》（国家电力监管委员会令第 4 号）和《国家电网公司农电事故调查与统计规定》等法律、法规、规程和企业标准的规定。

（2）事故调查必须实事求是，尊重科学，做到事故原因不清楚不放过，事故责任者和应受教育者没有受到教育不放过，没有采取防范措施不放过，事故责任者没有受到处罚不放过（简称“四不放过”）。

（3）县供电企业应积极主动配合当地政府安全生产监督管理部门，

做好农村人身触电伤亡事故的调查认定工作。

(4) 事故统计和考核实行分级管理。事故统计报告要及时、如实、准确、完整；事故统计分析应与设备可靠性分析相结合，全面评价安全水平。

二、电力生产事故调查程序

(一) 保护事故现场

(1) 事故发生后，事故单位必须迅速抢救伤员并派专人严格保护事故现场。未经调查和记录的事故现场，不得任意变动。

发生国务院《特别重大事故调查程序暂行规定》所规定的特大事故，事故单位应立即通知当地政府和公安部门，并要求派人保护现场。

(2) 事故发生后，事故单位应立即对事故现场和损坏的设备进行照相、录像、绘制草图、收集资料。

(3) 因紧急抢修、防止事故扩大以及疏导交通等，需要变动现场，必须经县供电企业有关领导和安监部门同意，并做出标志、绘制现场简图、写出书面记录，保存必要的痕迹、物证。

(二) 收集原始资料

(1) 事故发生后，县供电企业安监部门或其指定的部门应立即组织当值值班人员、现场作业人员和其他有关人员在下班或离开事故现场前分别如实提供现场情况、事故的原始材料。

安监部门及时收集有关资料，妥善保管。

(2) 事故调查组成立后，安监部门或其指定的部门应及时将有关材料移交事故调查组。

事故调查组应根据事故查阅有关运行、检修、试验、验收的记录文件和事故发生时的录音、录像、故障录波图、计算机打印记录等，及时整理出说明事故情况的图表和分析事故所必需的各种资料和数据。

(3) 事故调查组在收集原始资料时应对事故现场搜集到的所有物件(如破损部件、碎片、残留物等)保持原样，并贴上标签，注明地点、时间、物件管理人。

(4) 事故调查组有权向事故发生单位、有关部门及有关人员了解事故的有关情况并索取有关资料，任何单位和个人不得拒绝。

(三) 调查事故情况

(1) 调查事故情况，应了解现场规程制度是否健全，规程制度本身及其执行中暴露的问题；了解企业管理、安全生产责任制和技术培训等方面存在的问题；事故涉及两个及以上单位时，应了解相关合同或协议。

（2）人身事故应着重调查以下几方面：

1）查明伤亡人员和有关人员的单位、姓名、性别、年龄、文化程度、工种、技术等级、工龄、本工种工龄、用工类别等。

2）查明事故发生前工作内容、开始时间、许可情况、作业程序、作业时有关人员的行为及位置、事故发生的经过、现场救护情况等。

3）查明事故发生前伤亡人员和相关人员的技术水平、安全教育记录、特殊工种持证情况、健康状况、过去的事故记录、违章违纪情况等。

4）查明事故场所周围的环境情况（包括照明、湿度、温度、通风、声响、色彩度、道路、工作面状况以及工作环境中有毒、有害物质和易燃易爆物取样分析记录）、安全防护设施和个人防护用品的使用情况（了解有效性、质量及使用时是否符合规定）。

（3）电网和设备事故着重调查以下几方面：

1）查明事故发生前设备和电网的运行情况。

2）查明事故发生的时间、地点、气象情况，查明事故发生经过、扩大及处理情况。

3）查明与电网或设备事故有关的断路器、继电保护及自动装置、仪表、故障录波器、调整装置、遥测、遥信、遥控、遥调、录音、录像装置和计算机等的记录和动作情况。

4）查明设备资料（包括订货合同、大小修记录等）情况以及规划、设计、制造、施工安装、调试、运行、检修等质量方面存在的问题。

5）查明电网事故造成的损失，包括波及范围、减供负荷、损失电量、客户性质；查明事故造成的设备损坏程度和经济损失。

（四）分析原因责任

（1）事故调查组在事故调查的基础上，分析并明确事故发生、扩大的直接原因和间接原因，必要时可委托专业技术部门进行相关计算、试验、分析。

（2）事故调查组在确认事实的基础上，分析人员是否有违章、过失、失职、违反劳动纪律情况；安全措施是否得当；事故处理是否正确等。

（3）根据事故调查的事实，通过对直接原因和间接原因的分析，确定事故的直接责任者和领导责任者；根据其在事故发生过程中的作用，确定事故发生的主要责任者、次要责任者、事故扩大的责任者。

(4) 凡事故原因分析中存在下列与事故有关的问题，确定为领导责任。

1) 未按照规定设立安全生产管理机构或者配足安全生产管理人员。

2) 企业安全生产责任制不落实。

3) 规程制度不健全。

4) 对职工教育培训不力。

5) 现场安全防护装置、个人防护用品、安全工器具不全或不合格。

6) 反事故措施和安全技术劳动保护措施计划不落实。

7) 同类事故重复发生。

8) 违章指挥。

(五) 提出防范措施

事故调查组应根据事故发生、扩大的原因和责任分析，提出防止同类事故发生、扩大的组织措施和技术措施。

(六) 提出人员处理意见

(1) 事故调查组在事故责任确定后，要根据有关规定提出对事故责任人员的处理意见。由有关单位和部门按照人事管理权限进行处理。

(2) 对下列情况应从严处理：

1) 违章指挥、违章作业、违反劳动纪律造成事故的。

2) 事故发生后隐瞒不报、谎报或在调查中弄虚作假、隐瞒真相的。

3) 阻挠或无正当理由拒绝事故调查，拒绝或阻挠提供有关情况和资料的。

(3) 在事故处理中积极恢复设备运行和抢救、安置伤员；在事故调查中主动反映事故真相，使事故调查顺利进行的有关事故责任人员，可酌情从宽处理。

(七) 事故调查报告书

(1) 重大及以上电网和设备事故、重伤及以上生产人身事故以及上级部门指定的事故，事故调查组写出《事故调查报告书》后，应报送组织事故调查的单位。经事故调查的组织单位同意后，事故调查工作即告结束。

(2) 事故调查的组织单位收到事故调查组写出的《事故调查报告书》后，应立即提出《事故处理报告》报上级主管单位或政府安全生产监督管理部门。批复单位为国家电网公司（中国南方电网公司）、各网、省（自治区、直辖市）和市（地）级电力公司，批复后应将批复文件送各参加调查的单位或部门。

（3）事故调查结案后，事故调查组的组织单位应将有关资料归档，资料必须完整，一般应有：

1）电力生产人身伤亡事故登记表或电网、设备事故报告。

2）事故调查报告书、事故处理报告书及批复文件。

3）现场调查笔录、图纸、仪器表计打印记录、资料、照片、录像带等。

4）技术鉴定和试验报告。

5）物证、人证材料。

6）直接和间接经济损失材料。

7）事故责任者的自述材料。

8）医疗部门对伤亡人员的诊断书。

9）发生事故时的工艺条件、操作情况和设计资料。

10）处分决定，受处分人的检查材料。

11）有关事故的通报、简报及成立调查组的有关文件。

12）事故调查组的人员名单，内容包括姓名、职务、职称、单位等。

三、农村人身触电伤亡事故调查程序

（1）接到事故报告后，所长必须带领有关人员赶到现场，并派专人保护现场，抢救触电人员，同时用电话向上级部门报告，如事故隐患未完全消除，应迅速采取措施，防止事故扩大。

（2）在事故原因未弄清楚前，对事故现场和损坏的设备进行照相、录像、绘制草图并收集资料。如因紧急抢修防止事故的扩大以及疏导交通等需要变动现场，必须经企业有关领导和安监部门同意并做出标志，编制现场简图，写出书面记录，保存必要痕迹、物证。在未查清事故原因，或未采取有效措施前，不能盲目送电。

（3）调查分析事故。

1）事故的地点、时间、原因及经过等。

2）死伤者姓名、住址、性别、年龄、职务等。

3）事故性质。

4）配电箱及家用剩余电流动作保护器安装运行情况。

5）伤亡情况。

6）抢救经过及方法。

7）事故造成设备损坏程度。

（4）在完成调查分析事项后，配合安监员根据收集到的资料，包括记录、实物、照片，会同事故见证人、劳动、公安、检察院等组成的事故调查组共同分析、鉴定事故。

（5）根据事故调查的事实，如果县供电企业负有责任的，应成立企业内部事故调查组，通过直接原因和间接原因的分析，确定事故的直接责任者和领导责任者；根据其在事故发生过程中的作用，确定事故发生的主要责任者、次要责任者、事故扩大的责任者。提出本企业内部防范措施和人员处理意见。

（6）事故资料的归档保存。

1）法院判决书或调解书。

2）企业内部事故调查报告。

3）政府有关部门调查报告。

4）处分决定和受处分人的检查材料。

5）有关事故的通报、简报及成立调查组的有关文件。

6）企业内部事故调查组的人员名单，内容包括姓名、职务、职称、单位等。

供电所生产及设备管理

第一节　架空配电线路的运行标准

一、杆塔、横担和拉线

（一）杆塔

（1）杆塔位移与倾斜的允许范围如下。

1）杆塔偏离线路中心线不应大于0.1m。

2）木杆与混凝土杆倾斜度（包括挠度），转角杆、直线杆不应大于15/1000，转角杆不应向内角倾斜，终端杆不应向导线侧倾斜，向拉线侧倾斜应小于200mm。

3）铁塔倾斜度，50m以下倾斜度应不大于10/1000 50m及以上倾斜度应不大于5/1000。

（2）混凝土杆不应有严重裂纹、流铁锈水等现象，保护层不应脱落、酥松、钢筋外露，不宜有纵向裂纹，横向裂纹不超过1/3周长，且裂纹宽度不宜大于0.5mm；木杆不应严重腐朽；铁塔不应严重锈蚀，主材弯曲度不得超过5/1000，各部螺栓应紧固，混凝土基础不应有裂纹、酥松、钢筋外露现象。

（二）横担

（1）横担与金属应无严重锈蚀、变形、腐朽。铁横担、金属锈蚀不应起皮和出现严重麻点，锈蚀表面积不宜超过1/2。木横担腐朽深度不应超过横担宽度的1/3。

（2）横担上下倾斜、左右偏歪不应大于横担长度的2%。

（三）拉线

（1）拉线应无断股、松弛和严重锈蚀。

（2）水平拉线对通车路面中心的垂直距离不应小于6m。

（3）拉线棒应无严重锈蚀、变形、损伤及上拔等现象。

(4) 拉线基础应牢固。周围土壤无突起、淤陷、缺土等现象。

二、绝缘子、导线和接户线

(一) 绝缘子

(1) 绝缘子、瓷横担应无裂纹，釉面剥落面积不应大于 100mm^2，瓷横担线槽外端头釉面剥落面积不应大于 200mm^2，铁脚无弯曲，铁件无严重锈蚀。

(2) 绝缘子应根据地区污秽等级和规定的泄漏比距来选择其型号，验算表面尺寸。污秽等级标准如表 3-1 所示。

表 3-1　　架空线路污秽分级标准

污秽等级	污秽条件		泄漏比距 cm/kV	
	污秽特征	盐密 mg/cm^2	中性点直接接地	中性点非直接接地
0	大气清洁地区及离海岸 50km 以上地区	0～0.03（强电解质）0～0.06（弱电解质）	1.6	1.9
1	大气轻度污染地区或大气中等污染地区，盐碱地区，炉烟污秽地区，离海岸 10～50km 地区，在污闪季节中干燥少雾（含毛毛雨）或雨量较多时	0.03～0.01	1.6～2.0	1.9～2.4
2	大气中等污染地区，盐碱、炉烟污秽地区，离海岸 3～10km 地区，在污闪季节中潮湿多雾（含毛毛雨），但雨量较少时	0.05～0.1	2.0～2.5	2.4～3.0
3	大气严重污染地区，大气污染而又有重雾的地区，离海岸 1～3km 及盐场附近重盐碱地区	0.10～0.25	2.5～3.2	3.0～3.8
4	大气特别严重污染地区，严重盐雾侵袭地区，离海岸 1km 以内的地区	0.25	3.2～3.8	3.8～4.5

(二) 导线

(1) 三相导线弛度应力求一致，弛度误差应在设计值的－5%～＋10%之内；一般档距导线弛度相差不应超过 50mm。

(2) 导（地）线应无断股；7 股导（地）线中的任一股导线损伤深度不得超过该股导线直径的 1/2；19 股及以上导（地）线，某一处的损伤不得超过 3 股。

(3) 导线过引线、引下线对电杆构件、拉线、电杆间的净空距离，1～10kV 不小于 0.2m，1kV 以下不小于 0.1m。

每相导线过引线、引下线对邻相导体、过引线、引下线的净空距离，1～10kV 不小于 0.3m，1kV 以下不小于 0.15m。

高压（1～10kV）引下线与低压（1kV 以下）线间的距离，不应小于 0.2m。

(4) 导线通过的最大负荷电流不应超过其允许电流。

(5) 导（地）线接头无变色和严重腐蚀，连接线夹螺栓应紧固。

(三) 接户线

(1) 接户线的绝缘层应完整，无剥落、开裂等现象；导线不应松弛；每根导线接头不应多于 1 个，且应用同一型号导线相连接。

(2) 接户线的支持构架应牢固，无严重锈蚀、腐朽。

(3) 导线、接户线的限距及交叉跨越距离应符合规定。

第二节　架空配电线路的巡视、检查和维护

一、线路巡视的种类和周期

为了掌握线路的运行状况，及时发现缺陷和沿线威胁线路安全运行的隐患，必须按期进行巡视与检查。

(一) 线路巡视的种类

(1) 定期巡视。由专职巡线员进行，掌握线路的运行状况，沿线环境变化情况，并做好护线宣传工作。

(2) 特殊性巡视。在气候恶劣（如：台风、暴雨、覆冰等）、河水泛滥，火灾和其他特殊情况下，对线路的全部或部分进行巡视或检查。

(3) 夜间巡视。在线路高峰负荷或阴雾天气时进行，检查导线接点有无发热打火现象，绝缘子表面有无闪络，检查木横担有无燃烧现象等。

(4) 故障性巡视。查明线路发生故障的地点和原因。

(5) 监察性巡视。由部门领导和线路专责技术人员进行，目的是了解线路及设备状况，并检查、指导巡线员的工作。

(二) 线路巡视周期

线路巡视周期，如表 3-2 所示。

表 3-2　　　　　　　　　　线路巡视周期表

序号	巡视种类	周　　期	备　　注
1	定期巡视 1～10kV 线路 1kV 以下线路	市区：一般每月一次 郊区及农村：每季至少一次 一般每季至少一次	
2	特殊性巡视		按需要定
3	夜间巡视	重负荷和污秽地区 1～10kV 线路：每年至少一次	
4	故障性巡视		由配电系统调度或配电主管生产领导决定，一般线路抽查巡视
5	监察性巡视	重要线路和事故多的线路每年至少一次	

二、线路巡视的主要内容

（一）杆塔

（1）杆塔是否倾斜；铁塔构件有无弯曲、变形、锈蚀；螺栓有无松动；混凝土杆有无裂纹、酥松、钢筋外露，焊接处有无开裂、锈蚀；木杆有无腐朽、烧焦、开裂，绑桩有无松动，木楔是否变形或脱出。

（2）基础有无损坏、下沉或上拔，周围土壤有无挖掘或沉陷，寒冷地区电杆有无冻鼓现象。

（3）杆塔位置是否合适，有无被车撞的可能，保护设施是否完好，标志是否清晰。

（4）杆塔有无被水淹、水冲的可能，防洪设施有无损坏、坍塌。

（5）杆塔标志（杆号、相位警告牌等）是否齐全、明显。

（6）杆塔周围有无杂草和蔓藤类植物附生。有无危及安全的鸟巢、风筝及杂物。

（二）横担及金具

（1）木横担有无腐朽、烧损、开裂、变形。

（2）铁横担有无锈蚀、歪斜、变形。

（3）金具有无锈蚀、变形；螺栓是否紧固，是否缺帽；开口销有无锈蚀、断裂、脱落。

（三）绝缘子

（1）瓷件有无脏污、损伤、裂纹和闪络痕迹。

（2）铁脚、铁帽有无锈蚀、松动、弯曲。

（四）导线（包括架空地线、耦合地线）

（1）有无断股、损伤、烧伤痕迹，在化工、沿海等地区的导线有无腐蚀现象。

（2）三相弛度是否平衡，有无过紧、过松现象。

（3）接头是否良好，有无过热现象（如：接头变色、雪先熔化等），连接线夹弹簧垫是否齐全，螺帽是否紧固。

（4）过（跳）引线有无损伤、断股、歪扭，与杆塔、构件及其他引线间距离是否符合规定。

（5）导线上有无抛扔物。

（6）固定导线用绝缘子上的绑线有无松弛或开断现象。

（五）防雷设施

（1）避雷器瓷套有无裂纹、损伤、闪络痕迹，表面是否脏污。

（2）避雷器的固定是否牢固。

（3）引线连接是否良好，与邻相和杆塔构件的距离是否符合规定。

（4）各部附件是否锈蚀，接地端焊接处有无开裂、脱落。

（5）保护间隙有无烧损、锈蚀或被外物短接，间隙距离是否符合规定。

（6）雷电观测装置是否完好。

（六）接地装置

（1）接地引下线有无丢失、断股、损伤。

（2）接头接触是否良好，线夹螺栓有无松动、锈蚀。

（3）接地引下线的保护管有无破损、丢失，固定是否牢靠。

（4）接地体有无外露、严重腐蚀，在埋设范围内有无土方工程。

（七）拉线、顶（撑）杆、拉线柱

（1）拉线有无锈蚀、松弛、断股和张力分配不均等现象。

（2）水平拉线对地距离是否符合要求。

（3）拉线绝缘子是否损坏或缺少。

（4）拉线是否妨碍交通或被车碰撞。

（5）拉线棒（下把）、抱箍等金具有无变形、锈蚀。

（6）拉线固定是否牢固，拉线基础周围土壤有无突起、沉陷、缺土等现象。

（7）顶（撑）杆、拉线柱、保护桩等有无损坏、开裂、腐蚀等现象。

（八）接户线

（1）线间距离和对地、对建筑物等交叉跨越距离是否符合规定。

（2）绝缘层是否老化、损坏。

（3）触点接触是否良好，有无电化腐蚀现象。

（4）绝缘子有无破损、脱落。

（5）支持物是否牢固，有无腐朽、锈蚀、损坏等现象。

（6）弛度是否合适，有无混线、烧伤现象。

（九）配电线路沿线妨害线路正常运行的情况

（1）沿线有无易燃、易爆物品和腐蚀性液、气体。

（2）导线对地、对道路、公路、铁路、管道、索道、河流、建筑物等距离是否符合规定，有无可能触及导线的铁烟囱、天线等。

（3）周围有无被风刮起危及线路安全的金属薄膜、杂物等。

（4）有无威胁线路安全的工程设施（机械、脚手架等）。

（5）查明线路附近的爆破工程有无爆破申请手续，其安全措施是否妥当。

（6）查明防护区内的植树、种竹情况及导线与树、竹间距离是否符合规定。

（7）线路附近有无射击、放风筝、抛扔外物、飘洒金属和在杆塔、拉线上拴牲畜等。

（8）查明沿线污秽情况。

（9）查明沿线江河泛滥、山洪和泥石流等异常现象。

（10）沿线有无违反《电力设施保护条例》的建筑。

三、配电线路检查维护项目与周期

配电线路检查维护项目与周期，如表 3-3 所示。

表 3-3　　配电线路预防性检查、维护周期表

序号	项　目	周　期	备　注
1	登杆塔检查（1～10kV 线路）	5 年至少 1 次	木杆、木横担线路每年 1 次
2	绝缘子清扫或水冲	根据污秽程度	
3	木杆根部检查、刷防腐油	每年 1 次	
4	铁塔金属基础检查	5 年 1 次	锈后每年 1 次
5	盐、碱、低洼地区混凝土杆根部检查	一般 5 年 1 次	发现问题后每年 1 次

续表

序号	项　目	周　期	备　注
6	导线连接线夹检查	5年至少1次	
7	拉线根部检查 镀锌铁线 镀锌拉线棒	 3年1次 5年1次	 锈后每年1次 锈后每年1次
8	铁塔和混凝土杆钢圈刷油漆	根据油漆脱落情况	
9	铁塔紧螺栓	5年1次	
10	悬式绝缘子绝缘电阻测试	根据需要	
11	导线弧垂、限距及交叉跨越距离测量	根据巡视结果	

第三节　配电变压器和变压器台

一、配电变压器的运行前检查

（1）新的或大修后的变压器投入运行前，除外观检查合格外，应有出厂试验合格证和供电局（电业局）试验部门的试验合格证，试验项目应有以下几项：

1）变压器性能参数：额定电压（各分接端电压）、额定电流、空载损耗、负载损耗、空载电流及阻抗电压。

2）工频耐压。

3）绝缘电阻和吸收比测定。

4）直流电阻测量。

5）绝缘油简化试验。

（2）变压器停运满一个月者，在恢复送电前应测量绝缘电阻，合格后方可投入运行。搁置或停运6个月以上的变压器，投运前应做绝缘电阻和绝缘油耐压试验。干燥、寒冷地区的排灌专用变压器，停运期可适当延长，但不宜超过8个月。

（3）变压器有下列情况之一者应进行检查、处理。

1）瓷件裂纹、击穿、烧损、严重污秽；瓷裙损伤面积超过$100mm^2$。

2）导电杆端头过热、烧损、熔接。

3）漏油、严重渗油、油标上见不到油面。

4）绝缘油老化，油色显著变深。

5）外壳和散热器大面积脱漆，严重锈蚀。

6）有异音、放电声、冒烟、喷油和过热现象等。

二、配电变压器的运行条件

（一）一次电压和负荷电流

运行变压器所加一次电压不应超过相应分接头电压值的105%。最大负荷不应超过变压器额定容量（特殊情况除外）。上层油温不宜超过85℃。

（二）并列运行

配电变电器并列运行应符合下列条件：

（1）额定电压相等，电压比允许相差±0.5%。

（2）阻抗电压相差不得超过10%。

（3）接线组别相同。

（4）容量比不得超过3∶1。

变压器并列前应做核相试验，并列运行后，应在低压侧测量电流分配，在最大负荷时，任何一台变压器都不应过负荷。

（三）变压器负荷管理

（1）配电变压器不应过负荷运行，应经济运行，最大负荷电流不宜低于额定电流的60%，季节性用电的专用变压器。应在无负荷季节停止运行。

（2）变压器的三相负荷应力求平衡，不平衡度不应大于15%，只带少量单相负荷的三相变压器，中性线电流不应超过额定电流的25%，不符合上述规定时，应将负荷进行调整。不平衡度的计算式为

$$不平衡度=\frac{最大电流-最小电流}{最大电流}\times 100\%$$

（3）变压器熔丝选择，应按熔丝的安—秒特性曲线选定。如无特性曲线可按以下规定选用。

1）一次熔丝的额定电流按变压器额定电流的倍数选定，10～100kV·A变压器为1～3倍，100kV·A以上变压器为1.5～2倍。

2）多台变压器共用一组熔丝时，其熔丝的额定电流按各变压器额定电流之和的1.0～1.5倍选用。

3）二次熔丝的额定电流按变压器二次额定电流选用。

4）单台电动机的专用变压器，考虑起动电流的影响，二次熔丝额

定电流可按变压器额定电流的1.3倍选用。

5）熔丝的选定应考虑上下级保护的配合。

三、变压器和配电变台的巡视检查内容和周期

（一）巡视检查内容

（1）套管是否清洁，有无裂纹、损伤、放电痕迹。

（2）油温、油色、油面是否正常，有无异声、异味。

（3）呼吸器是否正常，有无堵塞现象。

（4）各个电气连接点有无锈蚀、过热和烧损现象。

（5）分接开关指示位置是否正确，换接是否良好。

（6）外壳有无脱漆、锈蚀；焊口有无裂纹、渗油；接地是否良好。

（7）各部密封垫有无老化、开裂，缝隙有无渗漏油现象。

（8）各部螺栓是否完整，有无松动。

（9）铭牌及其他标志是否完好。

（10）一、二次熔断器是否齐备，熔丝大小是否合适。

（11）一、二次引线是否松弛，绝缘是否良好，相间或对构件的距离是否符合规定，对工作人员上下电杆有无触电危险。

（12）变压器台架高度是否符合规定，有无锈蚀、倾斜、下沉；木构件有无腐朽；砖、石结构台架有无裂缝和倒塌的可能；地面安装的变压器，围栏是否完好。

（13）变压器台上的其他设备（如：表箱、断路器等）是否完好。

（14）台架周围有无杂草丛生、杂物堆积，有无生长较高的农作物、树、竹、蔓藤类植物接近带电体。

（二）巡视检查周期

变压器及变压器台的巡视、检查、维护、试验周期，如表3-4所示。

表3-4　　变压器和变压器台巡视、检查、维护、试验周期

序号	项　目	周　期	备　注
1	定期巡视	与线路巡视周期相同	
2	清扫套管、检查熔丝等维护工作	一般1年1次	脏污地段适当增加
3	绝缘电阻测量	1年1次	
4	负荷测量	每年至少1次	
5	油耐压、水分试验	5年至少1次	

四、变压器试验标准

（一）绝缘电阻测量

使用额定电压为1000～2500V的兆欧表进行测量，其值不低于出厂值的70%（表3-5为换算系数）。

表3-5　绝缘电阻换算系数

温度差℃	5	10	15	20	25	30	35	40	45
换算系数	1.2	1.5	1.8	2.3	2.8	3.4	4.1	5.3	7.6

变压器绝缘电阻测量工作，应在气温5℃以上的干燥天气（湿度不超过75%）进行，测量时断开其他设施，擦净套管，测量变压器的温度，绝缘电阻值不应低于表3-6规定。

表3-6　变压器的绝缘电阻允许值　MΩ

温度（℃）/测量项目	10	20	30	40	50	60	70	80
一次对二次及地	450	300	200	130	90	60	40	25
二次对地	450	300	200	130	90	60	40	25

（二）工频耐压试验

（1）绝缘电阻值低于允许值时，不得进行耐压试验。

（2）新产品和大修后的变压器按表3-7规定值试验合格。

表3-7　工频耐压试验值

电压等级（kV）	高压侧（kV）		低压侧（kV）		试验时间
	新　品	大修后	新　品	大修后	
10	35	30	5	4	1min
6	25	21	5	4	1min

（三）直流电阻试验

（1）检查变压器分接头位置是否正常，回路的连接是否良好。

（2）三相线间直流电阻的不平衡度按下式计算不大于2%。

$$\text{不平衡度}=\frac{\text{三相最大值}-\text{最小值}}{\text{平均值}}\times 100\%$$

（四）绝缘油简化试验

（1）绝缘油的标准，见表 3-8 规定。

表 3-8　　　　　　　　绝 缘 油 标 准

序号	试验项目	新　油	运行中油
1	闪点℃	不低于 135℃	（1）可比新油标准低 5℃ （2）与前次测量值比不低于 5℃
2	机械混合物	无	无
3	游离炭	无	无
4	灰分%	不大于 0.005	不大于 0.01
5	酸碱反应	pH 值 6～7	pH 值不小于 4.2
6	水分	无	无
7	电气击穿强度 kV	不低于 25	不低于 20

（2）为使试验值正确反映绝缘油状况，应注意做好以下几项工作：

1）取油样的专用瓶必须用白土洗净，进行干燥后才可使用。

2）取油样必须在干燥天气进行。

3）取油样前应将变压器放油栓上的污秽擦净、取样后应将瓶盖严，保持干净，防止受潮。

第四节　配电设备的巡视检查维护

一、柱上油断路器和负荷开关

（一）巡视周期

柱上油断路器设备的巡视、清扫周期与线路的周期相同，柱上油断路器、油负荷开关绝缘电阻测量每两年进行一次，大修周期不应超过五年，操作频繁的开关应缩短大修周期。

（二）巡视检查内容

（1）外壳有无渗、漏油和锈蚀现象。

（2）套管有无破损、裂纹、严重脏污和闪络放电的痕迹。

（3）断路器的固定是否牢固；引线接点和接地是否良好；线间和对地距离是否足够。

（4）油位是否正常。

（5）断路器分、合位置指示是否正确、清晰。

（三）试验项目和标准

交接和大修后的柱上断路器，应进行下列试验，合格后方可投入运行，其试验项目及其标准如下：

（1）绝缘电阻测量：用 2500V 兆欧表，绝缘电阻值不低于 1000MΩ。

（2）每相导电回路电阻测量：导电回路电阻值不宜大于 500$\mu\Omega$。

（3）工频耐压试验：工频耐压试验值按表 3-9 规定。

表 3-9　　柱上断路器工频耐压试验值　　kV

电压等级 / 型式	10kV	9kV	试验时间
出厂试验	42	32	1min
交接或大修后	38	28	1min

（4）绝缘油试验：按表 3-8 规定。

通过断路器的负荷电流应小于其额定电流，断路器安装点的短路容量应小于其额定开断容量。

二、隔离开关和熔断器

（一）运行标准

熔断器遮断容量应大于其安装点的短路容量；通过隔离开关和熔断器的最大负荷电流应小于其额定电流。

（二）巡视检查内容

隔离开关、熔断器的巡视、检查、清扫周期与线路的周期相同。其巡视、检查内容如下：

（1）瓷件有无裂纹、闪络、破损及脏污。

（2）熔丝管有无弯曲、变形。

（3）触头间接触是否良好，有无过热、烧损、熔化现象。

（4）各部件的组装是否良好，有无松动、脱落。

（5）引线接点连接是否良好，与各部间距是否合适。

（6）安装是否牢固，相间距离、倾斜角是否符合规定。

（7）操动机构是否灵活，有无锈蚀现象。

（三）应及时处理的缺陷

检查发现以下缺陷时，应及时处理：

（1）熔断器的消弧管内径扩大或受潮膨胀而失效。

（2）触头接触不良，有麻点、过热、烧损现象。

（3）触头弹簧片的弹力不足，有退火、断裂等情况。

（4）操动机构操作不灵活。

（5）熔断器熔丝管易跌落，上下触头不在一条直线上。

（6）熔丝容量不合适。

（7）相间距离不足 0.5m，跌开式熔断器安装倾斜角超出 15°～30°范围。

三、电容器

（一）电容器运行标准

（1）电容器运行中的最高温度不得超过制造厂规定值。

（2）电容器的保护熔丝可按电容器的额定电流的 1.2～1.3 倍进行整定。

（二）巡视检查内容

电容器的巡视、检查、清扫与所在线路设备同时进行。其巡视检查内容如下：

（1）瓷件有无闪络、裂纹、破损和严重脏污。

（2）有无渗、漏油。

（3）外壳有无鼓肚、锈蚀。

（4）接地是否良好。

（5）放电回路及各引线接点是否良好。

（6）带电导体与各部的间距是否合适。

（7）断路器、熔断器是否正常、完好。

（8）并联电容器的单台熔丝是否熔断。

（9）串联补偿电容器的保护间隙有无变形、异常和放电痕迹。

（三）应及时处理的缺陷

发现下列情况应停止运行，进行处理：

（1）电容器爆炸、喷油、漏油、起火、鼓肚。

（2）套管破损、裂纹、闪络烧伤。

（3）接头过热、熔化。

（4）单台熔丝熔断。

（5）内部有异常响声。

第五节 配 变 所

一、配变所的巡视检查内容

（1）各种仪表、信号装置指示是否正常。

（2）各种设备、各部分接点有无过热、烧伤、熔接等异常现象；导体（线）有无断股、裂纹、损伤；熔断器接触是否良好；空气断路器运行是否正常。

（3）各种充油设备的油色、油温是否正常，有无渗、漏油现象；呼吸器中的变色硅胶是否正常。

（4）各种设备的瓷件是否清洁，有无裂纹、损坏、放电痕迹等异常现象。

（5）断路器指示器位置是否正确。

（6）室内温度是否过高，有无异音、异味现象；通风口有无堵塞。

（7）照明设备和防火设施是否完好。

（8）建筑物、门、窗等有无损坏；基础有无下沉；有无渗、漏水现象；防小动物设施是否完好、有效。

（9）各种标志是否齐全、清晰。

（10）周围有无威胁安全、影响运行和阻塞检修车辆通行的堆积物等。

（11）接地装置连接是否良好，有无锈蚀、损坏等现象。

二、配变所的巡视检查周期

配变所的巡视、检查、维护、试验周期按表3-10规定执行。

表3-10 配变所（包括箱式）的巡视、检查、维护、试验周期

序号	项 目	周 期	备 注
1	定期巡视	每月至少1次	重要所适当增加巡视次数
2	清扫及各部检查	每月至少1次	
3	断路器维护性修理	每年1次	
4	防火器具检查	每年1次	
5	保护装置、仪表二次线检查、校验	每年1次	

第六节　防雷与接地装置

一、防雷装置的运行巡视和检查试验

（1）防雷装置应在雷季之前投入运行。

（2）防雷装置的巡视周期与线路的巡视周期相同。

（3）防雷装置检查、试验周期为：

1）避雷器绝缘电阻试验：1～3年。

2）避雷器工频放电试验：1～3年。

（4）FS型避雷器的绝缘电阻应大于2500MΩ。

（5）FS型避雷器的工频放电电压应在表3-11和表3-12的规定范围内。

表3-11　FS型普通阀型避雷器工频放电电压

型　号	额定电压有效值（kV）	工频放电电压有效值（kV）	
		不小于	不大于
FS-3	3	9/8	11/12
FS-6	6	16/15	19/21
FS-10	10	26/23	31/33

注　表中分子为新品或大修后数值，分母为运行中避雷器要求满足的数值。

表3-12　低压阀型避雷器工频放电电压

额定电压有效值（kV）	工频放电电压有效值（kV）	
	不小于	不大于
0.22	0.6	1.0
0.38	1.1	1.6

二、接地装置的巡视

（1）接地装置的巡视、检查与其他设备的巡视检查同时进行。

（2）中性点直接接地的低压电力网中的中性线，应在电源点接地；在配电线路的干线和分干线（支线）终端处，应重复接地；在线路引入车间或大型建筑物处，也应将中性线重复接地。

（3）接地引下线与接地装置应可靠连接。接地引下线一般不与拉线、拉线抱箍相接触。

三、接地电阻

(1) 总容量 100kV·A 及以上的变压器其接地装置的接地电阻不应大于 4Ω，每个重复接地装置的接地电阻不应大于 10Ω；总容量为 100kV·A 以下的变压器，其接地装置的接地电阻不应大于 10Ω，每个重复接地装置的接地电阻不应大于 30Ω，且重复接地不应少于 3 处。

(2) 柱上断路器、隔离开关和熔断器的防雷装置，其接地装置的接地电阻，不应大于 10Ω。

(3) 配变所的接地装置的接地电阻不应大于 4Ω。

(4) 有避雷线的配电线路，其杆塔接地电阻不宜大于表 3-13 所列数值。

表 3-13　　电杆的接地电阻

土壤电阻率（MΩ）	工频接地电阻（Ω）	土壤电阻率（MΩ）	工频接地电阻（Ω）
100 及以下	10	1000 以上至 2000	25
100 以上至 500	15	2000 以上	30
500 以上至 1000	20		

(5) 柱上变压器、配变所、柱上断路器设备、电容器设备的接地电阻测量每两年至少 1 次；其他设备的接地电阻测量每 4 年至少 1 次。接地电阻测量应在干燥天气进行。

第七节　运行前电缆线路设备的验收

一、安装中的电缆线路设备的验收

电缆线路在敷设的过程中，运行部门应经常进行监督及分段验收。

在验收安装中的电缆线路时，施工安装机构应具备下列资料：

(1) 电缆线路的设计书。

(2) 实际线路路径的平面图。此图应根据路径区域内网络发展情况，用 1/200 或 1/500 的比例尺绘制；在房屋内及发变电所附近的路径用 1/50 的比例尺绘制。

(3) 电缆线路路径的协议文件及城市电缆规划走廊资料详图。

(4) 电缆的制造厂试验合格证；特殊电缆应附必要的技术文件。

(5) 建筑工程和隐蔽工程的图纸资料。

(6) 敷设后电缆线路的试验资料。

二、竣工后的电缆线路设备的验收

电缆线路竣工后的验收，应由电缆运行部门，设计和施工安装部门的代表所组成的验收小组来进行。

在验收时，施工安装部门应将全部资料交给运行部门。

电缆运行部门对参加运行前的电缆进行电气验收的项目如下：

（1）电缆各芯导体必须完整连续，无断线情况。

（2）按运行需要，测量电缆敷设后的参数：电容、交直流电阻及阻抗。

（3）电缆两端终端头各相的相位，应与电力系统的相位相符合。

（4）单芯电缆的护层绝缘电阻及保护器的残工比（残压与工频承受电压之比）。

（5）充油电缆用油的电性能。

第八节　电力电缆线路巡查

一、巡查周期

（一）电缆线路及电缆线段的巡查周期

（1）敷设在土中、隧道中以及沿桥梁架设的电缆，每 3 个月至少 1 次。根据季节及基建工程特点，应增加巡查次数。

（2）电缆竖井内的电缆，每半年至少 1 次。

（3）水底电缆线路，由现场根据具体需要规定，如水底电缆直接敷于河床上，可每年检查一次水底路线情况。在潜水条件允许下，应派遣潜水员检查电缆情况，当潜水条件不允许时，可测量河床的变化情况。

（4）发电厂、变电所的电缆沟、隧道、电缆井、电缆架及电缆线段等的巡查，至少每 3 个月 1 次。

（5）对挖掘暴露的电缆，按工程情况，酌情加强巡视。

（二）电缆终端头巡查周期

（1）电缆终端头，由现场根据运行情况每 1～3 年停电检查 1 次。

（2）装有油位指示的电缆终端头，每年应检视油位高度。污秽地区的电缆终端头的巡视与清扫的期限，可根据当地的污秽程度予以决定。

（3）有油位指示的终端头，每年夏、冬季检查 1 次。

二、巡查注意事项

（1）对敷设在地下的每一电缆线路，应查看路面是否正常，有无挖掘痕迹及路线标桩是否完整无缺等。

（2）电缆线路上不应堆置瓦砾、矿渣、建筑材料、笨重物件、酸碱性排泄物或砌堆石灰坑等。

（3）对于通过桥梁的电缆，应检查桥墩两端电缆是否拖拉过紧，保护管或槽有无脱开或锈烂现象。

（4）对于备用排管应该用专用工具疏通，检查其有无断裂现象。

（5）人井内电缆铅包在排管口及挂钩处，不应有磨损现象，需检查衬铅是否失落。

（6）安装有保护器的单芯电缆，在通过短路电流后，或每年至少检查 1 次阀片或球间隙有无击穿或烧熔现象。

（7）对户外与架空线连接的电缆和终端头应检查终端头是否完整，引出线的接点有无发热现象和电缆铅包有无龟裂漏油，靠近地面一段电缆是否被车辆撞碰等。

（8）多根并列电缆要检查电流分配和电缆外皮的温度情况。防止因接点不良而引起电缆过负荷或烧坏接点。

（9）隧道内的电缆要检查电缆位置是否正常，接头有无变形漏油，温度是否异常，构件是否失落，通风、排水、照明等设施是否完整。特别要注意防火设施是否完善。

（10）充油电缆线路不论其投入运行与否，都要检查油压是否正常。油压系统的压力箱、管道、阀门、压力表是否完善。并注意与构架绝缘部分的零件，有无放电现象。

（11）应经常检查临近河岸两侧的水底电缆是否有受潮水冲刷现象，电缆盖板有否露出水面或移位。同时检查河岸两端的警告牌是否完好，瞭望是否清楚。

（12）根据化学分析结果，可以判断土壤和地下水的侵蚀程度，如表 3-14 所示。

三、巡查结果的处理

（1）巡线人员应将巡视电缆线路的结果，记入巡线记录簿内。运行部门应根据巡视结果，采取对策消除缺陷。

（2）在巡视检查电缆线路中，如发现有零星缺陷，应记入缺陷记录簿内，据以编订月度或季度的维护小修计划。

（3）在巡视检查电缆线路中，如发现有普遍性的缺陷，应记入大修缺陷记录簿内，据以编制年度大修计划。

(4) 巡线人员如发现电缆线路有重要缺陷，应立即报告运行管理人员，并作好记录，填写重要缺陷通知单。运行管理人员接到报告后应及时采取措施，消除缺陷。

表 3-14　土壤和地下水的侵蚀程度

土壤和地下水的侵蚀程度		不侵蚀的	中等侵蚀程度的	侵蚀的
侵蚀指标	氢离子浓度（pH 值）	6.8～7.2	6.8～6 和 7.2～8 之间	6 以下和 8 以上
	一般酸性或碱性 (mg/L KOH)	0.05 以下	0.05～1	1 以上
	土壤里有机物（%）	2 以下	2～5	5 以上
	一般硬度（用硬度度数表示）	15 以上	14～9	8 以下
	硫酸离子数量 (mg/L)	100 以上	60～100	600 以下
	炭酸气体数量 (mg/L)	30 以下	30～80	80 以上
	硝酸离子数量 (mg/L)	不计算	0.05 以下	0.05 以上

注　1. pH 值用 pH 值计来确定。

2. 有机物的数量、用焙烧试量（约 50g）的方法来确定。

第九节　电力设施保护

一、供电所电力设施保护职责

(1) 负责组织辖区内《电力设施保护条例及实施细则》贯彻执行。

(2) 开展保护电力设施的宣传教育工作。

(3) 建立群众护线组织，健全责任制。

(4) 会同当地公安部门，负责所辖地区内电力设施安全保卫工作。

(5) 下发危急通知单，制止各种危害电力设施行为。

(6) 监督保护区内作业和安全防范措施的执行情况。

（7）对可能威胁线路安全运行的各种施工或活动，应进行劝阻或制止，必要时应向有关单位和个人提出防护通知书。对于造成事故或电力设施损坏者，应按情节与后果，予以处罚或提交公安、司法机关依法惩处。

二、供电所电力设施保护范围和保护区

（一）供电所电力线路设施的保护范围

（1）架空电力线路：杆塔、基础、拉线、接地装置、导线、避雷线、金具、绝缘子、登杆塔的爬梯和脚钉、导线跨越航道的保护设施、巡线站，巡线检修专用道路、船舶和桥梁，标示牌及其有关辅助设施。

（2）电力电缆线路：架空、地下、水底电力电缆和电缆连接装置，电缆管道、电缆隧道、电缆沟、电缆桥、电缆井、盖板、人孔、标石、水线标志牌及其有关辅助设施。

（3）电力线路上的变压器、电容器、电抗器、断路器、隔离开关、避雷器、互感器、熔断器、计量仪表装置、配电室、箱式变电所及其有关辅助设施。

（二）电力线路保护区

（1）架空电力线路保护区：导线边线向外侧水平延伸并垂直于地面所形成的两平行面内的区域，在一般地区各级电压导线的边线延伸距离如下：

1～10kV	5m
35～110kV	10m
154～330kV	15m
500kV	20m

在厂矿、城镇等人口密集地区，架空电力线路保护区的区域可略小于上述规定。但各级电压导线边线延伸的距离，不应小于导线边线在最大计算弧垂及最大计算风偏后的水平距离和风偏后距建筑物的安全距离之和。

（2）电力电缆线路保护区：地下电缆保护区为电缆线路地面标桩两侧各 0.75m 所形成的两平行线内的区域；海底电缆保护区一般为线路两侧各 2n mile（海里）（港内为两侧各 100m），江河电缆保护区一般不小于线路两侧各 100m（中、小河流一般不小于各 50m）所形成的两平行线内的水域。

三、供电所电力设施保护措施

(1) 在必要的架空电力线路保护区的区界上，应设立标志，并标明保护区的宽度和保护规定。

(2) 在架空电力线路导线跨越重要公路和航道的区段，应设立标志，并标明导线距离穿越物体之间的安全距离。

(3) 地下电缆敷设后，应设立永久性标志，并将地下电缆所在位置书面通知有关部门。

(4) 水底电缆敷设后，应设立永久性标志，并将水底电缆所在位置书面通知有关部门。

(5) 配电运行部门的工作人员对下列事项可先行处理，但事后应及时通知有关单位：

1) 修剪超过规定界限的树木。

2) 为处理电力线路事故，砍伐林区个别树木。

3) 消除可能影响供电安全的收音机、电视机天线、铁烟囱或其他凸出物。

第十节　事故（故障）处理

一、事故处理的主要任务和组织措施

（一）事故处理的主要任务

(1) 尽快查出事故地点和原因，消除事故根源，防止扩大事故。

(2) 采取措施防止行人接近故障导线和设备，避免发生人身事故。

(3) 尽量缩小事故停电范围和减少事故损失。

(4) 对已停电的用户尽快恢复供电。

（二）事故处理的组织措施

(1) 供电所为便于迅速、有效的处理事故，应建立事故抢修组织和有效的联系办法。

(2) 供电所应备有一定数量的物资、器材、工具作为事故抢修用品。

(3) 事故发生后，供电所应及时组织有关人员进行调查、分析，制订防止事故的对策。并按有关规定提出事故报告。

(4) 事故处理工作应遵守有关行业规程的规定。紧急情况下，可在保障人身安全和设备安全运行的前提下，采取临时措施，但事后应及时处理。

二、配电线路和设备事故的处理

(1) 配电系统发生下列情况时，必须迅速查明原因，并及时处理。

1) 断路器掉闸（不论重合是否成功）或熔断器跌落（熔丝熔断）。

2) 发生永久性接地或频发性接地。

3) 变压器一次或二次熔丝熔断。

4) 线路倒杆、断线；发生火灾、触电伤亡等意外事件。

5) 用户报告无电或电压异常。

(2) 高压配电线路发生故障或异常现象，应迅速组织人员（包括用电监察人员）对该线路和与其相连接的高压用户设备进行全面巡查，直至故障点查出为止。

(3) 线路上的熔断器或柱上断路器掉闸时，不得盲目试送，必须详细检查线路和有关设备，确无问题后，方可恢复送电。

(4) 中性点不接地系统发生永久性接地故障时，可用柱上断路器或其他设备（如用负荷切断器操作隔离开关或跌落熔断器）分段选出故障段。

(5) 变压器一、二次熔丝熔断按如下规定处理：

1) 一次熔丝熔断时，必须详细检查高压设备及变压器，无问题后方可送电。

2) 二次熔丝（片）熔断时，首先查明熔断器接触是否良好，然后检查低压线路，无问题后方可送电，送电后立即测量负荷电流，判明是否运行正常。

(6) 变压器、油断路器发生事故，有冒油、冒烟或外壳过热现象时，应断开电源并待冷却后处理。

(7) 事故巡查人员应将事故现场状况和经过做好记录（人身事故还应记录触电部位、原因、抢救情况等），并收集引起设备故障的一切部件，加以妥善保管，作为分析事故的依据。

三、电缆故障的判定和处理

(一) 电缆故障的判定

(1) 无论何种电缆，均须在电缆与电力系统完全隔离后，才可进行鉴定故障性质的试验。

(2) 鉴定故障性质的试验，应包括每根电缆芯的对地绝缘电阻，各电缆芯间的绝缘电阻和每根电缆芯的连续性。测量的结果应记入测量报告书中。

(3) 对有绝缘要求的电缆金属护套，外护层的绝缘应予监视，如有损坏，应测出损坏点并及时修理。

(4) 鉴定故障性质可用兆欧表试验。电缆在运行中或试验中已发现故障，兆欧表不能鉴别其性质时，可用高压直流来测试电缆芯间及芯与铅包间的绝缘。

(5) 电缆二芯接地故障时，不允许利用另一芯的自身电容作声测试验。

(6) 测出故障点距离后，应根据故障的性质，采用声测法或感应法定出故障点的确切位置。充油电缆的漏油点可采用流量法和冷冻法测寻。

(7) 电缆或接头故障地点经测定后，其现场位置应与电缆线路图仔细核对。如缺少线路图时，可用感应法测定；两旁有其他电缆的，应该对其相对位置。

(8) 电缆或接头经露出后，应检查其型式及位置是否与原始记录中的装置资料及电缆线路图上横断面所指示的位置相符。

(9) 电缆或接头故障不明显，在测定范围内经露出而尚不能发现故障点或对该电缆和接头位置有疑问时，应使用感应法或声测法辅助判定之。

(10) 电缆故障测寻的资料，应妥善保存于该电缆线路的运行档案内。

(二) 故障的处理及原因分析

(1) 清除电缆故障部分后，必须进行电缆绝缘的潮气试验和绝缘电阻试验。检验潮气用油的温度为150℃。对于油纸绝缘电缆，不能以半导体纸有无气泡来判断电缆绝缘的潮气，而应以绝缘纸有无水分作为判断潮气的标准；对于橡塑电缆则以导线内有无水滴作为判断标准。

(2) 电缆故障修复后，必须核对相位，并作耐压试验，经合格后，才可恢复运行。

(3) 电缆无论为运行或试验故障，其故障部分经发现割除后，应妥善保存，进行研究并分析原因，采取防止对策。如故障属于制造缺陷的，应提出证实缺陷资料及报告，以便必要时交制造厂。如修理电缆故障无需割断故障段，则应在现场进行详细分析。

（4）修理电缆线路故障，除更改有关装置资料外，必须填写故障测试记录及修理记录，并分别存档。

第十一节 设备完好率

一、设备缺陷

（一）设备缺陷分类原则

设备缺陷分类：根据其严重程度，一般分为重大缺陷、紧急缺陷、一般缺陷三类。

（1）紧急缺陷：指线路、设备缺陷直接影响线路、设备安全运行、威胁人身安全。随时有可能发生事故，必须迅速处理的缺陷。

（2）重大缺陷：指线路、设备有明显损坏、变形，近期内可能影响线路设备和人身安全。

（3）一般缺陷：指线路、设备状况不符合规程要求，但近期内不影响线路、设备和人身安全。

（二）设备缺陷管理

（1）供电所在巡视中发现缺陷或接到缺陷报告（急修报告）后，首先对照缺陷管理制度中的缺陷分类判断缺陷类型。重大紧急缺陷必须立即向主管部门及分管领导汇报，同时组织人员进行抢修，需要停电消缺的，执行“事故急修停电管理工作流程”，恢复送电后，填写相关记录，登记所消耗的材料。

缺陷管理的目的是为了掌握运行设备存在的问题，以便按轻、重、缓、急消除缺陷，提高设备的健康水平，保障线路、设备的安全运行。另一方面对缺陷进行全面分析总结变化规律，为大修、更新改造设备提供依据。

缺陷判断及消缺工作流程，如图 3-1 所示。

（2）如缺陷认定为紧急类，则应在 24h 之内进行消缺；如认定为重大类则应在月度检修计划安排进行消缺；如缺陷认定为一般类，可在季度消缺计划中进行消缺，需要停电消缺的，执行计划、临时停电管理工作流程。消缺后，及时填写消缺记录，所消耗的材料也应登记。

（3）定期（按月或季）上报缺陷报表（报表中所涉及缺陷内容需与缺陷记录一致）。

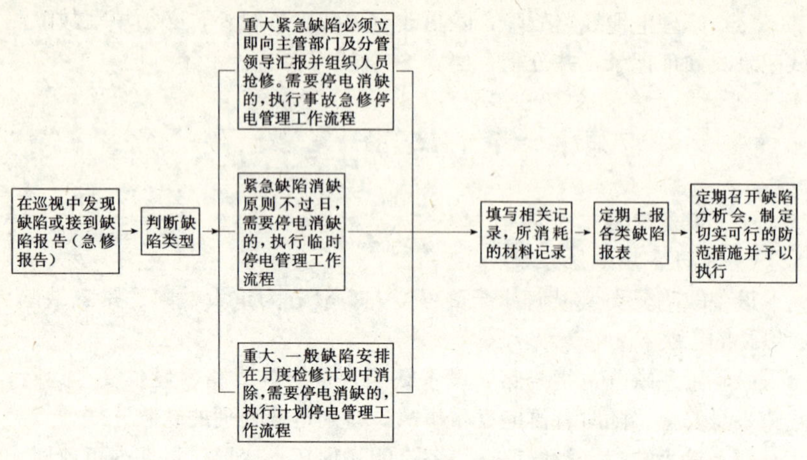

图 3-1　缺陷判断及消缺工作流程图

(4) 定期（按月或季）召开缺陷分析会，由所长主持，全所维护人员都要参与，主要内容应包括：

1) 安全员通报本月缺陷数量、类型、消缺过程、参与人员等，并与同期及上月（季）做比较。

2) 将缺陷分类进行分析，找出发生的原因，提出防范措施。

3) 总结上月防范措施执行落实情况，明确指出未落实执行防范措施的原因。

二、设备评级

（一）设备完好等级和设备完好率

设备按其完好程度分为一、二、三类，一、二类设备称为完好设备。完好设备与全部设备的比例，称为设备完好率，以百分数表示。

设备完好率 =(一类设备＋二类设备)/全部设备×100％

供电所根据县级供电企业下发的设备评级标准，以设备单元为基本统计单位，定期进行设备评级工作。设备评级分类的基本原则如下：

一类设备：设备符合运行标准要求；标志及运行、检修、试验等基础资料齐全并与实际相符。

二类设备：设备存在一般缺陷，但不影响安全运行，基础资料基本齐全。

三类设备：存在重大缺陷，直接影响运行和人身安全，必须尽快处理的设备。

在评级时，要对设备的每一个元件按照标准进行评价，如一个单元内的重要设备元件同时有一、二类者应评为二类；同时有二、三类者，应评为三类。

（二）列入设备定级的设备名录

（1）按电力行业定级管理办法的标准和要求，组织所内定级小组所有成员，定期对高低压设备进行定级。

（2）如实填写《定级记录》。主要内容如下：

1）配电线路设备定级：杆塔及基础个数、导线长度、绝缘子数目、横担铁帽数量、柱上设备、隔离开关、分支熔断器、电容器、拉线等。

2）配电变台设备定级：变压器、跌落式熔断器、避雷器、接地装置、变压器台构架、绝缘子等。

3）低压配电装置定级：电力线路长度、配电箱数量、接地装置、接户线长度、动力设备等。

（三）设备定级注意事项

（1）定级记录及报表中所有线路设备参数必须与实际相符，并与现场保持一致。

（2）定级时要充分考虑线路设备实际状态，使一、二、三类设备与定级管理办法中标准保持一致（如设备上存在紧急、重大类缺陷的则不能评为一类等）。另外，如果发现三类设备要及时消灭（上报三类设备明细表）或上报升级计划。

（3）按时上报有关定级报表，报表必须与记录中内容相一致。

（4）根据县公司下达的升级计划，组织人员对设备进行升级，使设备一、二类所占比例始终满足一流要求。

三、设备台账

（一）设备标志

1. 标志内容

配电线路及其设备应有明显的标志，主要标志内容如下：

1）配电线路名称和杆塔编号。

2）配电所的名称和编号。

3）相位标志。

4）断路器的调度名称和编号。

2. 标志设立的位置

（1）变电所配电线的出口和配电所的进、出线应有配电线名称、编号和相位标志。架空配电出线的标志设在出线套管下方（或构架上）。电缆配出线的标志设在户外电缆头下方。

（2）每基杆塔和变压器台应有名称和编号标志，标志设在巡视易见一侧，同一条线路标志应设在一侧。

（3）导线的三相用黄、绿、红三色标志。下列杆塔应设有相色标志。

1）每条线的出口杆塔。

2）分支杆。

3）转角杆。

3. 警告牌

配电所（包括箱式）和变压器应有警告牌。

（二）设备台账的作用

设备台账是供电所的基础资料，台账管理工作是供电所生产管理的基础工作。有了设备台账就可及时掌握设备变动及线路运行方式的改变情况，有利于更好地进行线路设备的运行管理；也可使可靠率报表及其他报表中要求的各类数据及时做到更改。

（三）设备台账的制作方式

设备台账既可笔录，也可利用 MIS 系统输入电脑数据库。随着计算机和通信技术的发展，在微机中建立 MIS 系统，由计算机数据库系统进行设备台账管理。较传统手工编写，有如下优势：①填写方便，许多项目的重复参数可快速生成；②不受版面限制，因而能够输入大量信息；③各类参数（信息）间能够建立逻辑关系，使信息检索不再单一孤立；④统计、汇总速度快，结果精确；⑤结合 GIS（地理信息系统），能够更直观。

（四）设备台账分类

供电所根据公司规定如实建立各类设备的基础资料台账，主要包括：高压配电线路杆塔明细表、电力设施基本情况统计表、剩余电流动作保护器清册、防洪设施图、交叉跨越卡片、配电变压器台账、低压配电装置台账、线路开闭设备台账、电容器台账等。

线路杆塔明细表格式，如表 3-15 所示。

（五）设备台账管理

（1）台账内容要做到“设备有编号、型号正确、与实际相符、元件不遗漏”，有条件的应将所有基础资料台账录入微机，利用计算机进行管理，实现资源共享。

（2）对因各类工程（如高低压业扩工程、技改工程、农网改造工程等）发生的设备变动，均应于设备投运后建立新的设备台账，该项工作必须按期如实进行。

表 3-15　　线路杆塔明细表

线路名称：　　主干（分支）起止杆号：　　建表：　年　月　日

杆　号												
杆高杆质												
杆　型												
杆型简图												
导线布置及交跨图												
挡　距												
耐张段长度及导线型号												
绝缘子型式及数量												
主横担型式及数量												
主拉线型式及数量												

（3）设备的名称、型号等参数应规范，符合有关术语标准；单位应统一，便于统计汇总；要将设备统一编号，便于管理；设备的产权、投运日期等应正确无误，能够为其他工作提供基础信息。

（4）台账应由专人负责，根据设备投运、更改情况及时更新。

（5）定期向有关部门填报设备变动情况报表，录入微机的各类基础资料档案要及时进行修改、完善。

第十二节 设备检修管理

一、设备检修原则

设备检修是设备全过程管理的一个环节，是获得延长设备使用寿命，最大限度发挥设备效能的基本手段。设备检修必须坚持“预防为主、安全第一、质量第一”的方针，按照计划检修与状态检修并重和“应修必修、修必修好”的原则，把周期检修和诊断检修结合起来，不断改善设备的技术状况和提高设备的技术性能。

（1）贯彻“预防为主”的检修方针，做到“应修必修、修必修好”。“应修”包括达到预定检修间隔或经过分析论证可以延长检修间隔或在特殊情况下必须缩短检修间隔时，应按计划对设备进行检修。“修好”是对检修质量的要求，应注意采用科学的方法和先进的修理技术，加强设备维护，改进检修管理，延长检修周期。

（2）检修计划要按电网统一安排，搞好协调配合，减少设备停运时间，提高电网运行可靠性和设备可用率。

（3）设备检修要与技术更新相结合，针对设备存在缺陷和电网不断发展完善的需要，做出设备更新改造计划，有计划地结合检修进行。

二、设备检修制度

设备检修有两种制度，一种是计划检修（周期性检修），另一种是状态检修。

（1）计划检修。计划检修是为了防止设备带病运行，有计划地进行预防检修。

进行供电设备的计划检修，要统筹安排好客户和所辖设备的配合检修，尽量提高设备利用率和供电可靠率，减少设备停电时间，增加供电量。

（2）状态检修。设备状态检修是通过对电气设备的测试、分析和判断，诊断发现设备运行异常及缺陷，将部分事故检修转为预见性检修，而实现设备的状态检修。设备状态检修绝不是“不坏不修”，而是要充分利用各种检测手段，正确分析、判断设备状态，恰当安排设备检修，同时要不断地推广和应用带电测试和在线监测技术，加强设备的监督。

供电所技术人员应综合运行、检修、试验等状态资料数据做出状态评价，提出状态检修计划，报请上级批准。

三、设备检修分类

(1) 大修：设备大修是对设备进行全面检查、维护、消缺和改进等的综合性工作，目的是恢复设备的设计性能。设备大修一般应按规定周期和预定的项目、标准进行。

(2) 小修：是对设备进行扩大性的检查、维护、保养、消缺。所有小修都应具有周期性，并应列为计划检修，按规定周期将设备从运行中退出，以进行专题试验、校验、检验、换油、清扫等工作。

(3) 临时检修（非计划性检修）：设备在运行中发生严重异常，必须在计划外退出运行进行检修者，一般称为临时检修（临检）。临时检修应须调度批准，一般作为小修处理。当缺陷严重，修理费用较高时，经批准也可按大修处理。

(4) 事故检修：设备因事故自动退出运行或因严重异常不能等待调度批复需立即停止运行所进行的检修，称为事故检修。事故抢修由供电所组织，必要时应集中所有人力、物资、车辆以尽快速度恢复运行。为能及时修复线路故障，供电所应常年组织好抢修队伍，值班电话畅通无阻，无论任何时间、任何天气下事故发生时做到及时处理。

四、设备春秋查

（一）制定春秋查工作计划

(1) 内查：查领导安全意识，查安全思想，查规章制度的执行情况，查劳动纪律，查安全工器具，并进行《安规》考试。

(2) 外查：春查主要为迎峰度夏做准备，除按巡视管理工作进行巡视外，还应重点检查以下项目：杆塔有无裂纹、歪斜，导线接头有无松动、破损，绝缘子有无脏污、裂纹、闪络痕迹，各类交叉跨越距离是否能在最高温度时满足规程要求，配电变压器三相负荷是否调整平衡，避雷器各部件是否完好正常，接地电阻是否符合规程要求，出线走廊是否符合规定，柱上设备有无损坏现象，低压线路有无私拉乱接现象。秋查主要是检查负荷高峰期过后的绝缘状况和为防寒防风防冻做准备，重点检查导线有无弛度过紧、线间距不够现象，横担及绝缘子是否牢固完好，拉线有无松动破损现象，电杆有无严重裂缝及倾斜，线路下有无堆积柴草现象，有无缺少杆号牌和警示牌现象。

（二）春秋查工作程序

(1) 检修工作开始前由安全员填写检修任务单，将工作任务、具体要求分配给每位工作人员，做到检修项目、检修范围、检修人员“三不漏”。

（2）根据线路运行情况，按照不同线路的健康水平，可分别对待，采取“状态检修”或“停电检修”。

（3）状态检修主要以巡视为主，为明确责任，必须粘贴“巡视标志卡”，同时将发现的缺陷记录，安全员汇总后执行缺陷处理流程；停电检修则要在停电后逐杆逐变台进行清扫和消缺，涉及到停电工作，执行相应的停电工作流程。

（4）春秋查工作所内自查：工作人员将检修任务单返还安全员，安全员对现场检修情况进行抽查，发现检修有漏检或未检现象要立即限期整改，根据全所春秋查完成情况填写相关记录，将春、秋查工作总结上报公司有关部门。

五、预安排停电工作

（一）预安排停电（计划与临时停电）的要求

预安排停电具有时间、范围上的可控性和停电后果的可预见性（相对于事故停电），由缺陷分类和消除时间要求可知。如果设备巡视到位，就能在事前发现大量的重大、一般类缺陷，就可以从容不迫地安排在下月甚至下季度的检修计划中予以消除，这样做的好处是：①集中处理，停电次数少；②计划周到，可避免事故抢修可能带来的安全上和质量上的隐患。预安排停电（特别是计划停电）占全部停电的比例大小，反映了供电所生产运行管理工作的水平。

对预安排停电工作，必须严格履行停电管理流程，防止出现“约时停送电”；为了加强供电可靠性管理，严格控制停电时户数，还要执行“先算后停”制、主管领导“一支笔”审批制等。

（二）预安排停电注意事项

（1）供电所根据线路运行和缺陷情况确定停电的必要性，同时计算停电时户数，考虑可靠率指标，并尽可能考虑配合停电工作，安排好停电时机，每月按时向县公司填报月度停电计划。

（2）主管生产领导组织相关部门共同召开停电平衡会，在充分研究每项停电计划的必要性的基础上，尽量安排配合停电工作，使每条停电线路每月只停一次电，压缩停电时间。停电计划确定后，由主管生产领导“一支笔”批准。

（3）县公司将批准后的停电计划在上一个月月底前下发到申请停电的供电所，由供电所安排停电检修和施工的准备工作。

（4）计划停电，供电所要提前7天通知客户，对重要客户要以“停电通知单”的形式当面通知并由客户签字，填写“停电通知记录”。若计划变更，供电所要在计划前6h向调度提出申请，调度按规定办理取消停电计划手续；若计划不变，供电所要在计划前6h向调度提出，由调度安排停电。

（5）临时停电，供电所（客户）要在规定时间内向县公司提出书面申请（填写《停电申请票》），经批准后，供电所要提前24h通知客户。

（6）调度停电并做好安全措施后，通知供电所可以进行工作，供电所执行“两票”流程。

（7）供电所工作完毕并拆除安全措施后，向调度交令，说明已具备送电条件，由调度安排送电。

六、事故抢修工作

对于事故抢修，首先要保持24h所内值班和值班电话的通畅，其次要做好本所常用备品备件的储备，最后还要在恶劣天气时做好抢修准备。

事故抢修，可以不填工作票，但要履行许可手续。

（一）事故抢修的两种情况

（1）接到客户报告或急修电话。

（2）事故巡线后发现故障点需停电处理时。

（二）事故抢修过程

（1）若事故（故障）危及人身、电网或重要设备安全时，可自行停电后，立即向调度报告。

（2）否则要向调度提出事故停电申请。

（3）调度批准后，若为供电所管辖的线路柱上断路器停电，则由供电所停电，停电并向调度汇报后，执行“两票”流程；若为变电所断路器停电，则由调度安排停电，停电并采取安全措施后，调度通知供电所可以进行工作，供电所接调令后做好安全措施，开始工作。

（4）工作终结，并拆除线路上的安全措施后，供电所向调度交令，说明线路已具备送电条件，可由调度安排送电，恢复送电。

（5）送电且无异常情况后，供电所要填写相关记录，所用材料从《备品备件台账》中扣除。

第十三节　生产物资备品备件管理

一、供电所生产物资管理

（一）供电所生产物资管理的定义和特点

供电所的物资管理既不同于县级供电企业的物资管理，也不同于社会上的物资企业。供电所的物资管理主要是指用于保障农村高低压电网的安全、可靠、高效运行而进行的大修、改造、故障处理以及客户业扩工程需要所消耗的各类物品，进行有计划的领取、采购、供应、保管、储备、节约使用和综合利用等一系列管理工作的总称。

供电所生产物资管理有如下特点：

（1）自购少、领料多。供电所是县供电企业的一个派出机构，多数材料均是实行领料制，基本上没有单独的采购支配权。只有企业生产、维护、大修、更改所需材料、设备的暂时保管、代发的权力。

（2）品种杂、规格多。供电所管理的物资，主要是导线、金具、电杆、仪表等电气类物资。但每个品种又有不同的规格，不同电压等级及不同客户选择不同规格的物料。

（3）时间紧、要求严。由于农村电网的复杂性和客户对供电可靠性的要求越来越高，因而对所需的设备、器材要求技术性能高，专业性强，供货要及时，否则会影响工程进度；数量要适中，否则会造成积压浪费。为此，在领料、采购、储运、保管等一系列物资管理环节上，都要进行严格的要求。

（二）生产物资管理职责

（1）建立和健全物资管理岗位责任制和物资管理制度。

（2）编制领料计划，根据生产运行维护需要编制领料计划。

（3）零星采购，在上级主管部门同意的前提下，根据生产运行维护及业扩外委工程的需要进行计划零星采购（加工），经济合理地组织供应。

（4）物资运输，自行提货运输，或者办理委托运输，做好提货接运和发货包装工作。

（5）仓库管理，做好收料、存储、发料工作，维护保养，保证质量。

（6）现场管理，按照现场管理的要求，做到专料专用，定额控制，合理使用，不丢失、不挪用，消除账外物资。做到工完料清，工完场净。

(7) 材料核算，做到账、卡、物相符，实行内部核算，如实核算材料成本。

(8) 修旧利废，对废旧物资，闲散物资均应全部回收入库，分别保管，尽量修旧利废，不能利用的，按规定进行处理。

(三) 生产物资计划的编制和实施

1. 物资计划的作用与任务

供电所物资计划的作用是在县级供电企业的领导下，将生产所需物资以计划反映出供电所的生产任务、物资需要量、库存量，以及向上提出的申请量，通过县供电企业物资主管部门平衡调度、分配，以保证生产。

供电所的物资计划任务是对维护农村电力设施所需要的各种物资（器材），按照主管部门物资计划管理的有关规定，认真编写物资计划，本着轻、重、缓、急，保证供应，合理分配。

2. 编制物资计划的原则

供电所的物资供应计划是为完成某项工程建设，为保证生产正常进行所需各种物资的计划，是供电所申请物资或向市场采购物资的依据。在编制物资计划时，上级主管部门规定采取领料制的，要编制申请领料计划；对于不能领取的，经上级主管部门同意后编制采购计划。

供电所编制物资计划的原则是：

(1) 必须坚持“五统一”原则：即统一计划、统一采购、统一分配、统一调度、统一管理的原则，正确处理好需要与可能的关系。

(2) 必须认真贯彻“勤俭节约”的方针，充分挖掘内部潜力，做好综合平衡工作。

(3) 必须坚持有依据的原则，做好“四有”：即有项目、有定额、有资金、有历年消耗对比。

(4) 必须坚持合理配置的原则，做到先重点、后一般，统筹兼顾，适当安排。

(5) 必须坚持实事求是的原则，根据生产、工程任务实际按需编制。

3. 编制物资计划的方法

供电所在编制物资计划时，可采用“五对口”、“三核实”、“一落实”的方法。

（1）“五对口”：即做到生产建设性任务的投资费用、项目、内容、工程进度、设备材料的安排要对口。

（2）鉴于供电所编制计划是按上级下达各项物资需用计划量的实际，主要是采取“三核实”和“一落实”。

“三核实”：

1）核实需要量：根据生产工程任务核实。

2）核实库存量：对季度库存、年中库存、年末库存进行核实。

3）核实周转量：按国家统一规定的周转期限，以前一年度实际消耗量求出月耗周转量，看其是否等于目前的月周转设备量。

“一落实”：

尽量把本单位的库存物资落实到当年生产建设中去，减少申请量。

供电所的维修计划按照县供电企业下达的维护资金，结合供电所的维修计划经统一平衡后，分别编制月、季维修物资需用量计划，报上级审批。

供电所的大修、更改、基本建设等物资需用量计划依据上级下达的资金编制。

4. 编制物资计划的要求

（1）编制说明：要求说明物资计划配合什么项目，资金来源、本计划是否利用库存量。

（2）统一表格：计划表格分物资需用计划表、物资需用计划汇总表等多种，目前常采用的物资需用量计划表，如表 3-16 所示。

表 3-16　　物资需用量计划表

工程项目：　　　　　　　　　　　　　　　　开竣工日期：

用料单位：　　　　　　年　月　日　　　　　第　页共　页

序号	材料名称	规格型号	计量单位	数量		价格		备注
				申请量	审批量	单价	复价	

审批：　　主管：　　审核：　　编制：

（3）签字完整：编制的物资计划表要有审批、主管、审核、编制人签字。

5. 生产物资计划的实施

(1) 根据上级下达的生产项目：生产维护、大修、更改、业扩、小型基建等任务进行分别编制物资需用量计划，报县供电企业主管部门组织供应。

(2) 根据上级下达的生产任务而提供年、季、月计划，其季度计划在20天前，月计划在10天前按品名、规格、型号、数量、开工日期编制，并经县级农电主管部门审核，主管领导批准后送供应部门组织供应。

(3) 零星采购由供电所提出计划，报经上级主管部门审批同意后，方能进行市场零星采购。

6. 仓库保管员职责

(1) 负责所管物资的收发、保管工作。

(2) 严格执行物资管理制度，出入库手续要健全。

(3) 苦练基本功，做到“四懂”（名称规格、使用性能、保管常识、商标产地）、“四勤”（清点、整理、保养、复核对账）、“四过硬”（发料、收料、保养、保管）。

(4) 库存物资每年盘点一次，做到不盈亏、不锈蚀、不变形、不损坏。

(5) 按规定学习有关消防知识，做好库房的防火防盗工作。

(6) 保持物料整洁、卫生。

二、备品备件管理

（一）备品备件的定义和管理原则

备品备件系指为保障农村电网安全、可靠、稳定运行，及时处理各种突发事件，提高供电可靠性而必须储备的一定数量的供电设备、部件、材料和配件。备品备件包括事故备品、轮换性和消耗性备品。

(1) 备品备件的数量和品种应能满足及时消除设备缺陷，快速抢修事故，缩短停电时间的需要。

(2) 设兼职人员加强管理，备品备件应保证随时可以使用，使用后及时补充。

(3) 备品备件的存储尽量做到既保证安全生产的需要，又防止资金的积压、浪费。

(4) 备品备件工作要贯彻勤俭办所的方针，充分发挥和利用修复能力、大力开展修旧利废，节约物资资金。

(5) 属于下列情况之一者，不在备品管理范围：

1) 在设备正常运行情况下容易磨损，正常检修中需要更换的零部件。

2) 为缩短检修时间用的检修轮换部件。

3) 在检修中使用的一般材料，设备、工具和仪器。

4) 设备损坏后，在短时间内可以修复，购买，所需部件和器材。

(二) 备品备件的范围

备品包括配件性备品、设备性备品和材料性备品。以下两种情况应进行备品：

(1) 在正常运行情况下不易磨损，配件中一般也不需要更换，但若损坏将造成供电设备不能正常运行或者直接影响设备的安全，必须立即更换者。

(2) 零部件一旦损坏后，不易修复、购买、制造或材料特殊而恢复生产又属急需者。

供电所可根据供电设备周围环境恶劣的特点和可能发生的自然灾害，应分别储备一定数量的一、二类备品。如：漏电保护器、各种规格的电杆、导线、10kV避雷器、跌落式断路器、电表等。

(三) 备品备件定额管理

供电所的物资储备定额是指在一定生产技术和管理条件下，为保证生产建设顺利进行必须的和经济合理的物资储备数量的标准。

(1) 备品的储备定额要合理，供电所根据上述范围结合本地区，本单位历年运行的设备健康状况及检修经验，由生产、供应、财务共同研究，从实际出发，实事求是地本着既保证安全生产需要，又节约资金的原则，进行编制，报上级主管部门审批。

经常储备定额：供电所在前后两批物资进所的供应间隔期内，保证生产正常进行所必须的储备量，其计算式为

$$经常储备定额=(进料间隔天数+物资准备天数)\times平均每日需用量$$

式中　物资准备天数——某些物资在投产前，需要经过一定的准备时间。

$$季节性储备定额=季节性储备天数\times平均每日需用量$$

(2) 切实做好备品定额管理工作，加强调查研究，熟悉在用的设备及零部件的技术要求，掌握其损坏规律和更改变动状况，定期检查定额

执行情况，积累有关资料，不断提高定额管理水平，使之完善化、科学化。

(3) 根据供电管辖范围内电力设备的等级系10kV及以下的低压配电线路及其设备的备品备件的定额储备按上级核定下达。

（四）备品备件的储备

(1) 备品备件的储备按分级管理的原则进行储备管理。要做到备品备件质量保持合格，不受损伤、质变或丢失。设定有领运、验收、保管定期检查，领用退库，修理补充等各项制度，并符合以下规定：

1）备品备件入库时应进行验收，并填入库验收卡片，由负责验收人签字，和实物一起存放；有关生产厂家的合格证，图纸等由保管人员妥善保管，验收不合格的备品备件不能入库。

2）备品备件应单独建账分类存放。

3）备品备件的领用，要经手续审批，防止使用不当。

(2) 备品备件管理工作的责任分工。

1）备品备件供应由上级单位负责，供电所负责保管核定定额的备品。

2）按备品备件的定额由供电所向上级单位申请计划。

3）供电所对消耗备品备件按月上报，及时申请补充。

(3) 备品备件的修旧利废。

1）备品备件的修旧利废是勤俭办企业的一项重要工作，供电所应加强修复和管理，对修旧利废成绩突出者给予表扬和奖励。

2）供电所应将不能修复的备品及时送（退）回县供电企业修复。

三、仓库收发料管理

（一）物资器材的入库和存放

仓库管理是指物资的运输装卸、入库检验、发料、退料、保管保养、料账处理、仓库安全以及仓库工作的考核等一系列工作的总称。

1. 收料

(1) 收料的程序。供电所要根据申请计划，到县级供电企业领取生产维修、业扩、大修、基建等项目的材料。按照申请计划－审批－领料－收料的程序进行。

(2) 收料办理的手续。供电所材料管理人员开具领料单，并履行审核程序后到县供电企业供应部门领取有关材料。材料领回供电所后，交材料保管人员验收无误，马上办收料单，登记上账填写物资器材卡片。

领料单格式、收料单格式和物资器材卡片格式，如表 3-17、表3-18 和表 3-19 所示。

(3) 收料的注意事项。登记账卡要及时，确保账、卡、物相符。验收记录要做好，并注明使用项目来源。

表 3-17　　　　领　料　单

工程项目：＿＿＿＿＿＿＿　　　　　　编号：

领料单位：＿＿＿＿＿＿＿　　　　　　年　月　日

总账科目		明细科目	用途	
借方				
贷方				

料号	名称及规格	单位	数量		单价	金额	备注
			请领	实发			

财务主管：　稽核：　供应主管：　登卡：　发料：　审核：　领料：

一式四联：第一联（领料部门存）；第二联（发料库存）；第三联（结算凭证）；第四联（账务稽核）。

注：各联颜色不同。

表 3-18　　　　收　料　单

供货单位：　　　　　　收料编号：

经办人：　　　　　　年　月　日

发票号数		采购依据	
发票张数			

料号	名称及规格	单位	数量		单价		总价		备注
			凭证	实收	实际	计划	实际	计划	

财务主管：　稽核：　供应主管：　验收：　制表：

一式四联：第一联（存根）；第二联（财务凭证）；第三联（仓库登卡）；第四联（账务稽核）。

表 3-19　　　　　　　　器 材 卡 片

架　　　层　　　位

定位______库______（区）______垛______（号）附______号

名称：________　　　　　　　　规格型号：________

最高储备：________　　　　　　单位：________

最低储备：________　　　　　　单价：________

年	摘　要	收　入	发　出	结　存

2. 物资入库验收制度

（1）物资到库后，必须有相应的收、领料单，核实无误后才能进行验收。

（2）单据与实物不相符合者不收，质量低劣、破烂损坏不收，交点不清不收。

（3）仓库保管员收料无误后，应在收料单上盖章或签字，填好实收数量、并及时登记入账。

（4）凡化验单、试验合格证、产品质量证明书等有关资料，必须妥善保管，作为验收发料的依据。

供电所物资验收入库的程序和要求，如图 3-2 所示。

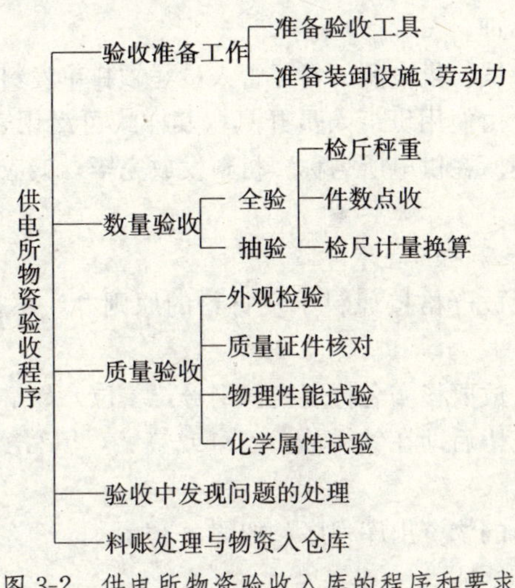

图 3-2　供电所物资验收入库的程序和要求

3. 物资在仓库摆放保管要求

（1）物资进库要按不同材质、规格、性能和要求，做到分区、分类、以号定位、五五堆放、四四成行，上盖下垫，妥善保管。

（2）物资入库堆放妥当后，即登物资器材卡片，按项目一一填写，不得漏项。

（3）库房物资必须达到标记鲜明、品名相符、规格不混、数目准确，达到不差、不错、无丢失、无损失、无霉烂、变质。账、卡、物相符。

（4）管理要求科学化，上摆轻，下摆重，中间摆常用。保养经常化，库容整齐清洁化。

4. 低值易耗品管理

供电所的低值易耗品主要是指办公用品以及熔丝、胶布，用于配电盘上的开关、熔断器以及工程结余的零星导线、金具等。供电所对低值易耗品应每月报计划，经上级主管部门审批后领回供电所，建立制度，加强管理，实行领用签字，防止流失。供电所自购的低值易耗品，应建立台账，定期盘点，严格管理，防止丢失。

（二）物资的发放

1. 发料

（1）发料的程序。供电所的材料主要是发放给各（班）组，因此供电所可按县供电企业的管理方式，要求其下属（班）组按申请－审核－领料的程序来办理。

（2）发料手续。供电所材料保管人员凭领料单发料，并验明审核手续齐全。领料单由使用班组人员开具，其样式可沿用表 2-17 的料单样式，但必须注明所在供电所名称。材料发放完毕，就应该及时凭料单记账、登卡。

2. 物资出库要求和程序

（1）物资发放严格按凭料单发材料的原则办，不得私自无手续发料。

（2）物资发放要核实名称规格，型号，单位，数量及项目。

（3）发放完毕后即在领料单上盖章或签字，填写实发数，并记账，登卡。

（4）供电所的物资出库程序，如图 3-3 所示。

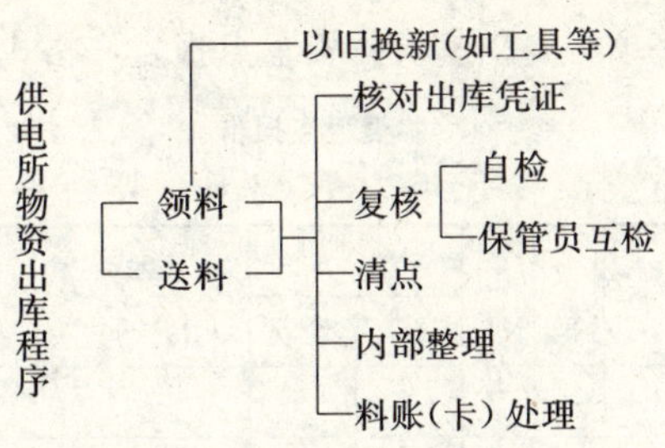

图 3-3　供电所物资出库程序图

（三）退料

用料单位的剩余物资或工程项目修改后，不再需用的物资；大修、技改工程等拆除的旧器材，均应及时办理退料手续。

仓库对所退物资应进行验收。要检验其新旧程度，新旧程度按物资的可使用程度，划分为新品、旧品、待修品、废品。仓库回收的退料，应严格按新旧程度，分开保管，不得混淆。并应尽量分配使用或修复代用。

退料单一般都以领料单代用，填写时以红笔书写。退料的计价，新品物资，按原发料时的计划单价结算。旧品、待修品一般暂不计算价值，在修复利用时再按质论价。

（四）物资报废制度

由于仓库条件、保管不善或其他原因而引起的丧失原有使用价值的物资，应会同有关人员鉴定，履行相关手续，并经主管部门批准，方可报损报废。物资报损报废申请表格式如表 3-20 所示。

表 3-20　　**物资报损报废申请表**　　编号________

类别________

年　　月　　日

料号	品名	规格	单位	数量	计划价格		报损报废原因
					单价	总价	
审查意见	月　　日						

领导批准：　财务：　稽核：　记卡：　主管：　保管员：

（五）盘点

盘点是对实际数量与账面数量的核对、调整和处理的过程，是考核仓库业务工作的一项必要措施。物资盘点报告，格式如表3-21所示。

表3-21　　物资盘点报告

填报单位＿＿＿＿　　年　月　日　　编号＿＿＿＿

类别	料号	品名	型号规格	单位	单价	数量		盈亏数	金额	原因
						账面	盘点	（＋）（－）	（＋）（－）	

批准：　财务：　稽核：　记卡：　主管：　保管员：

实物和账面不符，其主要原因有：自然损耗，收、发料环节的差错或磅差，核算上的错误以及盗窃丢失等。通过盘点，可以发现各方面的问题，及时纠正账物不符，调整库存量，同时确保库存物资的安全。

四、废旧物资管理

（一）废旧物资产生的原因

废旧物资是指生产过程中产生的排泄物、边角料、短头或已经使用过并丧失其原有使用价值的陈、旧、残物资，如换下的废旧导线、电杆、旧角钢横担、配电屏（盘）等金具材料或仪器仪表；另外就是包装器材：如钢盘、水泥袋及电缆盘等等。这类包装器材，有的由生产厂直接将包装费用计入产品成本，有的采用押金办法回收。修旧利废，加强包装器材管理，降低材料成本回收押金，是物资管理降低费用的必要措施。

（二）供电所废旧物资分类

供电所的废旧物资一般分为三类：第一类主要是大修更改工程换下的废旧变压器、旧导线、旧横担金具、旧电杆、仪表、配电屏（盘）等；第二类是供电所使用的办公设施及交通工具等，如办公桌、淘汰的计算机、报废的车辆等；第三类就是库存物资的过期、变质、失效等不能再用。

（三）对废旧物资的处理原则和方法

供电所对废旧物资没有单独的变卖处理权。在生产经营活动中，供电所要具体根据废旧物资的产权情况，采取不同的办法。

（1）国有资产（包括移交资产和代管资产）：在大修更改等工程中换下的废旧变压器、旧导线、旧横担金具、旧电杆、仪表、配电屏（盘）等，供电所没有单独的变卖处理权。对这类工程换下的废旧物资应交由县供电企业处理，用于冲减工程投资或修复后再用。

（2）农村集体或个人的农电资产：在大修更改工程中换下的废旧导线、旧横担金具、旧电杆、配电屏（盘）等废旧物资，要防止在农村电网中重复使用。

（3）对供电所使用的资产：如办公设施、计算机、汽车等报废后的处理，按当地县供电企业的规定办，供电所不得未经上级批准擅自处理。

（4）对库存中产生的废旧物资：要千方百计地进行修旧利废；确定过期变质，不能再用的交回县供电企业处理。

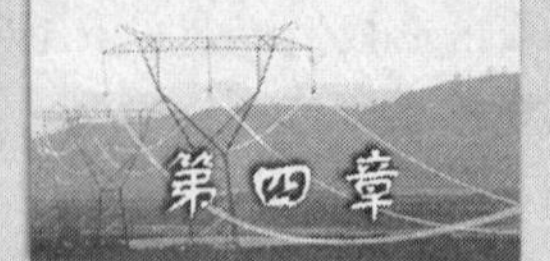

电能品质管理

第一节　电能品质

一、电能品质的十项国家标准

（一）电能品质标准制定的重大意义

改革开放以来，由于电能在国民经济中各部门的广泛应用，非线性、非周期性和重负荷的投入使用，急剧改变了我国电网负荷结构，使电能质量严重恶化；而信息技术、计算机技术、微电子技术和电子测量控制技术设备的发展，则对电网电能质量的要求更加苛刻。为此，自1990年开始，国家质量技术监督局陆续发布了由全国电压电流等级和频率标准化技术委员会归口的有关电压、电流、频率等级和电能质量等九项国家标准，连同1983年发布而现在继续有效的一项，共10项标准。这些标准均为电气工程技术领域的基础标准，直接涉及电能生产、输配、使用及其设备设计制造行业的安全生产、管理和电能质量，为相关研究、设计院所、厂矿企业的电气专业技术人员、标准化和管理人员以及大专院校电气类师生所需求。

（二）电能品质十项标准

十项标准是：GB 156—1993《标准电压》，GB/T 762—1996《标准电流》，GB/T 1980—1995《标准频率》，GB/T 16700—1996《集中网络控制装置的标准频率》，GB 3926—1983《中频设备额定电压》，GB 12325—1990《电能质量　供电电压允许偏差》，GB/T 14549—1993《电能质量　公用电网谐波》，GB/T 15543—1995《电能质量　三相电压允许不平衡度》，GB/T 15945—1995《电能质量　电力系统频率允许偏差》，GB 12326—2000《电能质量　电压波动和闪变》。

二、供电企业电能品质指标

从以上10项标准看出，关系供电企业电能质量的指标共有5个，即：

（1）供电电压允许偏差。

（2）公用电网谐波。

（3）三相电压允许不平衡度。

（4）电力系统频率允许偏差。

（5）电压波动和闪变。

由于电能品质（或称电能质量）指标的实际值与额定值的偏差是不可避免的，制定电能品质标准，就是从当前（或近期发展）的技术水平出发，确定适当的电能品质指标偏差的允许值。判断标准合理与否的准则应是：①基本上能保证电力系统的安全、连续供电和经济运行；②总体上能保证用户电气设备的正常用电；③电力部门（包括干扰性用户）在当前技术水平基础上，作一定的努力后应能达标。

到 2000 年底已颁布的国家电能品质系列标准共有 5 个，标准的名称及摘要，如表 4-1 所示。

表 4-1　　电能品质国家标准摘要

<table>
<tr><th>标准编号</th><th>标准名称</th><th>允许限值</th><th>说明</th></tr>
<tr><td>GB 12325—1990</td><td>供电电压允许偏差</td><td>（1）35kV 及以上为正负偏差绝对值之和不超过 10%。
（2）10kV 及以下三相供电为±7%。
（3）220V 单相供电为＋7%，－10%</td><td>衡量点为供用电产权分界处或电能计量点</td></tr>
<tr><td>GB 12326—2000</td><td>电压波动和闪变</td><td>电压变动 d 的限值和变动频度 r (h^{-1}) 有关：当 $r \leqslant 1000$ 时，对于低压（LV）和中压（MV），$d=1.25\%\sim4\%$；对于高压（HV），$d=1.0\%\sim3\%$；对于随机不规则的变动，$d=2\%$（LV、MV）和 $d=1.5\%$（HV），闪变限值如下表：
<table>
<tr><th>系统电压等级</th><th>LV</th><th>MV</th><th>HV</th></tr>
<tr><td>P_{st}</td><td>1.0</td><td>0.9（1.0）</td><td>0.8</td></tr>
<tr><td>P_{lt}</td><td>0.8</td><td>0.7（0.8）</td><td>0.6</td></tr>
</table>
注：1. 括号中的值仅适用于所有用户为同电压级场合。
2. P_{st} 为短时间闪变；P_{lt} 为长时间闪变。</td><td>此标准为 GB 12326—1990 修订版。
（1）衡量点为电网公共连接点（PCC）。
（2）P_{st} 每次测量周期 10min，取实测 95%概率值；P_{lt} 每次测量周期 2h，不得超标。
（3）规定限值分三级处理原则。
（4）提供预测计算方法，规定测量仪器并给出典型分析实例</td></tr>
</table>

续表

<table>
<tr><th>标准编号</th><th>标准名称</th><th>允 许 限 值</th><th>说 明</th></tr>
<tr><td>GB/T 14549—1993</td><td>公用电网谐波</td><td>各级电网谐波电压限值（%）<table><tr><th>电压（kV）</th><th>THD</th><th>奇次</th><th>偶次</th></tr><tr><td>0.38</td><td>5</td><td>4.0</td><td>2.0</td></tr><tr><td>6、10</td><td>4</td><td>3.2</td><td>1.6</td></tr><tr><td>35、66</td><td>3</td><td>2.4</td><td>1.2</td></tr><tr><td>110</td><td>2</td><td>1.6</td><td>0.8</td></tr></table>注：1. 220kV 电网参照 110kV 执行。
2. 表中 THD 为总谐波畸变率</td><td>（1）衡量点为 PCC，取实测 95%概率值。
（2）对用户允许产生的谐波电流，提供计算方法。
（3）对测量方法和测量仪器作出基本规定。
（4）对同次谐波随机性合成提供算法</td></tr>
<tr><td>GB/T 15543—1995</td><td>三相电压允许不平衡 度</td><td>（1）正常允许 2%，短时不超过 4%。
（2）每个用户一般不得超过 1.3%</td><td>（1）各级电压要求一样。
（2）衡量点为 PCC，取实测 95%概率值或日累计超过不超过 72min，且每 30min 中超标不超过 5min。
（3）对测量方法和测量仪器作出基本规定。
（4）提供不平衡度算法</td></tr>
<tr><td>GB/T 15945—1995</td><td>电力系统频率允许偏差</td><td>（1）正常允许±0.2Hz，根据系统容量可以放宽到±0.5Hz。
（2）用户冲击引起的频率变动一般不得超过±0.2Hz</td><td>对测量仪器提出了基本要求</td></tr>
</table>

第二节　电压合格率管理

一、供电电压允许偏差

为使供电电压质量得到基本保证，以获得良好的社会经济效益，GB 12325—1990 规定了交流 50Hz 电力系统中所有元件都按预定工况运行即在正常条件下，供电电压对系统额定电压的偏差。电压偏差可由式（4-1）计算

$$电压偏差（\%）=\frac{实测电压-额定电压}{额定电压}\times 100\% \qquad (4-1)$$

供电电压允许偏差，如表4-2所示。

表4-2　　供电电压允许偏差

供电电压等级	供电电压允许偏差	说　明
35kV及以上	供电电压正、负偏差的绝对值之和不超过额定电压的10%	如供电电压上下偏差同号（均为正或负）时，按较大的偏差绝对值作为衡量依据
10kV及以下	三相供电电压允许偏差为额定电压的±7%	
220V单相供电	供电电压允许偏差为额定电压的+7%、−10%	

注 1. 用电设备额定工况的电压允许偏差仍由各自标准规定，如旋转电机按GB 755《旋转电机基本技术要求》。
2. 对电压有特殊要求的用户，供电电压允许偏差由供用电协议确定。

二、农网电力系统电压品质标准

2001年8月25日国家电力公司以农电［2001］45号颁发的《国家电力公司农村电网电压质量和无功电力管理办法》，对农网电力系统按照GB 12325的要求详细制定了电压质量标准。这个电压质量标准既考虑到了农村电网的现状，又有一定的前瞻性，各级电压允许偏差值，如表4-3所示。

表4-3　　农网电力系统各级电压允许偏差值

考核地点	电　压　等　级	允许偏差值
发电厂和变电所的母线电压	发电厂和220kV变电所的35～110kV母线	正常运行方式时，电压允许偏差值为相应系统额定电压的−3%～+7%
		事故运行方式时，电压允许偏差值为系统额定电压的−10%～+10%
用户受电端	35kV及以上高压用户供电电压	正负偏差值绝对值之和不超过额定电压的10%
	（1）10kV高压用户受电端（入口电压）。 （2）发电厂和变电所的10（6）kV母线所带线路的全部高压用户	电压允许偏差值为额定电压的−7%～+7%（9.3～10.7kV）

续表

考核地点	电压等级	允许偏差值
用户受电端	(1) 380V电力用户。 (2) 发电厂和变电所的配电变压器供电的380V电力用户	电压允许偏差值为额定电压的−7%～+7%(353～407V)
	(1) 220V电力用户。 (2) 发电厂和变电所的配电变压器供电的220V电力用户	电压允许偏差值为系统额定电压的−10%～+7%(198～236V)

注 1. 发电厂和变电所的10(6)kV母线电压偏差值应使所带线路的全部高压用户和经配电变压器供电的低压用户的电压满足表中的要求，其具体偏差范围由当地调度部门确定。

2. 对电压质量有特殊要求的用户，供电电压允许偏差值及其合格率由供用电协议确定。

3. 供电电压系指供电部门与用户产权分界处的电压，或由供用电合同所规定的电能计量点处的电压。

4. 农网电力系统各级电压网络系统额定电压值为：220、110、63、35、10、6kV、380、220V。

国家电力公司规定的农网电力系统供电电压允许偏差与国家标准、电力行业标准规定的供电电压允许偏差对照，如表4-4所示。

表4-4　供电电压允许偏差对照表

序号	GB 12325—1990	国家电力公司农电[2001]45号《农村电网电压质量和无功电力管理办法(试行)》	DL/T 499—2001
1	35kV及以上供电电压正、负偏差的绝对值之和不超过额定电压的10%。如供电电压上下偏差同号(均为正或负)时，按较大的偏差绝对值作为衡量依据	(1) 35kV及以上高压用户供电电压正负偏差绝对值之和不超过额定电压的10%。 (2) 发电厂和220kV变电所的35～110kV母线，正常运行方式时，电压允许偏差为相应系统额定电压的−3%～+7%；事故运行方式时为系统额定电压的−10%～+10%	
2	10kV及以下三相供电电压允许偏差为额定电压的±7%	(1) 10kV高压用户受电端(入口电压)电压允许偏差值为额定电压的−7%～+7%(9.3～10.7kV)。 (2) 380V电力用户电压允许偏差值为额定电压的−7%～+7%(353～407V)。 (3) 发电厂和变电所的10(6)kV母线电压偏差应使所带线路的全部高压用户和经配电变压器供电的低压用户的电压满足以上要求，其具体偏差范围由当地调度部门确定	供电电压偏差应满足的要求：380V为±7%

续表

序号	GB 12325—1990	国家电力公司农电［2001］45号《农村电网电压质量和无功电力管理办法（试行）》	DL/T 499—2001
3	220V单相供电电压允许偏差为额定电压的+7%、−10%	220V电力用户的电压允许偏差值为系统额定电压的−10%～+7%（198～236V）	220V为−10%～+7%
4	对电压有特殊要求的用户，供电电压允许偏差由供用电协议确定	对电压品质有特殊要求的用户，供电电压允许偏差及其合格率由供用电协议确定	对电压有特殊要求的用户，供电电压的偏差值由供用电双方在合同中确定

三、电压监测点设置原则和电压监测装置

（一）电压监测点设置原则

（1）农村电网所属的110kV（63kV）变电所的10kV母线、35kV变电所的10kV母线及35kV用户受电端，都应设定电压监测点。对两台主变压器并列运行的，只选其中一台主变压器的二次侧母线为电压监测点。对双母线形式，只选主母线为电压监测点。

（2）每一座110（63）、35kV变电所供电区至少设一个高压用户监测点。该监测点应设在具有代表性的高压用户分界点。小火（水）电厂与农网并网的连接处应设一个电压监测点，以监测小火（水）电厂的电压质量。

（3）每座变电所供电区至少设低压监测点两个，其中一个监测点设在配电变压器二次出口，另一个设在具有代表性的低压干线末端。

（4）低压用户电压监测点设置数量按每百台配电变压器至少设一个监测点来确定，但要确保每个供电所至少设一个监测点。当县供电企业配电变压器总数超过2000台时，超过部分按每200台设一个监测点来确定。县城和城镇低压用户电压监测点不得少于3个，设在负荷性质不同的低压干线末端。

（5）可以另行设置移动式统计型电压监测点，用以抽测典型时间段居民用户电压质量状况，作为调查分析的补充。

（二）电压监测装置

（1）按要求确定的电压监测点，都必须装设自动记录型电压监测

仪。变电所如已装设自动化装置，并满足电压监测和统计功能要求，可以不装设电压监测装置。

（2）电压监测装置必须能连续不断地对电压进行监测，其测量精度不应低于0.5级，并至少保证停电22h不丢失已监测到的数据。

（3）县供电企业应制定并实施电压监测装置定期检查和校验制度。电压和无功专职人员应掌握电压监测装置的正确操作方法，并应加强对电压监测装置的运行巡视检查，对不合格的装置及时进行更换，提高监测的准确性。

（三）电压监测统计要求

（1）具有按月和按日统计功能，能显示打印电压合格率及累计时间，电压超限率及运行时间，最高电压、最低电压及相应时间。至少储存上月和当月数据。

（2）每月选定2个典型日作为电网电压监测代表日，代表日各监测点应有24h整点记录。月底最后一天的24时汇总，打印出全月的功能数据。

表4-5　　×××年供电所电压监测仪记录卡片

监测点名称：

月份	电压合格率范围	点数	运行最高电压（kV）	运行最低电压（kV）	超上限时间（min）	超下限时间（min）	超差时间总和（min）	运行监测时间（min）	电压合格率（%）	本年累计合格率（%）
12										
11										
10										
9										
8										
7										
6										
5										
4										
3										
2										
1										
上年										

（四）供电所电压合格率管理

（1）供电所应建立完整的低压无功补偿设备台账和电压监测仪台账。

（2）供电所要建立电压监测抄表卡片（见表 4-5）和各类电压监测点合格率统计表（见表 4-6）。

表 4-6　　供电电压合格率月统计表

单位：________供电所　监测点类别：____类　统计时间：

____年____月____日到____年____月____日

电压监测点名称	电压合格率范围	点数	运行最高电压（kV）	运行最低电压（kV）	超上限时间（min）	超下限时间（min）	超差时间总和（min）	运行监测时间（min）	电压合格率（%）	本年累计合格率（%）
综合平均										

批准：　　审核：　　制表：　　填报时间：

四、综合电压合格率

电压合格率是指实际运行电压在允许电压偏差范围内累计运行时间与对应的总运行统计时间之比的百分值。

先将全供电企业电压监测点分类，分别计算各类电压监测点的电压合格率。

县供电企业供电综合电压合格率 V 用下式计算

$$V=[0.5A+0.5(B+C+D)]/N$$

式中 A——A类电压监测点变电所10kV母线电压合格率，即 $A=[1-\sum_{1}^{n}$ 电压监测点电压超出偏差时间(min)$/\sum_{1}^{n}$ 电压监测点运行时间(min)$]\times100\%$；

B——B类电压监测点 35kV 及以上专线用户电压合格率，计算方法同 A；

C——C类电压监测点10kV用户电压合格率，计算方法同A；

D——D类电压监测点380/220V低压用户电压合格率，计算方法同A；

n——监测点的个数；

N——B类、C类、D类的类别数。

五、电压合格率的考核

（1）电压质量的监测、统计和计算实行分级统计和考核的管理办法。

（2）县供电企业供电综合电压合格率应达到96%及以上。县供电企业农村居民用户端电压合格率考核指标根据各地对外承诺的电压合格率指标而定。

（3）国家电力监管委员会于2005年4月8日在网上发布《供电服务监管办法（试行）》（征求意见稿）。第二章监管内容中的第六条是关于电压合格率的，条文如下：

城市居民用户受电端电压合格率不低于95.00%，农村居民用户受电端电压合格率不低于90.00%。

电监会监管的电压合格率不是综合电压合格率，只是其中的D类电压监测点监测的380/220V低压用户电压合格率。这正是在供电所管辖范围内的电压合格率指标。

六、提高居民用户受电端电压合格率的措施

（一）技术措施

（1）优化电网布局，适宜增大导线截面，变压器靠近负荷中心，缩短供电半径。

（2）合理选择配电变压器分接开关位置，根据电压的变化及时进行调整。

（3）增加无功补偿装置，按照季节特点，根据负荷和电压的变化及时调整无功补偿容量。

（4）配电线路的电压损失，高压不应超过5%，低压不应超过4%。

（5）低压网络每个台区的首、末端每年至少测量电压一次。

（二）管理措施

（1）供电所根据实际建立电容器台账和C、D类电压监测点台账，发生变动及时更改。线路责任人负责对电压无功设备定期巡视、检查设备运行情况，发现缺陷及时上报，予以处理，保证其完好率、可用率。

（2）供电所电压专责人定期抄报数据，进行汇总，上报县供电企业。

（3）电压合格率不在允许范围之内，应针对电压超偏所属类别，进行分析，制定电压调整措施（包括改变变压器分接头位置，合理调整无功补偿电源点，优化无功配置等），按照分工，由供电所或变电所进行调整，并对调整后电压质量进行监督。

补偿电容器按负荷实行手动或自动投切，可将电容器分成若干组，首先将轻负荷下的补偿容量固定下来，其余的补偿容量作为按负荷变化的调整容量。

（4）有下列情况之一者，应测量电压：

1）投入较大负荷。

2）用户反映电压不正常。

3）三相电压不平衡，烧坏用电设备（器具）。

4）更换或新装变压器。

5）调整变压器分接头。

第三节　无功管理

一、农村电网无功补偿原则与方法

（一）农村电网无功补偿的原则和方式

农村电网无功补偿的原则为：全面规划，合理布局，分散补偿，就地平衡。

农村电网无功补偿的方式为：集中补偿与分散补偿相结合，以分散补偿为主；高压补偿与低压补偿相结合，以低压补偿为主；调压与降损相结合，以降损为主。

（二）无功补偿的方法

无功功率补偿的方法很多，主要是采用电力电容器或采用具有容性负荷的装置进行补偿。

（1）利用过励磁的同步电动机、改善用电的功率因数，但设备复杂、造价高，只适于在具有大功率拖动装置时采用。

（2）利用调相机做无功功率电源，这种装置调整性好，可提高电力系统运行的稳定性。但造价高、投资大、损耗也较高，只适宜装设在电力系统的中枢变电所，一般用户很少采用。

（3）电力电容器作为补偿装置，具有安装方便、建设周期短、造价低、运行维护简便、自身损耗小等优点，是农村电网中广泛采用的补偿方法。

电力电容器作为补偿装置有两种方法：串联补偿和并联补偿。

1）串联补偿是把电容器直接串联到高压输电线路上，主要应用于高压远距离输电线路上，用电单位很少采用。

2）并联补偿是把电容器直接与被补偿设备并接到同一电路上，以提高功率因数。这种补偿方法所用的电容器称作并联电容器，用电企业大部分都是采用这种补偿方法。

二、功率因数指标和无功补偿容量确定

（一）功率因数指标

（1）县电力公司年平均功率因数应在 0.90 及以上。

（2）220kV 及以下电压等级变电所中主变压器二次侧功率因数应在 0.90 及以上。

（3）每条 10kV 出线的功率因数应在 0.9 及以上。

（4）100kV·A 及以上容量的用户变压器二次侧功率因数应在 0.9 及以上。

（5）农业用户配电变压器低压侧功率因数应在 0.85 及以上。

（二）无功补偿容量的确定

（1）35kV 及以上变电所原则上只补偿主变压器无功损耗，并考虑留有一定的补偿裕度，可按主变压器容量的 10%～15%来补偿。

（2）10kV 配电变压器容量在 100kV·A 及以上的用户，必须进行无功补偿，并应采用自动投切补偿装置，其补偿容量根据负荷性质来确定。

（3）10kV 配电线路可以根据无功负荷情况采取分散补偿的方式进行补偿。

（4）5kW 及以上的交流异步电动机应进行随机补偿，其补偿容量为电机额定容量的 20%～30%。

（三）补偿电容器的容量确定和运行管理

1. 补偿电容器的容量确定

无功补偿容量可由公式计算确定

$$Q_C = P\left(\sqrt{\frac{1}{\cos\varphi_1}-1}-\sqrt{\frac{1}{\cos\varphi_2}-1}\right)(\text{kvar}) \tag{4-2}$$

式中　P——最大负荷月平均有功功率，kW；

$\cos\varphi_1$——补偿前功率因数值；

$\cos\varphi_2$——补偿后功率因数值；

Q_C——无功补偿容量，kvar。

通常将式（4-2）变换成

$$\frac{Q_C}{P}=\sqrt{\frac{1}{\cos\varphi_1}-1}-\sqrt{\frac{1}{\cos\varphi_2}-1} \tag{4-3}$$

式中　Q_C/ρ——对每千瓦有功功率应补偿的无功功率，kvar/kW。

由此可将不同功率因数下应补偿的无功功率计算列表，而从表中直接查得，如表4-7所示。

表4-7　　有功功率所需补偿容量表　　(kvar/kW)

补偿前	补偿后 $\cos\varphi_2$									
$\cos\varphi_1$	0.82	0.84	0.86	0.88	0.90	0.92	0.94	0.96	0.98	1.0
0.44	1.342	1.393	1.445	1.499	1.553	1.612	1.675	1.749	1.836	2.089
0.46	1.234	1.285	1.377	1.394	1.445	1.504	1.567	1.641	1.728	1.981
0.48	0.130	1.181	1.233	1.287	1.341	1.400	1.463	1.537	1.624	1.827
0.50	1.035	1.086	1.138	1.192	1.246	1.305	1.368	1.442	1.529	1.732
0.52	0.944	0.995	1.047	1.101	1.155	1.214	1.277	1.351	1.438	1.641
0.54	0.862	0.913	0.965	1.019	1.073	1.132	1.195	1.269	1.356	1.559
0.56	0.782	0.833	0.885	0.939	0.993	1.052	1.115	1.189	1.276	1.479
0.58	0.709	0.760	0.812	0.866	0.920	0.979	1.042	1.116	1.203	1.406
0.60	0.637	0.688	0.740	0.794	0.848	0.907	0.970	1.044	1.131	1.334
0.62	0.569	0.620	0.672	0.726	0.780	0.839	0.902	0.976	1.063	1.266
0.64	0.504	0.555	0.607	0.661	0.715	0.774	0.837	0.911	0.998	1.201
0.66	0.442	0.493	0.545	0.599	0.653	0.712	0.775	0.849	0.936	1.139
0.68	0.381	0.432	0.484	0.538	0.592	0.651	0.714	0.788	0.875	1.078
0.70	0.324	0.375	0.427	0.481	0.535	0.594	0.657	0.731	0.818	1.021
0.72	0.266	0.317	0.369	0.423	0.477	0.536	0.599	0.673	0.760	0.963
0.74	0.211	0.262	0.314	0.368	0.422	0.481	0.544	0.618	0.705	0.906
0.76	0.157	0.208	0.260	0.314	0.368	0.427	0.490	0.564	0.651	0.854
0.78	0.106	0.157	0.209	0.263	0.317	0.376	0.439	0.513	0.600	0.803

对基础数据不足的电气设备，可采用估算法来确定补偿电容器容量。

1）配电变压器无功补偿容量为

$$Q_C=\left[\frac{I_0(\%)}{100}+\frac{U_d(\%)}{100}\times\beta^2\right]S_e(\text{kvar}) \tag{4-4}$$

式中 I_0（%）——配电变压器空载电流百分数；

U_d（%）——配电变压器阻抗电压百分数；

S_e——为配电变压器的额定容量，kV·A；

β——配电变压器负荷率。

2）异步电动机的无功补偿容量为

$$Q_C = \sqrt{3}U_e I_0 \quad (\text{kvar}) \tag{4-5}$$

式中 U_e——电动机额定电压，kV；

I_0——电动机的空载电流，A。

$$I_0 = I_C\cos\varphi_e(2.26 - K\cos\varphi_e) \quad (\text{A})$$

式中 I_e——电动机定子额定电流，A；

$\cos\varphi_e$——电动机额定功率因数；

K——计算系数，当 $\cos\varphi_e \leqslant 0.85$ 时，$K=2.1$；当 $\cos\varphi_e > 0.85$ 时，$K=2.15$。

水泵类负荷异步电动机无功补偿容量

$$\sqrt{3}U_e I_0 \leqslant Q_e \leqslant \sqrt{3}U_e I_e \sin\varphi = \sqrt{3}U_e I_e \sqrt{1-\cos\varphi_e^2}$$

式中 U_e、I_0、I_e 与 $\cos\varphi_e$ 分别为电动机的额定电压（kV）、空载电流（A）、定子额定电流（A）和额定功率因数。

2. 补偿电容器的运行管理

电网电压超过电容器额定电压不过5%，允许长期运行；电网电压超过电容器额定电压达10%时，应立即切除电容器。如果电容器组的断路器在运行中因故跳闸，不允许强行试送。为确保人身安全，人体接触电容器前，应先将电容器两极短接并接地。

三、无功和电压的关系

从功率三角形中得知，视在功率 S 和有功功率 P 及无功功率 Q 有以下关系

$$P=S\cos\varphi \qquad Q=S\sin\varphi \qquad S^2=P^2+Q^2$$

功率因数 $\cos\varphi = P/S$

从功率三角形中也可以看出，电网的有功负荷 P 不变，装了补偿设备后，电网无功功率的消耗可以由 Q 减少到 Q'，φ 角由 φ 减少到 φ'。φ 角越小，$\cos\varphi$ 就越大。因此装设了补偿设备，功率因数就会提高。

电压损失 $\Delta U = \dfrac{PR+QX}{U}$

由电压损失公式可看出，影响 ΔU 的因素是有功功率 P、无功功率 Q、电阻 R 及电抗 X。因此，在理论上可以借改变有功及无功来调整电压，也可以借改变电阻和电抗来调整电压。装设补偿电容器就是借改变电抗来调压，如果补偿电容器的容抗为 X_C，则电压损耗为

$$\Delta U = \frac{PR + Q(X_2 - X_C)}{U}$$

因此 ΔU 下降，改善了电压质量。

由以上分析可以看出，加装补偿电容器后，既可以提高功率因数也可以改善电压质量，还可以减少电压损失，提高电压质量。

四、农网电压和无功管理

（一）设备管理

（1）农网新建的变电所应采用节能型有载调压变压器，对已投运的无载调压变压器要逐步进行有载调压改造。

（2）加强有载调压开关的日常运行管理，当操作次数到达规定次数时，要及时进行检修维护。

（3）按规定对无功补偿相关设备进行定期巡视检查，发现问题及时解决，确保设备可投运率达到95%及以上。

（二）专业管理

（1）县电力公司要建立以分管领导负责的由生技、用电、调度、运行和检修等专业人员组成的电压和无功管理网。建立健全电压和无功管理制度和奖惩办法。

（2）县电力公司应加强电压和无功电力调度管理，制定电压曲线并及时调整电压，保证县电网电压处于合格范围之内。

（3）县电力公司应有电压监测点和无功补偿装设点的位置网络图，并注明有关技术数据。

（4）县电力公司应要求重要高压用户及小电厂设立电压和无功管理人员。县电力公司电压和无功专责人员要对供电所人员、高压用户的电工及有关人员进行电压和无功专业技术的培训，使他们掌握低压补偿设备的运行维护技术及电压和无功管理知识。

（5）农网电压和无功统计报表实行分级管理逐级上报的方式。县电力公司实行月报制，每月 5 日前向地（市）电力公司上报上一个月报表。因此，供电所应在每月 5 日前将所辖区域内的有关数据报给县电力公司专责人。县电力公司农网电压和无功统计月报，如表 4-8 所示。

表 4-8　　农村电网电压和无功统计月报表

填报单位：

总县数	主变压器				电压质量										电容器补偿容量					
	总量		有载调压变		A类		B类		C类		D类		农村居民用户端电压合格率承诺指标(%)	与承诺相比电压合格的县级电网所占比例(%)	变电所				高压用户补偿容量(kvar)	低压用户补偿容量(kvar)
	数量(台)	容量(kV·A)	数量(台)	容量(kV·A)	应装监测点(个)	实装监测点(个)	应装监测点(个)	实装监测点(个)	应装监测点(个)	实装监测点(个)	应装监测点(个)	实装监测点(个)			变电所数量(个)	总容量(kvar)	可投运容量(kvar)	可投运率(%)		
低压居民用户电压质量情况分析																				
目前电压质量存在的问题																				
研究与采取的改进措施																				
采取的改进措施的效果分析																				
低压居民用户对电压质量投诉情况																				
下一步工作的安排和建议																				

审批人：　　　　　　填报人：　　　　　　日期：

第四节 供电可靠性管理

一、供电所供电可靠性管理的意义和职责

农村电网供电可靠性（以下简称可靠性）是保证客户可靠用电的一项重要指标。供电系统用户供电可靠性，是指供电系统对客户用户连续供电的能力，反映了供电系统对社会电能需求的满足程度，是规划、设计、基建、施工、设备选型、生产运行、供电服务等方面的质量和管理水平的综合体现。

供电所应按照行业标准《供电系统用户供电可靠性评价规程》DL/T 836—2003及《国家电网公司农村电网供电可靠性管理办法》及其他相应的管理规范和标准，开展农网供电可靠性管理工作。目前，供电所履行相应职责为：

（1）贯彻执行上级颁发的各项可靠性管理规定，积极组织可靠性管理活动。

（2）负责将上级下达的可靠性考核指标分解落实，并采取措施，保证完成。

（3）统计各项可靠性数据，按时报送。统计数据必须做到准确、及时、完整。

（4）定期分析本所可靠性指标情况，提出改进可靠性的措施并组织实施。

（5）按照国家电网公司编写的相关培训教材进行必要的可靠性业务培训，确保一线人员能正确填写可靠性记录。

二、供电可靠率指标

（1）2001年原国家电力公司在开展优质服务年活动中承诺城市客户平均供电可靠率为99.89%。并要求处于较低水平的供电公司按实际能力承诺，并应加大力度，积极采取措施，较快地提高供电可靠率。

原国家电力公司承诺的城市客户供电可靠率即为地级及以上城市供电公司的平均供电可靠率，其统计范围暂定为国家电力公司系统直供的城市市区和该城市行政规定城镇的中压10（6）kV公用变压器、专用变压器客户。

客户供电可靠率的定义为

$$\text{客户平均供电可靠率}=\left(1-\frac{\text{客户平均停电时间}}{\text{统计期间时间}}\right)\times 100\%$$

城市客户平均供电可靠率指标的统计评价遵循《供电系统用户供电可靠性统计评价规程》（试行）。上述承诺指标采用 RS1 指标。

(2) 2005 年 4 月 8 日国家电力监管委员会在网上发布《供电服务监管办法（试行）》（征求意见稿）。其中第二章监管内容中的第七条条文如下：

第七条供电企业应当采取措施，改善供电可靠性。城市地区年供电可靠率不低于 99.80%，农村地区年供电可靠率不低于 95.00%。

征求意见稿没有给出城市地区、农村地区的解释。如果按原国家电力公司 2001 年的解释，可认为地级及以上城市的供电企业属于城市地区；县级城市供电企业属农村地区。县级市城市的供电企业属于什么地区，这是下一步需要明确的统计口径。

三、供电可靠率指标统计计算中常用术语

从供电可靠率的公式中可以看出，如以年为统计期时间，并以 h 作为单位，那么一年为 8760h，分母是不变的。关键是分子：平均停电时间的确定，显然，平均停电时间越少，可靠率越高。

（一）供电系统的两种状态

(1) 供电状态：用户随时可以从供电系统获得电能的状态。

(2) 停电状态：用户不能从供电系统获得所需电能的状态。

（二）按造成停电状态的原因分类

造成停电状态的原因或者说停电状态属于什么性质，如图 4-1 所示。停电性质代号标注在文字旁。

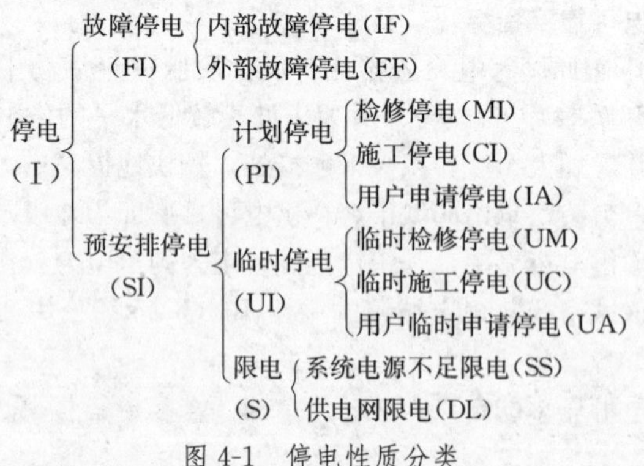

图 4-1 停电性质分类

（三）停电性质术语解释

1. 故障停电

（1）内部故障停电。本供电所范围以内的电网或设施等故障引起的停电。

（2）外部故障停电。本供电所范围以外的电网或设施等故障引起的停电。

2. 预安排停电

（1）计划停电。有正式计划安排的停电。其中包括：

——检修停电。按检修计划要求安排的检修停电。

——施工停电。系统扩建、改造及迁移等施工引起的有计划安排的停电。

（注：检修停电及施工停电，按管辖范围的界限，分别有内部和外部两种情况）

——用户申请停电。由于用户本身的要求得到批准，且影响其他用户的停电。

（2）临时停电。事先无正式计划安排，但在6h（或按供电合同要求的时间）以前按规定程序经过批准并通知主要用户的停电。其中包括：

——临时检修停电。系统在运行中发现危及安全运行、必须处理的缺陷而临时安排的停电。

——临时施工停电。事先未安排计划而又必须尽早安排的施工停电。

（注：临时检修停电及临时施工停电，按管辖范围的界限，分别有内部和外部两种情况）

——用户临时申请停电。由于用户本身的特殊要求而得到批准，且影响其他用户的停电。

（3）限电。在电力系统计划的运行方式下，根据电力的供求关系，对于求大于供的部分进行限量的供应。包括：

——系统电源不足限电。因电力系统电源容量不足，由调度命令对用户以拉闸或不拉闸的方式限电。

——供电网限电。供电系统本身设备容量不足，或供电系统异常，不能完成预定的计划而对用户的拉闸限电，或不拉闸限电。

——供电系统的不拉闸限电，应列入可靠性的统计范围，每限电一

次应计停电一次，停电用户数应为限电的实际用户数，停电容量为减少的供电容量，停电时间按等效停电时间计算，其计算式如下

等效停电时间 = 限电时间 ×［1－(限电后允许的供电容量 / 限电前实际的供电容量)］

四、供电可靠率指标计算公式

(一) 用户平均停电时间 (h/户)

(1) 用户平均停电时间(AIHC-1)(用户在统计期间内的平均停电小时数)：

用户平均停电时间＝Σ(每户每次停电时间)/总用户数

＝Σ(每次停电持续时间×每次停电用户数)/总用户数

(2) 若不计外部影响时(AIHC-2)：

外部影响停电时间是指因供电部门管辖范围以外的原因造成的停电时间。

外部影响如：外力破坏、自然灾害、系统电源不足等。

用户平均停电时间(不计外部影响)＝用户平均停电时间/用户平均受外部影响停电时间

用户平均受外部影响停电时间＝Σ(每次外部影响停电持续时间×每次受其影响的停电户数)/总用户数

(3) 若不计系统电源不足限电时(AIHC-3)：

用户平均停电时间(不计系统电源不足限电)＝用户平均停电时间/用户平均限电停电时间

用户平均限电停电时间＝Σ(每次限电停电持续时间×每次限电停电户数)/总用户数

(二) 供电可靠率

供电可靠率是在统计期间内，对用户有效供电时间总小时数与统计期间小时数的比值。

1. RS1 指标

供电可靠率＝［1－(用户平均停电时间/统计期间时间)］×100％

2. RS2 指标

供电可靠率(不计外部影响)＝{1－[(用户平均停电时间/用户平均受外部影响停电时间)/统计期间时间)]}×100％

3. RS3 指标

供电可靠率(不计系统电源不足限电)={1−[(用户平均停电时间/用户平均限电停电时间)/统计期间时间]}×100%

(三) 停电次数

(1) 用户平均停电次数——供电用户在统计期间内的平均停电次数(AITC-1)，计算式为

$$用户平均停电次数=\frac{\Sigma(每次停电用户数)}{总用户数}$$

若不计外部影响时，则记作(AITC-2)，计算式为

用户平均停电次数(不计外部影响)

$$=\frac{\Sigma(每次停电用户数)-\Sigma(每次受外部影响的停电用户数)}{总用户数}$$

若不计系统电源不足限电时，则记作 AITC-3，计算式为

用户平均停电次数(不计系统电源不足限电)

$$=\frac{\Sigma(每次停电用户数)-\Sigma(每次限电停电用户数)}{总用户数}$$

(2) 用户平均故障停电次数——供电用户在统计期间内的平均故障停电次数(AFTC)，计算式为

$$用户平均故障停电次数=\frac{\Sigma(每次故障停电用户数)}{总用户数}$$

(3) 用户平均预安排停电次数——供电用户在统计期间内的平均预安排停电次数(ASTC)，计算式为

$$用户平均预安排停电次数=\frac{\Sigma(每次预安排停电用户数)}{总用户数}$$

若不计系统电源不足限电时，则记作 ASTC-3，计算式为

用户平均预安排停电次数(不计系统电源不足限电)

$$=\frac{\Sigma(每次预安排停电用户数)-\Sigma(每次限电停电用户数)}{总用户数}$$

(四) 系统停电等效小时数

系统停电等效小时数——在统计期间内，因系统对用户停电的影响折(等效)成全系统（全部用户）停电的等效小时数(SIEH)，计算式为

$$系统停电等效小时数=\frac{\Sigma(每次停电容量\times每次停电时间)}{系统供电总容量}$$

五、供电可靠率统计报表

（一）高压用户供电系统基本情况统计表

高压用户是指以 35kV 及以上电压受电的用户。高压用户以一个用电单位的每一个受电降压变电所，作为一个高压用户统计单位。

高压用户归县供电企业直接管理，不属于供电所统计范围。

（二）中压用户供电系统基本情况统计表

《中压用户供电系统基本情况统计表》，如表 4-9 所示。中压用户是指以 10（6、20）kV 电压受电的用户。

表 4-9　　中压用户供电系统基本情况统计表

系统名称：

时间：　　年　季度

单位名称：

电压等级：10（6）20kV　　　　填报日期：

<table>
<tr><th rowspan="3">线路编码</th><th rowspan="3">线路名称</th><th rowspan="3">断路器编号</th><th rowspan="3">断路器类型</th><th rowspan="3">是否出线断路器</th><th colspan="2">线路（km）</th><th colspan="6">用户数、变压器台数及容量（户、台、kV·A）</th><th colspan="2">其中双电源</th><th rowspan="3">断路器台数</th><th rowspan="3">开关设备总台数（台）</th><th rowspan="3">电容器台数（台）</th><th rowspan="3">开闭所数</th><th rowspan="3">地区特征</th><th rowspan="3">线路性质</th><th rowspan="3">备注</th></tr>
<tr><th rowspan="2">架空</th><th rowspan="2">电缆</th><th colspan="3">公用</th><th colspan="3">专用</th><th rowspan="2">用户数（户）</th><th rowspan="2">容量（kV·A）</th></tr>
<tr><th>户数</th><th>台数</th><th>总容量</th><th>户数</th><th>台数</th><th>总容量</th></tr>
<tr><td></td><td></td><td></td><td></td><td></td><td></td><td></td><td></td><td></td><td></td><td></td><td></td><td></td><td></td><td></td><td></td><td></td><td></td><td></td><td></td><td></td><td></td></tr>
<tr><td></td><td></td><td></td><td></td><td></td><td></td><td></td><td></td><td></td><td></td><td></td><td></td><td></td><td></td><td></td><td></td><td></td><td></td><td></td><td></td><td></td><td></td></tr>
<tr><td></td><td></td><td></td><td></td><td></td><td></td><td></td><td></td><td></td><td></td><td></td><td></td><td></td><td></td><td></td><td></td><td></td><td></td><td></td><td></td><td></td><td></td></tr>
<tr><td></td><td></td><td></td><td></td><td></td><td></td><td></td><td></td><td></td><td></td><td></td><td></td><td></td><td></td><td></td><td></td><td></td><td></td><td></td><td></td><td></td><td></td></tr>
</table>

主管：　　　　审核：　　　　制表：

一个用电单位接在同一条或分别接在两条（多条）电力线路上的几台配电变压器及中压用电设备，应以一个电能计量点作为一个中压用户统计单位。

在低压用户供电可靠性统计工作普及之前，以 10（6、20）kV 供电系统中公用配电变压器作为用户统计单位，即 1 台公用配电变压器作为一个中压用户统计单位。

（三）低压用户供电系统基本情况统计表

低压用户是指 380/220V 电压受电的用户。一个接受电业部门计量收费的低压用电单位，作为一个低压用户统计单位。

（四）供电系统可靠性运行情况统计表

《供电系统可靠性运行情况统计表》，如表 4-10 所示。

表 4-10　　　　供电系统可靠性运行情况统计表

（高中低压通用）

系统名称：　　　　　　　　　　　　　　　　　时间：　　年

单位名称：　　　　　　　　电压等级：10(6)20kV

事件序号	停电单位部门	同时停电部门个数	停电时间		停电情况								停电事件编码
			起始	终止									
			月日时分	月日时分	持续时间	线段编码	用户数	总容量（kV·A）	时户数	限前负荷（kW）	限后负荷（kW）	缺供电量（kW·h）	

批准：　　　　　　　　　　　　审核：

表 4-10 是供电系统停电事件的实际记录，对用户每停电一次，均记录为一次事件（包括故障停电和预安排停电）。

《高压用户供电系统基本情况统计表》、《中压用户供电系统基本情况统计表》、《低压用户供电系统基本情况统计表》须每季度修正统计一次，作为本季度可靠性计算的基础。每次统计的基本情况数据应于当时的电气接线图一致。《供电系统可靠性运行情况统计表》每月统计一次，上报县供电企业可靠性管理人员。

县供电企业可靠性管理人员每月对基层的报表进行汇总核实，并运用可靠性专用软件计算可靠性指标，自动生成《供电系统按停电原因分类统计表》、《供电系统按停电设备分类统计表》等有关统计数据。

六、县供电企业提高供电可靠性的措施

（一）健全组织、加强领导

（1）加强组织领导。县供电企业应进一步建立健全供电可靠性管理领导小组，负责加强本企业客户供电可靠性统计、分析的管理，落实措施，提高客户供电可靠率。

(2) 县供电公司应明确下级部门的职责分工，并层层分解指标，确定工作目标，明确保证措施，将可靠性管理的要求落实到基层班组。

(3) 县电力公司将供电可靠性指标列为供电公司年度生产经营考核主要指标之一，并将供电可靠性指标列入领导班子任期目标。

(4) 县供电公司应根据各地实际情况将供电可靠性指标列入对下级部门的奖惩考核之中，并制定详细的考核办法。

(5) 县供电公司应实行定期停电平衡会制度，确保每周前公布停电计划，合理安排停电时间，避免重复停电。可靠性专责人应对停电计划测算审核，并提出意见。

(6) 建立供电可靠性分析制度。县供电公司至少每季度分析一次供电可靠性指标，并提交详细的分析报告，用于指导生产管理。

(7) 加强理论联系实际的培训。保证可靠性统计数据的正确性和完整性，不得弄虚作假。

(二) 加强检修的组织管理

(1) 应加强设备检修预安排停电的管理。采取检修综合优化管理，统筹安排停电计划。加强供电公司内部部门之间、上下级之间及与县政府等有关部门的协调配合，层层“先算后停”，严格控制停电“时户数”。

配电网进行施工和检修时，应事先制定好工作计划，优化施工方案，做好施工准备，尽量缩短停电时间；必要时应采用临时供电方案。中压配电网每次计划检修或施工应加强对停电时间（过程）控制。每次计划检修应努力缩短停电时间，对客户连续停电时间争取控制在4h以内。

(2) 应实行并严格执行计划检修停电公告。推行设备检修停电由供电公司主管领导“一支笔”审批制度，控制多次重复停电。执行计划检修停电公告的兑现率不低于98%。

(3) 加强故障抢修、临时停电管理，落实措施，控制停电时间。应提高故障抢修人员的综合素质；配备故障抢修所需的检修、交通、通信装备和临时供电的发电车等，加快故障抢修速度和缩短处理故障时间。城镇市区中、低压配电网故障抢修（或处理）对客户停电时间应力争控制在4h内（不可抗拒力因素除外）。

(4) 应加强停、送电管理。检修、施工时，检修人员应提前到达现场，并做好开工前的各项准备工作，等候设备停电；检修、施工结束前，实行预汇报制，以使操作人员及时到达现场等候恢复送电操作；检修、施工完毕后，应尽快恢复供电，缩短送电操作时间。推行停、送电时间（检修、调度、操作班组）分部门责任分级考核制度。

（5）加强设备预防性试验和设备缺陷管理，提高设备健康水平。要认真安排、做好“春、秋季检修”、“安检”及“迎峰度夏”准备工作，细心清查、消除电网、设备隐患。

（6）大力开展10kV配电网带电作业。客户受电接火，处理、更换跌落断路器等简单的作业项目推行带电作业方法。要加强带电作业人员培训，配置工器具、带电作业车等，不断扩大带电作业项目范围。实行带电作业时，应严格执行有关规章制度，确保安全。

（7）积极试行和推广设备状态检修技术，科学地延长设备检修周期。对不同的新设备，应及时修订检修制度，对免维型、智能型、具有状态自检报警功能的一、二次设备，应积极实践状态检修。对“少维护”设备，应合理简化检验项目，缩短检修时间。

（三）加强生产运行管理

（1）调度部门应认真开展短期和超短期负荷预测工作；并根据不同季节和时段的负荷特点，预留必须的备用容量，避免拉闸限电情况。

（2）加强输变电设备的可靠性管理和继电保护、安全稳定装置的管理，提高电网安全稳定运行水平。

（3）加强配电设备的巡视和配变的负荷监测工作。配变或配电线路满负荷、超负荷时应及时调整，转移负荷。

（4）加强配电设施的防护工作，防止外力破坏事故发生。

（5）根据配电网实际情况，在计算和试验的基础上，实现不停电倒负荷。

（四）加强网络结构和技术进步

（1）加快城市电网建设与改造。按照电网的规划，优先安排增加电网传输容量、提高电网安全和供电质量的项目，优化电网结构，满足$N-1$和合理的变压器容载比的要求。城市配电网要实现环网结构、“手拉手”供电，提高互供能力。

（2）城镇市区配电网架空线逐步实现绝缘化。在本地政府支持下，创造条件实施中心区、主要街道、繁华商业区电缆入地。

（3）城网建设和改造工程要采用免维护和少维护等先进的技术装

备。

(4) 积极采用红外测温以及在线监测等先进的技术手段，提高配电网设备的状态监测和诊断水平。

(5) 积极采用配电自动化技术。实施环网供电，馈线自动化，缩短故障隔离时间，缩小停电范围。暂不能实施配网自动化的地区应装设一定线路分段设备，一条配电线路宜控制在5个分段左右或以内。

(6) 有条件的地区可在线路上装设故障指示器，变电所内装设小电流接地选线装置，采用电缆故障寻址器等分散、智能型就地（段）故障检测装置，准确并缩短查找故障点时间。

七、供电所提高供电可靠性措施

（一）提高供电可靠性的一般措施

(1) 根据公司下达的可靠性指标，分解到线路，合理安排停电时间。

(2) 合理制定月度检修计划，尽力安排配合上级停电工作的检修。

(3) 加强对设备的巡视、预试和缺陷管理，推广状态检修和零点检修。

(4) 积极开展10kV带电作业。

(5) 优化施工方案，落实各项工作措施，配备必要的检修、交通和通信装备，缩短停电时间。

(6) 积极采用配电自动化技术，逐步实现县城配网环网供电，提高互供能力。

(7) 加强电力设施的防护工作，防止外力破坏事故的发生。

(8) 加强配变的负荷监测工作，用电高峰时及时调整、转移负荷。

(9) 做好客户安全用电管理工作，防止因客户不正确用电扩大故障范围。

（二）开展供电可靠性目标管理

(1) 每年年初，根据公司下达给供电所的总指标及允许停电时户数，结合供电所内线路、台区、用电村设备查评定级结果、线路长度、配电变压器台数、去年同期计划、临时、急修停电次数和时间（时户数）、缺陷类型及数量等按月将可靠率小指标及停电时户数合理地分解到各条线路、台区、用电村。

(2) 各条线路、台区、用电村负责人根据所内制定的指标计划及允许停电时户数，根据“先算后停”的原则，合理安排各类停电工作，执行停电工作流程，按规定填写相关记录。

(3) 每季度末根据所内设备实际参数（线路长度、配电变压器台数、低压用电户数等基础数据）上报可靠性报表；每月末按照所内实际发生的停电次数与时间，如实上报供电可靠性报表。

(4) 根据运行与停电情况，按月组织人员开好所内可靠性分析会。分析会内容包括：

1) 上月提高可靠率措施落实执行情况。

2) 所长通报本月可靠率指标完成情况及与计划和上年同期指标的对比结果。

3) 安全员通报本月的事故（障碍）和计划（临时）停电情况，要特别讲清每次停电事件的原因、停电的时户数，通报本月计划（临时）、急修停电时间及造成的时户数。

4) 所长组织大家进行讨论，分析计划（临时）停电工作、停电时间、停电范围是否可以缩短，事故（障碍）造成的停电是否可以避免及怎样做到避免事故（障碍）停电。

5) 根据讨论结果制定下月停电工作计划，制定防范措施，确保可靠率指标完成。

供电所营销管理

第一节 营销管理的要求和内容

一、营销管理在供电企业中的重要位置

营销是电力企业的销售环节。

供电所营销管理是供电企业营销管理的重要组成部分，是企业经营成果的体现。它的工作好坏不仅关系到供电企业的经营成果，也关系到电力企业的社会信誉。

供电所营销管理应以为农民生活、农村经济、农业生产服务为宗旨，以经济效益为中心，开拓电力市场，建立全过程的营销机制，规范营销管理工作，实现企业经济效益和社会效益双丰收。

二、对供电所营销管理的基本要求

供电所应认真贯彻执行国家有关电力法律、法规、方针、政策，严格执行上级有关营销管理工作的规定，并积极推广现代化的管理手段，提高工作效率和服务质量。同时应不断完善营销管理制度，加强营销管理工作的内部考核，定期召开经营分析例会，认真做好用电指标分析和统计上报工作。

三、供电所营销管理主要内容

（1）执行电价政策，及时回收电费。电费回收工作是电力企业在销售环节和资金运转中的一道重要工序，是电力企业经营成果的主要组成部分。电费工作中的抄表、核算、收费是三位一体的工作。

（2）处理日常营业工作。日常营业工作具体包括下述 12 项工作：①减容；②暂停；③暂换；④迁址；⑤移表；⑥暂拆；⑦更名或过户；⑧分户；⑨并户；⑩销户；⑪改压；⑫改类。

（3）办理业务扩充。业务扩充的主要任务是受理客户用电申请，根据电网供电可能，办理有关报装的各项业务，以满足客户新装、增容用电的需求。

(4) 供用电合同管理。明确客户和供电企业在电力使用中的权利和义务。

(5) 电能计量管理。电力用户与供电部门结算用电量的依据。

(6) 用电检查。电力企业有权对客户进行用电检查。

第二节 电费管理

一、电费管理工作的主要内容

(一) 加强供电所电费管理的重要性

电力销售是电力供应的最后一个环节，把电能销售给用户，并且是作为一种特殊的商品销售给用户，应该按照公平等价交换的原则，从用户处收取电费，这是电力企业生产全过程的最后环节，也是电力企业生产经营成果的最后体现。担任电能销售工作的供电所，不仅应有计划地组织销售企业产品——电能，同时还要及时地回收产品的销售收入——电费。加强供电所电费管理，有利于严格执行国家电价政策，维护电力企业和农村用户双方的经济利益，加强电费核算管理，可为用户正确核算其产品成本中的动力费用提供准确数据，也可为电力企业经营成果和决策提供准确信息，特别是在当前处在我国国民经济体制改革时期，电力企业正由生产型转变为经营型的过程中，加强供电所电费管理工作，对于电力企业和整个国民经济更有重要意义。

(二) 电费管理的内容和要求

(1) 严格执行国家电价政策。

(2) 做到应收必收、收必合理。

(3) 实现农村电力营销“五统一”(统一电价、统一发票、统一抄表、统一核算、统一考核),“四到户”(销售到户、抄表到户、收费到户、服务到户),“三公开”电量公开、电价公开、电费公开) 和一户一表用电。

(4) 供电所电费工作人员应按时到农村用户处抄录每月的电量，成为电力部门和用户的桥梁。

(5) 应经常宣传国家能源政策和电力部门有关用电管理的方针政策，解答用户对有关规定的询问和意见。

(6) 掌握了解用户是否严格按规章制度办事，是否有违章用电和窃电现象，电能计量装置运行是否正常。

(7) 严格按照国家电价规定，正确计算和核算电费，将电费及时回收和上交。

二、电费管理应建立的基础资料

(一) 建立用户用电分户账

建立用户用电分户账是供电企业每月向用户抄录所消耗的电量、计算电费、开具单据、收取电费所不可少的基础资料。因此，建账、立卡必须严肃认真，如少立一户卡片或卡片内容不全、有误，必然导致长期漏收或错收电费。

供电所用户用电分户账的基本内容包括：用户户号、户名、用电地址、供电电压、受电变压器容量或用电设备容量、最大需量表；有功及无功电能表的厂名、表号、安培表示数、倍率；计量方式、变压器损耗的计算方式；电价、附加费率、行业用电分类、联系人及电话等。

供电所居民用户用电分账的基本内容包括：用电台区、集表箱号、户名、电能表产地、型号、出厂编号、容量、转速、表编码号、用电负荷、联系电话等。

用户分户账使用比较频繁，要求字迹工整、妥善保管，不得随意涂改。如果需要改写时，应用红笔划上横线，并加盖印章后另用蓝笔重新写上正确的数据。

(二) 建立用电业务工作传票（工作凭证）制度

供电所用电业务工作传票是建立用户分户账页和更动其记载内容的重要依据。它是根据业务扩充、电能计量和用电检查等部门传来的工作凭证来建立用户分户账页和更动其记载内容，它是从几个渠道汇集到电费管理部门的。所以应保证渠道畅通、及时传递，内容填写应清楚、准确。

供电所用电业务工作传票的内容一般包括：用户新装、增容、减容、更换表计、验表记录、更改户名、暂停供电、恢复供电、拆表销户等。

(三) 建立用户户务档案

用户户务档案是供电所对用户的电能销售业务往来的所有资料，是明确供、用电双方责任与义务、正确核算电费的重要依据。

用户户务档案应包括的资料有：供电方案、负荷审批文件；有关输变电工程设计、材料、投资负担或供、配电贴费交纳、供用电合同、调度协议、电费结算协议、用电申请书、装表工作传票、电能表校验记录，以及日常用电中发生的各种用电业务工作传票等一系列有关用电业务性文件资料。

用户户务档案非常重要，应统一保管，存档备查。

三、电价

（一）电价制度

世界上曾采用并存在的电价制度约有五类。

（1）定额制。即通常称之为“包灯”制，不论用电量大小，只按用电容量收取定额电费。

（2）电度电费制。即按用电量多少收费。

（3）负荷率制。为提高电网和用户的设备利用率，按电网的固定、变动成本，分别计算电费。这是一种比较合理的方式，它分为两步制和需量加电度区段制，如我国现行大工业电价。

（4）三步制。在两步制电价的基础上增加用户费用的收取。

（5）差价制。在两步制电价基础上为反映供求关系，利用价格杠杆进一步改善电网负荷曲线，以提高发供电设施利用率。包括峰谷差价制，季节差价制和质量差价制。

（二）我国现行电价构成

（1）单一制电价：即只有一个电度电价，如水利用户的农业电价。

（2）两步制电价：它由基本电价、电度电价及功率因数调整电费三部分构成。

功率因数调整电费是电网根据用户在改善与提高用电功率因数工作中做出的努力及承担费用情况，对接电容量在100kV·A（kW）及以上的电力用户，实行功率因数调整电费，使这一部分电费在用户之间重新分摊的办法。

（3）峰谷分时电价：即将一天24h划分成高峰、非峰谷、低谷时段，实行不同价格水平。

（4）丰枯分月电价：即将一年12个月划分为水电丰水期、枯水期，实行不同价格水平。

（5）转供及趸售电价：这是在电网供电设施未达到的地区，因用户用电需要，电网委托有供电能力的用户或供电机构代为供电管理的方式。电网对转供户或转售电机构实行转供费或趸售电价，被转供户仍按电网直供户的电价执行。

（6）功率因数调整电费办法的标准与适用范围。

当功率因数为 0.9 时，标准的适用范围：

1）受电变压器容量大于 160kV·A 的高压供电工业用户（包括乡镇企业）；3200kV·A 及以上的电力排灌站。

2）装有带负荷调整电压装置的高压供电用户。

当功率因数为 0.85 时，标准的适用范围：

1）100～160kV·A 或 100kW 及以上的工业用户(包括乡镇企业)。

2）100kV·A（kW）及以上非工业、临时用电和电力排灌站。

3）大工业用户未划归电力企业直接管理的趸售用户。

当功率因数为 0.80 时，标准的适用范围：

1）100kV·A（kW）及以上的农业用户。

2）电力企业直接管理的趸售用户。

（三）我国现行目录电价分类

现行国家电价按用电性质和用电设备分类，一个用户的一个受电点往往有多种性质的用电设备和不同的用电价格。

1. 居民生活电价

居民生活照明及其家用电器等用电设备用电按居民生活电价执行。

2. 非居民照明电价

(1) 铁道、航运等信号灯用电。

(2) 霓虹灯、荧光灯、弧光灯、水银灯、非对外营业的放映机用电。

(3) 总容量不足 3kW 的晒图机、医疗用 X 光机、无影灯、消毒等用电。

(4) 以电动机带动发电机或整流器整流供给照明之用电。

(5) 除上列各项用电的其他非工业用的电力、电热，其用电设备总容量不足 3kW，而又无其他非工业用电者。

(6) 工业用电相电动机，其总容量不足 1kW，或工业用单项电热，其总容量不足 2kW，而又无其他工业用电者。

(7) 路灯：对市政部门管理的公共道路、桥梁、码头、公共厕所、公共水井用灯、标准钟、报时电笛、以及公安部门交通指挥灯、公安指示灯、警亭用电、不收门票的公园内路灯等用电。

3. 商业电价

应用范围：凡从事商品交换或提供商业性、金融性、服务性的有偿服务所需的电力。包括：

（1）商场、商店、物资供销、仓储、服装、家具店、洗染店、宾馆、饭店、招待所、旅社、酒家、茶座、咖啡厅、饮食、餐馆等用电。

（2）发廊、发屋、浴室、美容厅、录像放映点、电影、剧院、游戏机室、彩扩摄像店、歌舞厅、卡拉OK厅等用电。

（3）金融、保险、旅游点、房地产经营、咨询服务等用电。

（4）电子计算事业，其他综合技术服务事业等用电。

4. 非工业、普通工业电价

（1）非工业电价应用范围：凡以电为原动力，或以电冶炼、烘焙、熔焊、电解、电化的试验和非工业生产，其总容量在3kW及以上者，例如下列各种用电。

1）机关、部队、商店、学校、医院及学术研究、试验等单位的电动机、电热、电解、电化、冷藏等用电。

2）铁道、地下铁道（包括照明）、管道输油、航运、电车、电信、广播、仓库、码头、飞机场及其他处所的加油站、打气站、充电站、下水道等电力用电。

3）电影制片厂摄影棚水银灯用电。

4）基建工地用电（包括施工照明）。

5）地下防空设施的通风、照明、抽水用电。

6）有线广播站电力用电（不分设备容量大小）。

其他规定：非工业用户的照明用电（包括生活照明和生产照明），应分表计量。如一时不能分表，可根据实际情况合理分算照明电量，按非居民照明电价计收电费。

（2）普通工业电价应用范围：凡以电为原动力，或以电冶炼、烘焙、熔涵、电解、电化的一切工业生产，其受电变压器容量不足320kV·A或低压受电，以及在上述容量、受电电压以内的下列各项用电。

1）机关、部队、学校及学术研究、试验等单位的附属工厂，有产品生产，或对外承受生产、修理业务的生产用电。

2）铁道、地下铁道、航运、电车、电信、下水道、建筑部门及部队等单位所属的修理厂生产用电。

3）自来水厂、工业试验、照相制版工业水银灯用电。

其他规定：①普通工业用户的照明用电（包括生活照明和生产照明），应分表计量。如一是不能分表，可根据实际情况合理分算照明电量，按非居民照明电价计收电费。②对受电变压器容量在100kV·A及以上至320kV·A以下的电石、电解烧碱、电炉黄磷、合成氨的用电，可继续执行大工业电价或比照同类大工业电价水平核定单一电价。

5．大工业电价

应用范围：凡以电为原动力，或以电冶炼、烘焙、熔焊、电解、电化的一切工业生产，受电变压器总容量在320kV·A及以上者，以及符合上述容量规定的下列用电。

（1）机关、部队、学校及学术研究、试验等单位的附属工厂（凡以学生参加劳动实习为主的校办工厂除外）有产品生产或对外承受生产及修理业务的用电。

（2）铁道（包括地下铁道）、航运、电车、电信、下水道、建筑部门及部队等单位所属修理厂的用电。

（3）自来水厂用电。

（4）工业试验用电。

（5）照相制版工业水银灯用电。

电价构成：大工业电价包括基本电价、电度电价和功率因数调整电费三部分。

电度电价是指按用户用电度数计算的电价。

基本电价是指按用户用电容量计算的电价。基本电费可按变压器容量计算，也可按最大需量计算。

功率因数调整电费是根据用户功率因数水平的高低减收或增收的电费。

6．农业生产电价

应用范围：农村社队、国营农场、牧场、电力排灌站和垦殖场、学校、机关、部队及其他单位举办的农场或农业基地的农田排涝、灌溉、电犁、打井、大厂、脱粒、积肥、育秧、防汛临时照明用电和黑光灯捕虫用电。

其他规定：除上述各项农业生产用电外的农村其他电力用电，如农副产品加工、农机农具修理、炒茶和鱼塘的抽水、灌水等用电，均按非工业、普通工业电价计收电费。

7．贫困县农业排灌电价

8．其他电价，如趸售电价

四、销售电价管理暂行办法

（一）国家实行新的电价定价机制

2005年3月国家出台了上网电价、输配电价、销售电价的管理暂行办法，从2005年5月1日起执行。这标志着我国电价将实行新的定价机制。

（二）新销售电价的特点

销售电价是指电网经营企业对终端用户销售电能的价格。销售电价实行政府定价、统一政策分级管理。制定销售电价的原则是坚持公平负担，有效调节电力需求，兼顾公共政策目标，并建立与上网电价联动的机制。

（1）销售电价由购电成本、输配电损耗、输配电价及政府性基金四部分构成。

（2）销售电价分类改革的目标是：分为居民生活用电、农业生产用电、工商业及其他用电价格三类。

（3）销售电价分类根据用户承受能力逐步调整。先将非居民照明、非工业及普通工业、商业用电三大类合为一类；合并后销售电价成为五大类，即居民生活用电、大工业用电、农业生产用电、贫困县农业排灌用电、一般工商业及其他用电；大工业用电分类中只保留中小化肥一个子类。

（4）每类用户按电压等级定价。在同一电压等级中，条件具备的地区按用电负荷特性制定不同负荷率档次的价格，用户可根据其用电特性自行选择。

（三）新销售电价的计价方式

（1）居民生活、农业生产用电，实行单一制电度电价。工商业及其他用户中受电变压器容量在100kV·A或用电设备装接容量100kW及以上的用户，实行两部制电价。受电变压器容量或用电设备装接容量小于100kV·A的实行单一电度电价，条件具备的也可实行两部制电价。

（2）基本电价按变压器容量或按最大需量计费，由用户选择，但在一年之内保持不变。

（3）基本电价按最大需量计费的用户应和电网企业签订合同，按合同确定值计收基本电费，如果用户实际最大需量超过核定值5%，超过5%部分的基本电费加一倍收取。用户可根据用电需求情况，提前半个月申请变更下一个月的合同最大需量，电网企业不得拒绝变更，但用户申请变更合同最大需量的时间间隔不得少于6个月。

（4）实行两部制电价的用户，按国家有关规定同时实行功率因数调整电费办法。销售电价实行峰谷、丰枯和季节电价，具体时段划分及差价依照所在电网的市场供需情况和负荷特性确定。

（5）具备条件的地区，销售电价可实行高可靠性电价、可中断负荷电价、节假日电价、分档递增或递减电价等电价形式。

（四）新销售电价管理办法

（1）各级政府价格主管部门负责对销售电价的管理、监督。在输、配分开前，销售电价由国务院价格主管部门负责制定；在输、配分开后，销售电价由省级人民政府价格主管部门负责制定，跨省的报国务院价格主管部门审批。

（2）政府价格主管部门在制定和调整销售电价时，应充分听取电力监管部门、电力行业协会及有关市场主体的意见。

（3）居民生活用电销售电价的制定和调整，政府价格主管部门应进行听证。

（4）各级政府价格主管部门和电力监管部门按各自职责对销售电价进行监督和检查，价格主管部门对违反法律、法规和政策规定的行为依法进行处罚。

（5）上级电网经营企业对下级独立核算电网经营企业的趸售电价，以终端销售电价为基础，给予合理的折扣制定。折扣的价差由电网直供用户分摊。

（6）对农村用户的销售电价，已实行城乡用电同网同价的，按电网的终端销售电价执行；尚未实行城乡用电同网同价的，以电网的终端销售电价为基础，加上农村低压电网维护费制定。

第三节　抄　表

一、电能表及表示电量

（一）电能表容量的配置

电能表的额定电压是依据电网供电电压确定的，如：220V、380V、10kV 等。其额定电流则应按照用户用电负荷电流大小而配置。

例如：某照明用户的白炽灯合计容量为 220W，再考虑家用电器 880W 则应配置 5A 单相电能表。因为：$P=IU\cos\varphi$，其中 $\cos\varphi$ 取 1.0 时，则有

$$I=\frac{P}{U\times\cos\varphi}=\frac{220+880}{220\times1.0}=5\,(\mathrm{A})$$

（二）电能表倍率

对计量大电流的电能表，不能直接与电源相连。电能表的电流和电压线圈，要通过电流和电压互感器接入，它是将电流缩小了若干倍。这种计量方式使电能表本期抄得的读数与上期读数相减后的差数，还需乘以互感器的变比，才是用户本期的实际电量。电能表的倍率计算方法如下

$$\text{电能表倍率}=\frac{\text{齿轮常数}\times\text{电压互感器变比}\times\text{电流互感器变比}}{\text{电能表传递数}}$$

式中　齿轮常数——记数器最小位或最右位字轮每旋转一周，铭牌转盘转多少周之比值；

电能表传递数——记数器每走 1kW·h，铭牌转盘转多少周。

一般高压三相电能表倍率的计算公式为

$$\text{倍率}=\text{电压比}\times\text{电流比}$$

例如：电压互感器变比为 35kV/100V，电流互感器变比为 40A/5A，则

$$\text{电能表倍率}=\frac{35000}{100}\times\frac{40}{5}=2800$$

（三）计量失准退补电量的计算

计量装置影响电量正确计算主要有以下几种原因：错接线、计度器故障、电能表失压和倍率错等。

由于计量失准，造成对用户多收或少收电量、电费，必须修正。一般以电能表试验报告的实际误差为修正电量的计算依据。

计算公式为

$$\text{应退、补电量}=\frac{\text{月抄见电量}\times(\pm\text{实际误差率}\%)}{1\pm\text{实际误差率}\%}\times\text{月份}$$

其中：误差率为正值应退电量，误差率为负值应补电量。

二、变压器损耗电量

（一）有功损失电量的计算

空载有功损失电量（kW·h）＝铁损（kW）×运行小时（h）

可变有功损失电量（kW·h）＝（利用率）^{2}×铜损（kW）×运行时间（h）

总有功损失电量（kW·h）＝空载有功损失电量＋可变有功损失电量

（二）无功损失电量的计算

空载无功损失电量（kvar·h）＝空载电流（%）×变压器容量（kV·A）×运行时间（h）

可变无功损失电量（kvar·h）＝（利用率）^{2}×阻抗电压（%）×变压器容量（kV·A）×（利用率）^{2}×运行时间（h）

总无功损失电量（kvar·h）＝空载无功损失电量＋可变无功损失电量

（三）变压器利用率的计算

$$月变压器利用率=\frac{月用电量（kW·h）}{变压器容量（kV·A）×功率因数×720}$$

【例 5-1】 某厂变压器容量为 7500kV·A，35kV 受电，变压器利用率为 0.4，短路损耗为 75kW，空载损耗为 24kW，空载电流为 3.5%，阻抗电压为 7.5%，二次侧计量。求有功、无功全月损失电量。

解：

（1）用功损失电量：

空载有功损失电量＝24×720＝17280（kW·h/月）

可变有功损失电量＝0.4×75×720＝8640（kW·h/月）

总有功损失电量＝17280＋8640＝25920（kW·h/月）

（2）无功损失电量：

空载无功损失电量＝0.035×7500×720＝189000（kvar·h/月）

可变无功损失电量＝0.4×0.075×7500×720＝64800（kvar·h/月）

总无功损失电量＝189000＋64800＝253800（kvar·h/月）

在实际工作中，有功损耗一般加一固定值，无功损耗是否加计由各供电所自行确定。

三、抄表制度与抄表方式

（一）抄表

抄表是将用户计费电能表指示电量据实抄录的过程。是供电所核算用户电量、收取电费、统计线损、统计行业分类电量、分析用户用电情况及考核的重要依据，也是进行用电检查的重要环节。由于用户多，用电情况复杂并且经常变化，一定要采取切实可行的措施，提高抄表核算的工作效率和质量，按照“定人、定时、定点、定路线”进行抄表，做到“抄必到位，抄录正确”。

（二）抄表制度

(1) 认真整理抄表卡片，详细检查用户更换电能表、互感器情况，以备现场核对。

(2) 外出抄表前，要认真检查抄表工具，交通用具是否齐全适用，有关证件是否带齐。

(3) 抄表卡应用钢笔书写，各项数据应填写整齐，字迹端正清楚，不得随意涂改。

（三）抄表周期

抄表周期一般为每月一次，有的供电所对农村用户每两月抄一次表。抄表日期在一个周期内均衡安排，顺序进行，要在规定的日期内对用户电能表进行实抄，实抄率要达到100%。

（四）抄表方式

抄表方式主要有远程抄表、集中抄表、抄表器抄表、人工抄表等。目前，一些供电所的抄表方式主要还是依赖人工走抄。要大力推广先进的技术手段。

第四节　电费核算与开票

一、电费核算的主要内容

电费核算是电费管理的中枢。电费是否按照规定及时准确地收回，账务是否清楚，统计数字是否准确，关键在于电费核算质量。

(1) 根据抄表员（电工）交回的电费卡片，按照抄表工作手册的有关记录，首先核对卡片户数，确认其户数必须与电费卡片户数明细表相符。

(2) 对电费卡片逐户审核其实用电量、倍率、单价、金额；子母关系；加减变压器损耗电量；光力比分算电量、基本电费、电量电费、功率因数调整电费、加价电量及电费、代收电费等是否正确，有无遗漏等。

(3) 一旦发现抄表差错，除应立即改正电费卡片及核算单外，还应及时通知有关人员当日或次日处理。

(4) 由于电能表发生故障或其他原因，应进行追补电量、电费的核算。

二、电费开票要求

(1) 加强电费的票据管理，所有电费票据由县及县以上供电企业统一印制，并严格领用和使用手续。

(2) 电费票据要反映出电能表起止码、电量、电价和各种电费等内容。

(3) 全面推广计算机开票到户，提高工作效率。

三、电费汇总

电费核算完成后，应进行汇总。汇总的主要内容有：

(1) 每月按分册的电费核算单，逐项审核并汇总出总核算单。

(2) 全部电力用户电费卡片审核完毕后，按不同用电类别统计做出应收电费核算凭单。

(3) 当天的全部核算必须在抄表次日完成，每日的电费核算单应于次日转交综合统计人员。

(4) 核算人员应在每月月末计算出实抄率、差错率、电费回收率等有关指标。

$$电能表实抄率=\frac{实抄户数}{应抄户数}\times100\%$$

$$电能表差错率=\frac{差错户数}{实抄总户数}\times100\%$$

$$电能表电费回收率=\frac{实收电费}{应收电费}\times100\%$$

第五节 电费回收与电费分析

一、电费回收与电费差错管理

(一) 供电所回收电费的方式

按期回收电费是电力企业经营成果的货币表现，是电力企业的一项重要经济指标，为电力企业上缴税金和提供资金。从而保证国家的财政收入，还可为维持电力企业再生产过程中补偿生产资料耗费资金，以促进电力企业的安全生产不断进行，更好地完成发、供电任务，满足国民经济发展和人民生活对电能的需要。

供电所可采取电工坐收、走收、委托银行代收、电费储蓄、委托银行代收等方式收取当月电费。

(二) 电费违约金与欠费管理

1. 电费违约金

电费违约金是对不按规定交费期限而逾期交付电费的用户所加收的

款项，也可以说是逾期罚款。

所谓逾期是指超过营业部门规定用户应交付电费的期限的日期。用户交费的期限一般为抄表次日起10天之内。如果用户逾期交费，那么，每日按照电费总数的1‰～3‰加收违约金。

1）居民客户每日按欠费的1‰计算；

2）其他客户当年欠费，每日按欠费总额的2‰计算，跨年度欠费，每日按欠费总额的3‰计算。

2. 欠费管理

欠费是指用户应交而未交的电费。用户欠交电费，实际上是占用电力企业的货币资金，同时也挤占了国家的财政收入，因此，各供电所应把电费回收当作主要工作来抓，对欠费户应抓紧催交，加强管理，并采取一些必要的措施。如：

(1) 加强宣传《中华人民共和国电力法》、《电力供应与使用条例》、《供电营业规则》等法律、法规的力度。

(2) 加强对用户电力商品意识的宣传。

(3) 多向地方政府、经济管理部门汇报，取得政府的理解和支持。

(4) 与用电计划、负控相结合。

(5) 与业扩报装相结合。

(6) 采取停、限电措施。采取该项措施时一定要慎重，做到有利、有据、有度，不能因停电给用户造成重大损失。《供电营业规则》第67条规定；给用户停电，应在停电前3～7天将“停电通知书”送到用户，在停电前30min，再通知用户一次，所以，停电必须按法律规定的程序办理。

加强欠费管理应做好欠费用户的统计分析工作，弄清欠费的原因、金额、对目录电价、电建基金、三峡基金、地方附加费应分别统计，掌握用户资金情况、还款计划，做到心中有数、对症下药。

(三) 电费差错管理

(1) 差错分类。一般可分为：质量差错造成多计或少计电量万千瓦时以上、多收或少收电费千元以上者；丢失电费卡片、单据和工作赁证者；漏报电费应收和漏立电费账卡者；违反财经纪律及无故不到位抄表者，均为重大差错。

(2) 差错统计：凡是个人出手以后经别人复审发现的差错，都要加以统计，做好原始记录，作为计算差错次数，分析差错类别的依据。

(3) 差错分析报告：定期召开质量差错分析会，对重大差错，应认真追查，严肃对待。

二、电费的统计

（一）电费的统计方法

电费的统计实际上是分组与归纳，是指每页表卡按照用户在国民经济中的行业性质或用电性质，正确地划分类型，将各项统计指标汇总出来。

统计的方法有两种：一是国民经济行业用电分类统计，这种方法是将复杂多样的社会用电现象分为物质生产与非物质生产用电，如农业、轻工业和重工业，以及第一产业、第二产业、第三产业等。二是按用电类别统计，这种方法是将各种用电按不同电价类别分类汇总，如大工业、非普工业、农业、居民、非居民、商业、贫困县农排和趸售用电等。

在统计工作中常用的统计综合指标有总量指标（或称绝对数）、相对数和平均数。

（二）总量指标

总量指标是一定的销售电量与销售收入的具体表现，而不是抽象的数字。计量单位有实物单位，如：千瓦时、用户户数、千瓦等；还有货币单位，如：元、千元等。总量指标是原始的、基本的，总量指标是相对数和平均数的基础，没有总量指标就不可能计算相对数和平均数。

（三）相对数

相对数就是两个指标之比。它是综合和分析统计资料的重要数据。电能销售统计不只是以计算绝对数为限，相对数的作用在于能够帮助供电所通过销售电量和销售收入等统计资料的数字对各行业的用电现象给予比较更为明显的说明，使各行业的用电在其相互的数量差余中说明大量现象和过程的本质。

由于相对数是两个指标的对比关系，所以这两个指标必须有可比性。

例： 售电计划完成率＝实际售电量/计划售电量×100

（四）平均数

平均数就是按某一数量指标说明同质总体在一定历史条件下的典型特征的综合指标。利用平均数可以比较总体或分组在不同时间上的典型水平，可以说明大量现象及其发展趋势。

例如：售电平均单价、平均负荷等。

电费统计是电费管理的基础工作，应客观的实事求是地反映电力企业经营成果，应保证它的真实性与准确性。

三、电费分析

每月要定期对当月抄表收费情况进行分析，发现问题及时解决。加强内部考核，严格控制电费电价差错率。分析的种类主要有：

（1）全面分析：对应有的户数，售电量、平均电价、电费收取等情况进行分析。

（2）典型分析：对某一行业、某一用户的电量、电价、电费及其构成进行分析。

（3）专题分析：对一个问题进行深入的分析，如售电量、电价、电费及一些带有普遍性的问题。

四、电费与电价分析

（一）电费与电价分析的意义

电费与电价的分析是供电所经济活动的重要内容，通过电费与电价的分析可以使我们获得如下好处：

（1）掌握农村各行业用电的基本情况，分析用电结构及升、降幅度的变化规律，搞好基础资料，为国家制定电价政策提供依据。

（2）检验电价及电价制度的这个价格杠杆作用的实际经济效果，如峰谷电价对促进移峰填谷的效果。

（3）改善供电企业的经营管理，提高企业经济效益。

（4）可以帮助用户充分利用电价的经济杠杆作用，降低生产成本，提高社会经济效益。

（二）电费与电价的分析方法

电费与电价的分析工作，必须以大量的资料为基础，搜集的资料应力求达到既有局部，又有整体；即有一般，也有典型；既有历史，也有现实；既有统计数据，也有文字说明；既有直接资料，又有相关资料。

常用的分析方法有：

（1）比较法。即将两个计算期的时期进行比较，找出差异。如本期售电量—同期售电量。

（2）比例法。将两个计算期的数据进行比较，找出增减幅度变化的一种计算方法。如售电量、收入增长率。

（3）比重法。计算某一指标占总电量指标多少的一种计算方法。如大工业售电量占售电量百分比。

(4) 因素分析法。是用来计算几个相互联系的因素，对综合经济指标影响程度的一种方法。

第六节 日常营业工作

一、减容暂停暂换业务工作流程与办理规定

(一) 减容

减容是“减少合同约定的用电容量”这一业务术语的简称。是指用电户在正式用电后，由于生产经营情况发生变化，考虑到原用电容量过大，不能全部利用，为了减少本企业基本电费的支出或节能的需要，提出减少供用电合同中规定的用电容量的一种变更用电事宜。

减容业务办理规定如下：

(1) 减容必须是整台或整组变压器的停止或将原来的大容量变压器更换为小容量变压器用电，但台数不变。

(2) 用电户申请减容，须在5天前向供电企业提出申请。供电企业在受理之后，根据用电户申请减容的日期对设备进行加封。从加封之日起，按原计费方式减收其相应容量的基本电费。但用电户声明为永久性减容的或从加封之日起期满2年又不办理恢复用电手续的，或其减容后的容量已达不到实施两部制电价规定容量标准时，应改为单一制电价计费。

(3) 减少用电容量的期限，应根据用电户所提出的申请确定，但最短期限不得少于6个月，最长时限不得超过2年。暂时在2年保留期限内用户小容量变压器暂时替换大容量变压器的也称为暂减容。在2年保留期内用户整台整组变压器暂时办理减容的也称为暂一撤。

(4) 在减容期限内，供电企业保留用电户减少容量的使用权。保留电权的减容手续是一次性的，但第一次减容后没办复用手续，可办第二次减容。在办理减容手续不足2年提前恢复用电，要追收过去的全部基本电费，但以后还可以再办减容手续。超过减容期限要求恢复用电时，应按新装或增容手续办理。

(5) 减容期满后的用电户以及新装、增容的用电户，2年内不得申办减容或暂停。如需继续办理减容或暂停的，减少或暂停部分容量的基本电费应按50%计算收取。

(6) 减容前执行两部制电价的用电户，减容期间仍执行两部制电价。

(7) 减容期限内要求恢复用电时，应在 5 天前向供电企业申请办理恢复用电手续，基本电费从启封之日起计收。

(8) 动力用户用电容量减少后，原电流互感器变比过大的，应同时办理更换电流互感器手续。

(9) 大工业用户减容后，应注意是否涉及用电类别和电价变动。

（二）暂停

暂停是“暂时停止全部或部分受电设备”这一业务术语的简称。是指用电户在正式用电以后，由于生产、经营情况发生变化，需要临时变更或设备检修或季节性用电等原因，需要短时间内停止使用一部分或全部用电设备容量的一种变更用电业务。

这类暂停是便于大工业用户加强经济管理提高经济效益的，办理暂停用电手续可以少付基本电费；自备变压器的季节性用户，暂停可以减少变压器损失电量。

暂停业务又可以分为一暂停和全暂停两类。由于用电设备检修，生产任务临时减产或季节性用电，需要暂时停止一部分用电设备称为一暂停，停止全部用电设备称为全暂停。

暂停业务办理规定如下：

(1) 用电户申请暂停用电，须在 5 天前向供电企业提出申请。

(2) 用电户在一个日历年内可申请全部（含不通过受电变压器的高压电动机）或部分用电容量暂时停止两次，每次不得少于 15 天，一年累计暂停时间不得超过 6 个月。季节性用电或国家另有规定的用电户，累计暂停时间可以另议。

(3) 按变压器容量计收基本电费的用电户，暂停用电必须是整台整组变压器停止运行。供电企业在受理暂停申请后，根据用电户申请暂停的日期对暂停设备加封。从加封之日起，按原计费方式减收其相应容量的基本电费。

(4) 季节性负荷用户的暂停，不受一年不准超过 6 个月的限制，暂停后应允许用户接用一台小容量的变压器，维持取暖动力和照明用电。

(5) 用户必须提前办理申请暂停手续，经供电部门有关人员检查后，停下用电设备，开始计算暂停日期。不准先停设备后补办手续，否则这样的暂停，一律按检查后的日期起算。

（6）暂停不足15天时，不办暂停，基本电费照收。如暂停的用户不到期就提前复用，暂停时间不足15天者也不算暂停。

（7）年末前的暂停，跨年度时第二年也按一次暂停计算。

（8）暂停期满或一个日历年内累计暂停用电时间超过6个月者，不论用电户是否申请恢复用电，供电企业须从期满之日起按合同约定容量计收基本电费。为此，用电登记书和电费账的记事栏内应标明暂停的具体起止日期。暂停期满后漏收基本电费时，由核算员负责。

（9）暂停后，变压器容量虽不足315kV·A，仍按两部制电价计收基本电费。

（10）在暂停恢复期限内，用电户申请恢复暂停用电容量时，须在预定恢复日前5天向供电企业提出申请。

（11）按最大需量计收基本电费的用电户，申请暂停用电必须是全部容量（含不通过受电变压器的高压电动机）。

（12）受理暂停时，注意向用户交代清楚有关规定，防止办暂停手续后私自用电或者暂停期满前急于恢复生产不办手续就提前用电，这类情况一经查出即按违约用电处理。

（13）连续6个月不用电也不办理暂停手续的，即予销户。

（三）暂换

暂换是“暂时更换大容量变压器”这一业务术语的简称。它是指用电户的运行中的变压器发生故障或计划检修时，用电户无相同容量的变压器可以替代，而需要更换大容量变压器代替运行的业务。

暂换业务办理规定如下：

（1）必须在原受电地点内整台的暂换受电变压器。

（2）暂换变压器的使用时间，10kV及以下的不得超过2个月，35kV及以上的不得超过3个月。逾期不办理手续的，供电企业可终止供电。

（3）暂换的变压器经检验合格后才能投入运行。

（4）对执行两部制电价的用电户需在暂换之日起，按替换后的变压器容量计收基本电费。

（四）减容、暂停、暂换业务工作流程

减容、暂停、暂换业务工作流程，如图5-1所示。

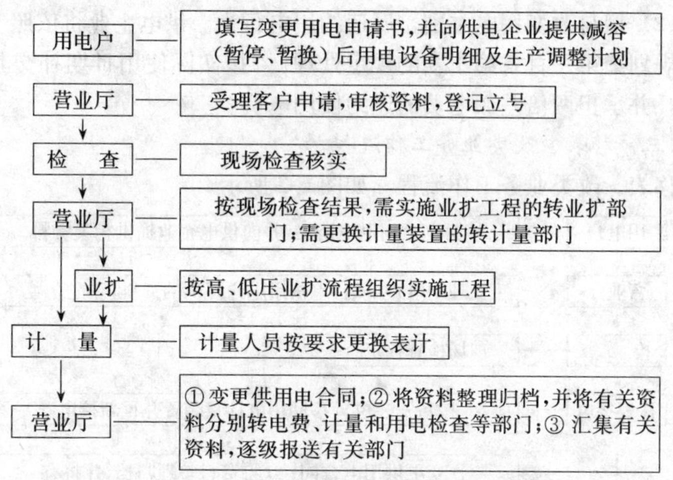

图 5-1　减容、暂停、暂换业务工作流程

二、移表改类业务工作流程与办理规定

（一）移表

“移表”是“移动用电计量装置安装位置”这一业务术语的简称。它是指用电户在原用电地址内因修缮房屋、变（配）电室改造或其他原因，需要移动用电计量装置位置的业务。

移表业务办理规定如下：

（1）用电户移表须向供电企业提出申请。在用电地址、用电容量、用电类别、供电点等不变的情况下，可办理移表手续。

（2）移表所需的费用由用电户负担。

（3）用电户不论何种原因，均不得自行移动用电计量装置，否则，属于违约用电行为。供电企业将会依照《供电营业规则》第一百条第 5 款的规定处理：“私自迁移供电企业的用电计量装置者，属于居民用户的，应承担每次 500 元的违约使用电费；属于其他用电户的，应承担每次 5000 元的违约使用电费。”

（二）改类

“改类”是“改变用电类别”这一业务术语的简称。它指用电户在正式用电后，由于生产、经营情况及电力用途发生变化而引起用电电价类别的改变业务。

改类业务办理规定如下：

（1）用电户欲改变用电类别，须向供电企业提出申请。

（2）擅自改变用电类别，属违约用电行为。供电企业将依照《供电营业规划》第一百条第1款的规定处理：“按实际使用日期补交其差额电费，并承担两倍差额电费的违约使用电费。”

（三）移表、改类业务工作流程

移表、改类业务工作流程，如图5-2所示。

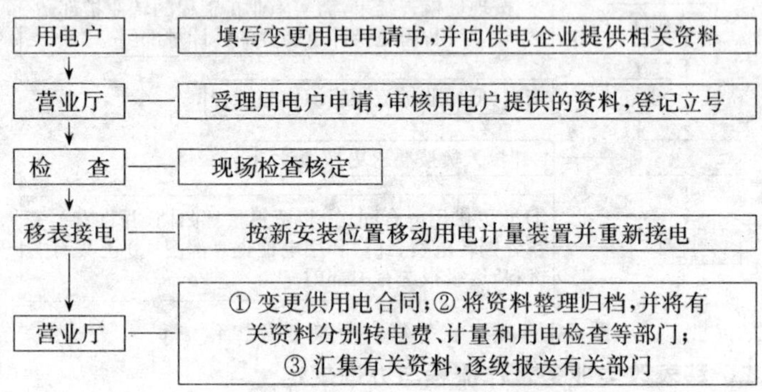

图5-2　移表、改类业务工作流程

三、过户分户并户和销户业务工作流程与办理规定

（一）过户

“过户”是“改变用电户名称”这一业务术语的简称,也称为“更名”。它是指用电户依法变更名称或居民用电户房屋变更户主名称的业务。分以下两种情况:一是原户不变而是依法变更企业、单位名称的,称更名;二是原户迁出,新户迁入,改变了用电单位或用电代表的,叫过户。

过户（更名）业务工作流程，如图5-3所示。

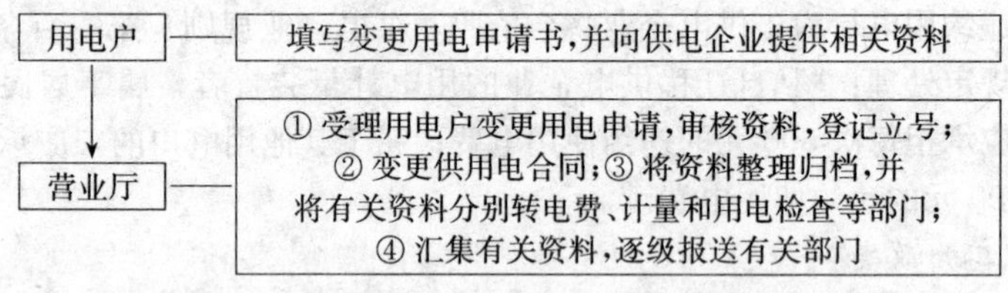

图5-3　过户（更名）业务工作流程

过户（更名）业务办理规定如下：

（1）用电户应持有关证明向供电企业提出申请。

（2）在用电地址、用电容量、用电类别不变的条件下，允许办理过户或更名。

(3) 原用电户必须与供电企业结清债务后才能解除原供用电关系。

(4) 不申请办理过户（更名）手续而私自过户（更名）者，新用电户应承担原用电户的所负债务。

(5) 经供电企业检查发现用电户私自过户（更名）时，供电企业应通知该户及时补办手续，必要时可中止供电。

（二）分户和并户

1. 分户

分户是指用电户由于生产、经营或改制等方面的原因，由一个计费用电户分裂为两个及以上的计费用电户的业务。

分户业务办理规定如下：

(1) 用电户申请分户，应持有关证明资料向供电企业提出申请。

(2) 在用电地址、供电点、用电容量不变的条件下，且受电装置具备分装条件时允许办理分户。

(3) 分户的办理手续须在原用电户与供电企业结清债务的情况下才能进行。

(4) 原用电户的用电容量由分户者自行协商分割，分割后需要增容者，由分户自行向供电企业办理增容手续。

(5) 分户引起的工程费用由分户者承担。

(6) 分裂以后的新用电户应与供电企业重新建立供用电关系，签订供用电合同。

(7) 分户后受电装置应经供电企业检验合格，由供电企业分别装表接电重新开始计费。

2. 并户

并户是指用电户在用电过程中，由于生产、经营或改制方面的原因，由两个及以上电力计费用电户合并为一个电力计费用电户的业务。

并户业务办理规定如下：

(1) 用电户申请并户，所有欲并用电户应持有关证明资料向供电企业提出申请。

(2) 同一供电点、同一用电地址的相邻两个及以上用电户允许办理并户。

(3) 原用电户应在并户前向供电企业结清债务。

(4) 新用电户用电容量不得超过并户前各户容量之和。

(5) 并户引起的工程费用由并户者负担。

(6) 并户的受电装置应经检验合格，由供电企业重新装表接电计费。

3. 分户、并户业务工作流程

分户、并户业务工作流程，如图5-4所示。

(三) 销户

销户是“终止用电”这一业务术语的简称。它是指用电户由于合同到期而终止供电、企业破产而终止供电、供电企业强制制止用电户用电的业务，这项业务的实质是供用电双方的供用电关系解除了。

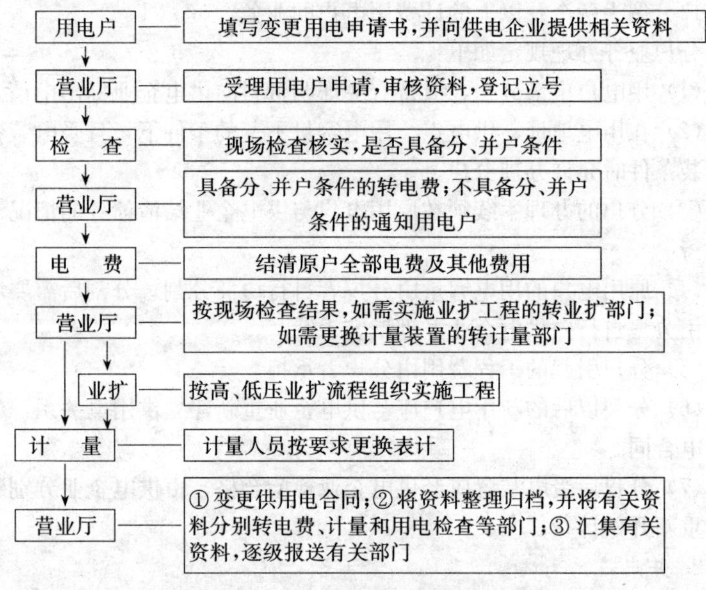

图5-4　分户、并户业务工作流程

1. 用电户合同到期终止供电业务办理规定

(1) 销户必须停止全部用电容量的使用。

(2) 用电户与供电企业结清电费和所有账务。

(3) 查验用电计量装置完好性后，拆除接户线和用电计量装置。

2. 用电户依法破产终止供电业务办理规定

(1) 供电企业予以销户，终止供电。

(2) 在破产用电户原址上用电的，按新装用电办理。

(3) 从破产用电户分离出去的新用电户，必须在偿清原破产用电户电费和其他债务后方可办理变更用电手续，否则，供电企业可按违约用电处理。

3. 供电企业强制终止用电户用电办理规定

当用电户连续 6 个月不用电，也不申请办理暂停用电手续，供电企业须以销户方式终止其用电。如该用电户需再用电时，一切均按新装用电户办理。

4. 销户业务工作流程

销户业务工作流程，如图 5-5 所示。

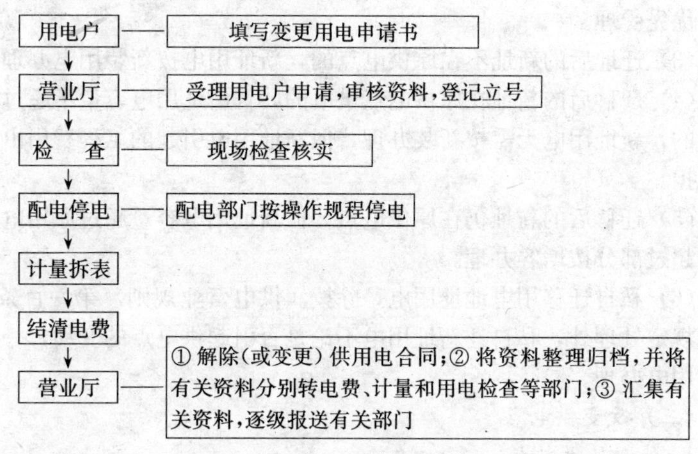

图 5-5　销户业务工作流程

四、改压迁址改变供电点业务办理规定

（一）改压

用电户正式用电后，由于用电户原因需要在原址改变供电电压等级的一种变更用电事宜的业务称为改压。

改压业务办理规定如下：

（1）用电户申请改压，应向供电企业提出申请。

（2）改高等级电压供电且容量不变者，由用电户提供改造费用，供电企业予以办理；超过原容量者，按增容办理。

（3）改低等级电压供电时，改压后的容量不大于原容量者，由用电户提供改造费用，供电企业按相关规定办理；超过原容量者，按增容办理。

（4）由于供电企业原因引起的用电户供电电压等级变化的，改压引起的用电户外部供电工程费用由供电企业负担。

（二）迁址

迁址是“迁移受电装置用电地址”这一业务术语的简称。是指用电户正式用电后，由于生产、经营原因或市政规划，需将原用电的受电装置迁移他处的一种变更用电业务。

迁址业务办理规定如下：

（1）用电户申请迁移受电装置用电地址时，须在5天前向供电企业提出申请。

（2）用电户原址按终止用电办理，供电企业予以销户，用电户新址用电优先受理。

（3）迁址后的新址不在原供电点的，新址用电按新装用电办理。

（4）迁移后的新址在原供电点供电的，且新址用电容量不超过原址容量的，新址用电无需按新装办理，但新址用电引起的工程费用由用电户承担。

（5）迁移后的新址仍在原供电点，但新址用电容量超过原用电容量的，超过部分按增容办理。

（6）私自迁移用电地址用电，除按《供电营业规则》第一百条第5款的规定处理外，私自迁新址用电不论是否引起供电点的变动，一律按新装用电办理。

（三）改变供电点

1. 什么是供电点

供电点是指用电户受电装置接入供电网的位置，即受电电压同级的供电线路或该线路供电的变（配）电所和直供的发电厂。对于公用线路供电的高压用电户，受电电压同级的供电线路就是该用电户的供电点；对于专线供电的用电户，专用线供电的变电所就是该专线用电户的供电点；对于低压供电的用电户，低压供电的配电变压器就是该用电户的供电点。

2. 改变供电点业务办理规定

用电户申请改变供电点或迁移用电地址时引起供电点的改变，供电企业依据《供电营业规则》的规定及业扩报装工作有关程序办理，按新装用电户对待。

五、其他变更用电业务办理规定

（一）暂拆

暂拆是“暂时停止用电并拆表”这一业务术语的简称。它是指用电户因修缮房屋或其他原因需要暂时停止用电并将电能表拆走的业务。

暂拆业务办理规定如下：

(1) 用电户申请暂拆，须持有关证明向供电企业提出申请。

(2) 用电户办理暂拆手续后，供电企业应在5天内执行暂拆。

(3) 暂拆时间最长不得超过6个月。暂拆期间，供电企业保留该用电户原容量的使用权。

(4) 暂拆原因消除，用电户要求复装接电时，须向供电企业办理复装接电手续并按规定交付费用。上述手续完成后，供电企业应在5天内为该用电户复装接电。

(5) 超过暂拆规定时间要求复装接电者，按新装手续办理。

(二) 部分撤销

部分撤销是“部分撤销用电容量”这一业务术语的简称。它是指用电户因某种原因在原用电地址停止部分用电设备的报装容量的业务。

部分撤销业务办理规定如下：

(1) 用电户办理部分撤销的报装容量不再予以保留。

(2) 撤销的这部分容量如符合迁移用电地址的规定，可迁移到新的用电地址。

(三) 调整光力比

调整光力比是“调整用电类别比例或不同用电类别改表计费”这一业务术语的简称。用电户在总的用电计量装置内，按其不同电价类别的用电设备容量的比例或定量进行分算，分别计价，称为用电户的用电类别比例。调整光力比系指供电企业根据用电户原不同用电类别的受电设备容量或用电户在原报装容量内新增用电类别的受电设备容量，对原用电类别比例或定量作相应的调整或改用装表形式计费的业务。

调整光力比业务的办理规定是：供电企业每年至少对上述比例或定量核定一次，用电户不得拒绝。

第七节 业 务 扩 充

一、业务扩充的受理

业务扩充又称业扩报装，是我国电力企业在用电营销工作中的一个业务术语，它的主要含义是：受理客户用电申请，根据电网实际情况，办理供电与用电不断扩充的有关业务工作，以满足客户用电的需求。

为了满足市场对电力的需求，电力企业必须不断地新建、扩建发电、输变电和配电等电力设施，不断扩大供电范围提高供电能力，使发、供电能力与市场需求相适应，并控制一个适当的超前系数。为了维持电力的简单再生产，对新装、增容的客户，需按国家规定标准收取供电工程贴费，以维持供用电业务不断扩充的良性循环的局面。

（一）用电申请

客户需新装用电或增加用电容量、变更用电、都必须事先到供电企业用电营业场所提出申请，办理用电手续。供电企业的用电营业机构统一归口办理客户的用电申请和报装接电工作。

客户办理用电申请时，应向供电企业提供用电工程项目批准的文件和有关的用电资料，包括用电地点、电力用途、用电性质、用电设备清单、用电负荷、保安负荷，用电规划等。

经营业机构审核，确认客户申请已符合详实完备的要求后，向客户发放正式用电申请书，由客户依照供电企业规定的格式如实填写，正式办事所需手续。

（二）用电申请书的内容与格式

（1）照明客户用电申请书的主要内容包括：①户名：指电费缴付者；②地址：指装表地址；③联系人与电话号码；④事由摘要：指新装、增容或变更；⑤身份证号码和发证机关；⑥缴费方式：指银行代收还是其他方式缴付电费；⑦书面申请：指申请用电容量、承诺负责保管供电企业配装的计费电能表和按照约定方式按时缴纳电费等；⑧身份证复印件。照明客户用电申请书格式如表 5-1 所示。

（2）动力客户用电申请书的主要内容包括：①户名，指电费缴付者；②地址，指装表地址；③联系人和电话号码；④开户银行与银行账号；⑤申请原因（简述）；⑥单位性质，指企业、事业、机关团体等；⑦所属行业，指工业、商业、宾馆、餐饮、服务、娱乐等；⑧生产班次，指一班制、两班制、三班制；⑨用电性质及要求；⑩预计需要最高负荷；⑪选择申请条件，指原有容量、新装容量、增加容量、减少容量、合计容量；⑫缴纳电费方式，指银行代收、银行托收、还是其他缴纳方式；⑬营业执照名称号码或个人身份证号码；⑭新建（扩建）项目批准文号；⑮申请单位盖章，法人代表签章；⑯主管部门意见，法人代表签章；⑰用电设备容量清单：指设备名称、台数、容量。

表 5-1　　照明客户用电申请书

申请日期：________年________月________日

<table>
<tr><td>户名</td><td></td><td>地址</td><td></td><td>联系人
电话</td><td></td></tr>
<tr><td>事由摘要</td><td colspan="5"></td></tr>
<tr><td colspan="3">客户总户号（此处由供电企业工作人员填写）</td><td colspan="3"></td></tr>
<tr><td>身份证号</td><td colspan="2">□□□□□□□□□□□□□□□□□□</td><td>发证机关</td><td colspan="2"></td></tr>
<tr><td>缴费方式</td><td colspan="5">请选择你的缴费方式（请在方框里打√）
1.□工商银行代收
2.□农业银行代收
3.□建行龙卡代收
4.□其他缴费方式</td></tr>
<tr><td>身份证复印件粘贴处</td><td colspan="5"></td></tr>
</table>

注　1. 申请客户请填写户主的身份证号码。

2. 发证机关填写住户所在的派出所。

（三）供电可行性审查论证

（1）用电申请必要性审查。客户申请用电是电力法赋予的一项权利。为了对客户负责，应综合客户申请原因，提出的负荷计算，对原供电容量的使用情况等进行论证，测算在原有容量中通过其内部挖潜改造，有多少可利用的富余容量，对其不足部分需新增多少容量。

（2）双电源供电必要性审查。双电源是指两个独立的电源。客户是否需要双电源，主要取决于用电性质是否需要及电网供电条件是否可能。对于可用可不用的一般不用，对于非用不可且电网供电又有条件的，应当支持客户双电源用电申请。

(3) 供电可能性审查。客户新建受电工程项目在立项阶段，事先应与供电企业联系，就工程供电的可能性，用电容量和供电条件等达成意向性协议，方可审批、确定项目。未履行上述手续的，供电企业有权拒绝受理其用电申请。

(4) 供电合理性审查。根据国家的能源政策和环境保护的有关规定，审查客户能源使用是否合理，客户在设备选型配套中，是否采用用电单耗小、效率高的设备和国家推广的新技术、新工艺。对受电变压器容量在 100kV·A 及以上者，应进行无功补偿。根据客户的用电性质和用电容量，审查变压器申请容量是否合理。批准变压器申请容量后，要进一步论证供电电压和供电线路回路数，论证是新建变电所还是从现在已有变电所中出线，是采用架空线路供电还是采用电力地埋电缆供电等。上述问题既是供电合理性审查的主要内容，又是确定供电方案中所要解决的问题。

二、业务扩充工作流程

(一) 一口对外、内转外不转

业扩工作流程是指供电企业受理客户新装或增容等业扩报装工作的内部传递程序。制订流程的原则是为客户提供快捷便利的服务。流程的具体运作是由供电企业营业窗口——供电营业厅“一口对外”完成的。所谓“一口对外”是把营业窗口建设成客户服务中心，服务中心的运作遵循内转外不转的原则，即企业内部传递的所有程序均由服务中心牵头办理，而客户只要进营业厅一个门，找一个人，交一次费，就能在规定期限内办完一次业扩报装申请。

(二) 低压供电（无线路工程）业扩工作流程

低压供电是指受电电压不满 1kV 的小动力、居民生活用电、商业和其他照明用电。低压供电（无线路工程）业扩工作流程图，如图 5-6 所示。

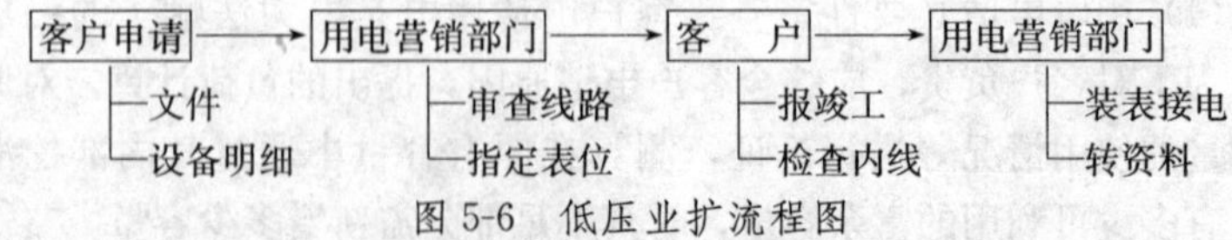

图 5-6 低压业扩流程图

(三) 10kV 及以下供电有线路工程的业扩工作流程

10kV 及以下供电有线路工程的业扩工作流程，如图 5-7 所示。

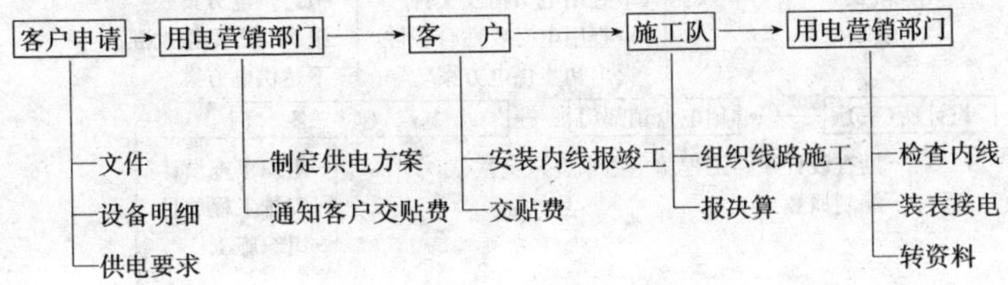

图 5-7　10kV 及以下供电（有线路）工程业扩流程图

（四）高压业扩流程

35kV 及以上供电，需要新建或扩建输变电工程，建成后产权归供电企业，如图 5-8 所示。

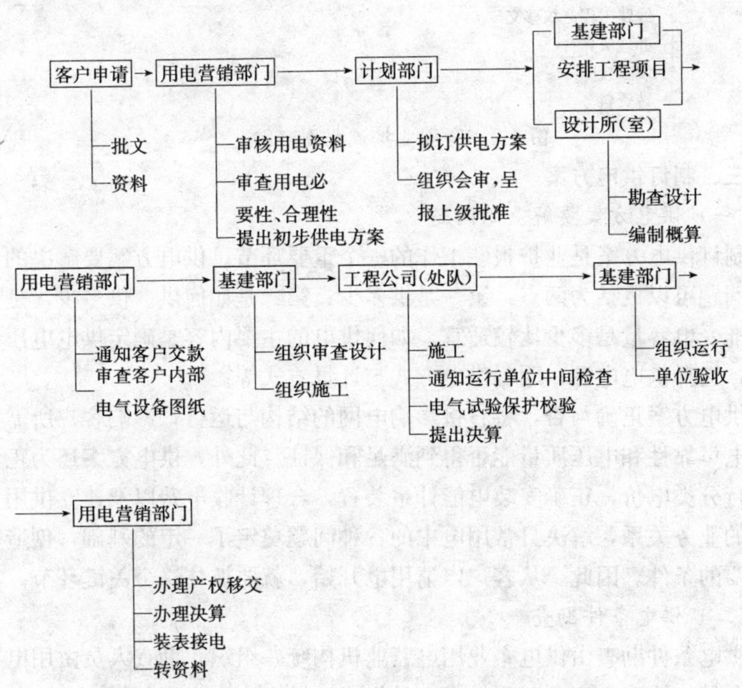

图 5-8　高压业扩流程图（1）

用电容量较大，需要新建 35kV 及以上输变电工程，建成后变电所产权属客户。高压业扩流程图（2）如图 5-9 所示。

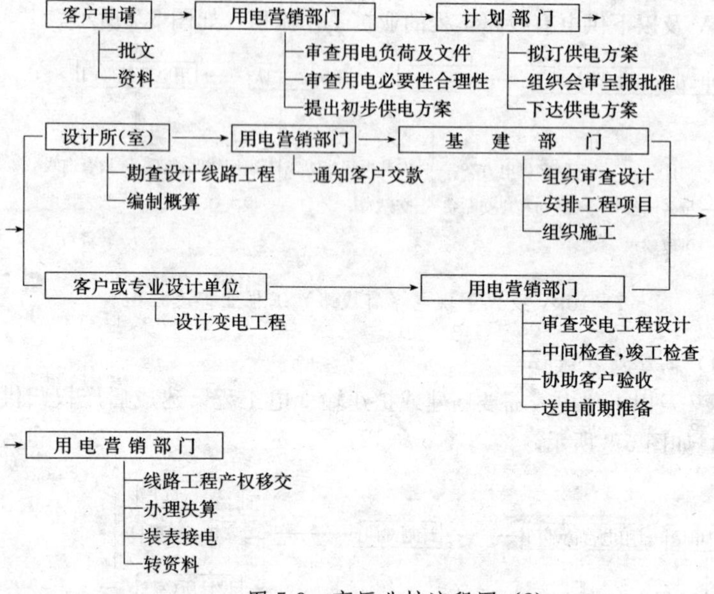

图 5-9 高压业扩流程图（2）

三、制订供电方案

（一）供电方案要解决的问题

制订供电方案是业扩报装工作的一个重要环节。供电方案要解决的主要问题可以概括为两点：第一是供多少；第二是如何供。供多少，是指批准受电容量是多少比较适宜。如何供电的主要内容是确定供电电压等级，选择供电电源，明确供电方式与计量方式等。

供电方案正确与否，将直接影响电网的结构与运行；影响客户所需的供电可靠性和电压质量能否得到满足和保证。此外，供电方案还为正确执行分类电价，正确安装电能计量装置，合理计收电费以及建立供用双方的业务关系，解决日常用电中的各种问题奠定了一定的基础，创造了必要的条件。因此，从客户申请用电开始，就要抓住这个关键环节。

（二）供电条件勘查

供电条件勘查由供电企业用电营业机构统一组织，勘查人员由用电检查人员、线路和变电工程技术人员组成。勘查内容主要包括：

（1）对客户用电申请，核查一般资料，包括户名、用电地址、联系人与联系电话、行业分类、项目批文、投资金额、用电类别等。

（2）核查用电现状及用电容量，包括电源性质、原装容量、新增容量、合计容量等。

（3）制订供审批的供电方案草案，主要包括受电点、用电范围、主接线方式、运行方式、变电所布置形式、双电源联锁装置、负荷等级、电源性质、批准容量、电压等级、计量方式、互感器变比、无功补偿、供电线路名称、受电变压器容量等。

（三）批准变压器容量

1. 审核计算负荷

在已知设备容量的前提下，采取需用系数法用下式求出计算负荷。

$$P=K_cP_e$$

式中 P——计算负荷，kW；

P_e——用电设备容量，kW；

K_c——需用系数（见表5-2）。

表5-2　各类工业企业的全厂需用系数及自然功率因数表（供参考）

工业分类		需用系数	自然功率因数
非金属加工		0.65～0.90	0.82～0.85
燃料加工	煤球制造	1.00	0.85
	煤气制造	0.45	0.78
	石油加工	0.30	0.56～0.80
钢铁冶炼	电炉炼钢	1.00	0.87
	平炉炼钢	0.60	0.77
	转炉炼钢	0.65	0.82
	轧钢	1.00	0.80
有色金属开采冶炼	铜冶炼	0.60～0.80	0.75～0.85
	铝加工	0.45～0.65	0.60～0.70
	铜加工	0.50～0.70	0.65～0.75
金属加工	机器制造	0.20～0.50	0.45～0.65
	旋转电机	0.40～0.60	0.60～0.90
	电力设备	0.30～0.60	0.75～0.95
	电线电缆	0.40～0.65	0.65～0.80
	金属制品	0.65～0.85	0.70～0.80
	船舶修造	0.40～0.60	0.60～0.80
化学加工	基本化学生产品	0.60～0.80	0.75～0.85
	染料及染煤	0.28～0.45	0.50～0.75
	化学制药	0.30～0.50	0.60～0.80
建筑材料及玻璃工业	水泥制造	0.70	0.70～0.85
	砖瓦	0.75～0.90	0.75～0.85
	玻璃	0.62	0.80

续表

工业分类	需用系数	自然功率因数	
纺织工业	织布	0.75～0.90	0.70～0.85
	棉纺	0.55～0.75	0.70～0.80
	染织漂整	0.40～0.65	0.60～0.80
	绢丝	0.50～0.70	0.60～0.80
	丝织	0.80	0.75
	毛织	0.40～0.60	0.65～0.80
	针织及其他	0.50～0.80	0.70～0.80
	麻织	0.60	0.75
造纸工业		0.60～0.90	0.70～0.85
食品工业	碾米	0.90～1.00	0.70～0.80
	面粉	0.70～1.00	0.80～1.00
	榨油	0.40～0.70	0.65～0.80
	冷藏	0.55～0.80	0.75～0.85
	烟草	0.43～0.63	0.70～0.80
其他工业	油脂及肥皂	0.45～0.55	0.70～0.80
	制革与木材	0.30～0.50	0.65～0.75
	木材	0.30～0.50	0.65～0.75
	胶板	0.30～0.35	0.60～0.65
	印刷出版	0.35～0.47	0.65～0.75

计算负荷求出后，根据无功补偿要求达到的功率因数，可分别求出相应的无功功率和视在功率。

$$Q=P\tan\varphi$$

$$S=P/\cos\varphi$$

式中 P——计算负荷，kW；

Q——与 P 相对应的无功功率，kW；

S——变压器的视在功率，kV·A；

$\cos\varphi$——规定的功率因数；

$\tan\varphi$——与 $\cos\varphi$ 相对应的正切函数值。

2. 批准变压器容量的原则

(1) 在满足近期电力需求的前提下，保留合理的备用容量，为未来发展留有余地。一般讲，备用容量不宜过大，否则变压器利用率低，客户设备投资和运行费用高（按国家规定，变压器容量在 315kV·A 及以上，每千伏安每月收取基本电费 18 元），电网无功损耗大功率因数低。

(2) 在确保变压器不超载及安全运行的前提下，同时考虑减少电网的无功损耗，一般选择计算负荷等于变压器额定容量的 70%～75%为宜，这个容量是比较安全经济的。

（3）对于用电季节性强、负荷分散性大的客户，既要考虑能满足旺季或高峰期用电的需要，又要防止用电淡季或低谷期变压器轻载、空载，无功损耗过大的问题。例如，对于农业排灌泵站和一些临时用电，可适当降低单台变压器容量，增加变压器台数，即采取小容量密布点的方式加以解决。

总之，批准变压器容量是一项重要而复杂的工作，一定要满足安全、经济、合理的总要求。

（四）确定供电电压

1. 供电电压等级标准

（1）低压供电电压：单相220V，三相380V。

（2）高压供电电压为：10、35（63）、110、220kV。

除发电厂直配电压可采用3kV或6kV外，其他等级的电压应逐步过渡到上列额定电压。客户需要的电压等级不在上列范围时，应自行采取变压措施解决。客户需要的电压等级在110kV以上时，其受电装置应作为终端变电所设计。

从我国目前供电情况看，220kV以上电压主要用于电力系统输送电能，但也有部分大型企业从220kV电网直接受电；35～110kV电压既可作输电用，也可作配电用，直接向大中型电力客户供电；10kV及以下电压只起配电作用。

（3）供电企业供电的额定频率为交流50Hz。

2. 供电电压的选择

供电企业对客户的供电电压，应从供用电的安全、经济、合理和便于管理等综合效益出发，依据国家的有关政策和规定、电网的规划、用电需求以及当地供电条件等因素，进行技术经济比较，与客户协商确定。

从理论上讲，在输送功率及距离一定的条件下，电压越高，则电流越小，电网的电压损失、功率损耗，电能损耗都相应减少。也就是说，提高电压就能提高输电能力。所以，对容量大，供电距离远的客户，应区别情况采取合适的高压供电，并应尽量将高压引入负荷中心。然而，电压越高，设备和相应的配套设施费用就越高。具体可按以下原则选择供电电压。

（1）客户单相用电设备总容量不足10kW的可采用低压220V供电。但有单台设备容量超过1kW的单相电焊机、换流设备时，客户必须采取有效的技术措施以消除对电能质量的影响，否则应改为其他方式供电。

（2）客户用电设备总容量在 100kW 及以下或需用变压器容量在 50kV·A 及以下者，可采用低压三相四线制供电，特殊情况也可采用高压供电。

用电负荷密度较高的地区，经过技术经济比较，采用低压供电的技术经济性明显高于高压供电时，低压供电的容量界限可适当提高。如江苏省规定：市区用电设备总容量在 250kW 或需用变压器容量在 160 kV·A及以下者，可以采用低压方式供电。

（3）对于用电设备总容量超过 250kW 或需用变压器容量超过 16 kV·A 的客户，一般采用 10kV 供电。

（4）对于大容量、远距离的大电力客户，根据需要与可能，可采用 35～220kV 供电。

（5）对于农村用电，应根据负荷大小和距离远近，采用 35～110kV 输电，10kV 配电。在灌溉用电较多的地区，10kV 级电压很难保证合格的电压质量，可采用 35kV 直接配电和 35kV 降压 10kV 配电两种联合供电的方式。

（五）特殊供电方式

（1）按照就近供电的原则，供电企业可以对距离发电厂较近的客户，采用发电厂直接配供电方式，但不得以发电厂的厂用电源或变电所的所用电源对客户供电。

（2）客户需要备用电源、保安电源时，供电企业应按其负荷重要性、用电容量和供电的可能性，与客户协商解决。

备用电源是指在供电设施部分发生故障或检修时，能使客户的部分或全部生产过程正常用电而设置的电源；保安电源是指正常电源故障情况下，为保证客户重要负荷仍能连续供电和不发生事故而设置的电源。

重要负荷，是指对中断供电后会产生下列后果之一者：

1）造成人身伤亡者。

2）造成环境严重污染者。

3）造成重要设备损坏，连续生产长期不能恢复者。

4）在政治上造成重大影响者。

客户重要负荷的保安电源，可由供电企业提供，也可由客户自备。遇有下列情况之一者，保安电源应由客户自备：

1）在电力系统瓦解或不可抗力造成供电中断时，仍需保证供电的。

2）客户自备电源比电力系统供给更为经济合理的。

(3) 对基建工地、农田水利、市政建设等非永久性用电，可供给临时电源。临时用电期限除经供电企业准许外，一般不得超过 6 个月，逾期不办理延期或永久性正式用电手续的，供电企业应中止供电。

使用临时用电的客户不得向外转供电，如需改为正式用电，应按新装用电办理。因抢险救灾需要紧急供电时，供电企业应迅速组织力量架设临时电源供电。其工程费用和电费，应由地方政府有关部门负责从救灾经费中拨付。

(4) 供电企业对客户一般不采用趸售方式供电，电网经营企业与趸购转售电单位应就趸购转售事宜签订供电合同，明确双方的权利和义务。趸购转售电单位需新装或增加趸购容量时，应按规定办理新装增容手续。

(5) 用电客户不得自行转供电。在公用供电设施尚未到达的地区，供电企业在征得该地区有供电能力的直供客户同意，可采用委托方式向其附近的客户转供电力，但不得委托重要的国防军工客户转供电。

委托转供电应遵守下列规定：

1) 供电企业与委托转供户（以下简称转供户）应就转供范围、转供容量、转供期限、转供费用、转供用电指标、计量方式、电费计算、转供设施建设、产权划分、运行维护、调度通信、违约责任等事项签订协议。

2) 转供区域内的客户（以下简称被转供户），视同供电企业的直供客户，与直供客户享有同样的用电权利，其一切用电事宜按直供户的规定办理。

3) 向被转供户供电的公用线路与变压器的损耗电量应由供电企业负担，不得推入被转供户用电量中。

4) 在计算转供户用电量，最大需量及功率因数调整电费时，应扣除被转供户，公用线路与变压器消耗的有功、无功电量。最大需量的具体折算办法，按供电营业规则第十四条第四款的规定执行。

(6) 为保障用电安全、便于管理，客户应将重要负荷与非重要负荷、生产用电与生活区用电分屏配电。

（六）答复客户

经现场勘查后，营业机构将勘查单按职责分工呈报上级，履行企业内部供电方案审批手续，审批后将供电方案审批单传递给用电营业机构，由用电营业机构向客户开出同意供电通知单，对客户用电申请予以正式答复。答复的主要内容是：确认户名、地址、批准主接线方式、运行方式、电源性质、批准容量、供电线路、电压等级、计量方式、进（接）户方式、变压器容量等。

书面通知单答复客户的期限为：居民客户不超过5天；低压电力客户不超过10天；高压单电源客户不超过1个月；高压双电源客户不超过2个月。客户应根据批准的供电方案进行受电工程设计。

四、审核客户受电设施工程设计

（一）客户受电设施的基本要求

客户受电设施的建设与改造应当符合城乡电网建设与改造规划。对规划中安排的线路走廊和变电所建设用地，应当优先满足公用供电设施建设的需要，确保土地和空间资源得到有效利用。客户新装、增装或改装受电工程的设计安装、试验与运行应符合国家有关标准；国家和电力行业尚未制定标准的，应符合省（自治区、直辖市）电力部门的规定和规程。

（二）客户应提供的备审文件资料

客户受电工程设计文件和有关资料应一式两份送交供电企业审核。高压供电的客户应提供：①受电工程设计及说明书；②用电负荷分布图；③负荷组成、性质和保安负荷；④影响电能质量的用电设备清单；⑤主要电气设备一览表；⑥节能篇及主要生产设备、生产工艺耗电以及允许中断供电时间；⑦高压受电装置一、二次接线图与平面布置图；⑧用电功率因数计算及无功补偿方式；⑨继电保护、过电压保护及电能计量装置的方式；⑩隐蔽工程设计资料；⑪配电网络布置图；⑫自备电源及接线方式；⑬供电企业认为必须提供的其他资料。

低压供电的客户应提供负荷组成和用电设备清单。

（三）审核线路工程设计

供电线路工程（包括电缆工程）设计审核总的要求是，应符合有关标准、规定和规程。审核的主要内容包括：路径选择、跨越限距、导线载流量、导线与杆塔应力、拉线与基础处理等是否正确、安全、合理，对于双回路或多回路同杆并架的线路工程，还应考虑到带电作业等方面。

线路工程设计审核还应处理好两端的衔接。对于具有两路电源的客户变电所，应注意备用电源线路充电，备用电源进线侧隔离开关或断路器断开运行时的防雷保护等问题。

（四）审核变电所（室）设计

(1) 由客户自行维护的变电所，应设在厂区或经营服务区内合适的位置，尽量靠近用电负荷中心或用电负荷较大的用电场所；

(2) 对于架空线路进线的变电所，要尽量避开污染源，位于常年风向的上风侧。

(3) 变电所主接线，应根据供电方案批复要求，地区调度对运行方式的要求，设备特点及负荷性质等条件确定，并应满足运行可靠，简单灵活，操作方便和节省投资等要求。

(4) 变电所的结构要紧凑。站内断路器、电器应采用运行可靠的新型设备，并在容量上留有一定的余度；应有完善的继电保护系统，其定值要与系统保护相匹配；还应有可靠的通信联络工具。站内的其他设备，除了必须符合有关设计规程、运行规程的规定外，还应满足运行、检修及值班人员的生活需要。

(5) 对于双电源供电的客户，应审核在变电所内是否安装了联锁装置，防止误并列，误操作造成串电事故。

(6) 无功电力应满足就地平衡的原则，客户应在提高用电自然功率因数的基础上，按有关标准设计和安装无功补偿设备，并做到随其负荷和电压变动及时投入或切除，防止无功电力倒送。除电网有特殊要求的客户外，客户在当地供电企业规定的电网高峰负荷时的功率因数，应达到下列规定：

1) 受电变压器总容量在 100kV·A 及以上高压供电的客户功率因数为 0.90 以上。

2) 其他电力客户和大、中型电力排灌站趸购转售电企业，功率因数为 0.85 以上。

3) 农业用电，功率因数为 0.80。

凡功率因数不能达到上述规定的新客户，供电企业可拒绝接电。对已送电的客户，供电企业应督促和帮助客户采取措施，提高功率因数。对在规定期限内仍未采取措施达到上述要求的客户。供电企业可中止或限制供电。

功率因数调整（亦称力率调整或力调）电费办法按国家规定执行。

(四) 审核期限

供电企业对客户送审的受电工程设计文件和有关资料的审核期限：对高压供电的客户最长不超过 1 个月；对低压供电的客户最长不超过 10 天。其审核意见以书面形式连同送审的文件资料一并退还客户，以便客户据以施工。客户若更改审核后的设计文件时，应将变更后的设计再送供电企业复核认可。

客户受电工程的设计文件，未经供电企业审核同意，不得据以施工，否则，供电企业将不予检验和接电。

五、客户受电工程检查与竣工验收

（一）中间检查

客户受电工程的设计单位根据业扩报装部门的审批意见修改原设计，待取得同意后，方可安排施工。电气设备安装基本就绪时，客户应通知业扩部门对以隐蔽工程为重点的中间检查。

中间检查就是按照原批准的设计文件，对客户变电所的电气设备、变压器容量、继电保护、防雷设施、接地装置等方面进行全面检查。

中间检查的目的是，及时发现不符合设计要求与施工工艺等问题，并提出改进意见，要求在完工前改正，以避免完工后再进行大量返工造成更大的损失。

（二）电气设备的调整试验

试验的主要内容包括：耐压、绝缘、接地电阻、继电保护装置整定值调整等。高压电气设备试验及继电保护装置整定记录，必须经供电企业检查并合格。

客户的冲击性负荷，不对称负荷和整流用电等对供电质量和安全经济运行有影响者，应采取技术措施加以消除，否则不具备供电条件。

客户流入供电电网的高次谐波电流最大允许值，以不干扰通信、控制线路和不影响供、用电设备及电能计量装置的正常运行为原则。否则，应由客户采取措施加以消除，不消除则不具备供电条件。

（三）竣工检查验收

1. 客户应提出竣工报告请求验收

客户受电工程施工、试验完工后，应向供电企业提出工程竣工报告，报告应包括下列内容：

（1）工程竣工图及说明。

（2）电气试验及保护整定调试记录。

（3）安全用具的试验报告。

（4）隐蔽工程的施工及试验记录。

（5）运行管理的有关规定和制度。

（6）值班人员名单及资格。

(7) 供电企业认为必要的其他资料或记录。

2. 供电企业组织检查验收

供电企业接到客户的受电装置竣工报告及检验申请后，应及时组织检查，竣工检查验收的主要内容是：

(1) 变、配电工程是否全部竣工，安装质量和工艺是否符合技术规范。

(2) 防止各种误操作的联锁装置，两路电源之间防止串电和误并网、误解列的闭锁装置是否完备可靠。

(3) 运行人员配备是否充足，资质是否符合要求。

(4) 电气设备的操作、运行、检修、管理等各项规章制度是否建立健全。

(5) 安全工器具、常用测试仪表、消防器材是否合格、齐全。

对检查不合格的供电企业应以书面形式一次性通知客户改正，改正后应予以再次检查，直至合格，检查合格后在 10 天内，供电企业派员装表接电。

住宅小区或一幢大楼装设多只表计的照明竣工报验工作，可以简化手续，只填报一份竣工报验单。

客户独资、合资或集资建设的输电、变电、配电等供电设施，建成后要就其运行维护管理与供电企业达成协议，运行维护管理范围按产权归属确定，要严格明确供电企业与客户的责任分界点。

六、装表接电

(一) 装表接电是营销管理的重要环节

装表接电工作是用电管理部门（营业、检查、装接、电费抄算）的重要环节。各用电单位电气设备的新装、改装、增装竣工后，都必须经过装表接电人员安装或改装电能计量及其附属设备，然后才能接电。而这些已安装好的电能计量设备就是各用电单位每月交付电费的依据。因此，电能计量、装表接线和表计的倍率的正确与否，直接影响到正确贯彻执行国家的电价制度、电费回收及计划用电、节约用电的方针和政策。如果出现表计不准、接线错误和倍率差错等问题，都会造成供电或用电单位的经济损失，同时给开展安全、合理、节约用电工作带来困难。

为此，装表接电工作人员必须树立全心全意为用户服务的思想，要掌握技术、精通业务，熟悉有关的规程制度，保证计量装置的接线正确、整齐美观、准确无误地计收电费，更好地为用户服务。

（二）装表接电工作的管理范围

用户申请的用电容量被批准后，设计部门即可按照用电性质，负荷特点进行内、外线设计，其设计图纸通过登记窗口转到供电营业所进行各项技术审查，大型或复杂的图纸送到县公司内审查，审查合格后组织施工，工程竣工之后持经审查过的施工图纸到登记窗口报告，请求验收送电，由登记员做成电力或电灯登记书，内、外线检查人员持登记书及竣工图纸到施工现场进行验收，对施工质量标准进行技术检查。经验收合格后，方可装表接电，装表接电工须将用电设备容量、电能表指示数、倍率等一并填好转回整理做账，从此用电户正式与供电部门发生供、用电关系。

由此可见，凡属于高、低压用电户装设的所有计费计量装置，无论是单相的还是三相的，也不论是高压的还是低压的，从一次引进线到计量装置的所有二次回路，均属于装表接电工作的管理范围。

（三）装表接电工作职责

（1）负责新装、增装、改装及临时用电计量装置的设计、图纸审核、检查验收。

（2）负责互感器和电能表的事故更换及现场检查。

（3）负责分户计装工作。

（4）负责计量装置的定期轮换工作。

（5）负责电能表和互感器的管理，填报分管月报。

（6）定期做下一周期的电能表和互感器的需用计划。

（7）负责向电能表室领、退电能表和互感器，并健全必要的领退手续。

（8）定期核对计量装置的接线、倍率、回转情况。

（9）分析判断电能计量装置故障和错误接线。

（10）排除电能计量装置异常和故障。

（11）违约用电和窃电查处。

（12）对用电户内线工程验收和接电。

（四）电能计量装置和电能计量方式

1. 电能计量装置

用电计量装置是由计费电能表，电压、电流互感器及二次连接导线三个部分组成。

(1) 电能表的分类。

1) 按用途分为：有功电能表、无功电能表、最大需量表；

2) 按构造原理分为：单相电能表、三相电能表。

3) 按制造原器件分为：机械式电能表、电子式电能表；电子表又分为：数字记录电量的单相全电子表、多功能复费率电子表和单相、三相磁卡表。

(2) 计量互感器。计量装置配用的互感器包括电流互感器（TA）和电压互感器（TV）两种，低供低计和高供低计客户的计量装置配用电流互感器，高供高计客户的计量装置要配用电压互感器（压变）和电流互感器。表用互感器的一次电流应接近批准容量，以防止过大致使计量装置长期运行在轻负荷状态，造成计量偏慢。负荷电流一般不应小于电流互感器额定电流的20%。

2. 电能计量方式

(1) 直接计量方式：直接按照电能表的记录电量计收电费的计量方式。

(2) 间接计量方式：电能表配用互感器计算电量计收电费的计量方式。

间接计量根据实际需要又分为：低供低计、高供低计、高供高计三种计量方式。

(五) 用电计量装置的配装要求与维护

(1) 供电企业应在客户每一个受电点内按不同电价类别，分别安装用电计量装置。每个受电点作为客户的一个计费单位。

对于各种照明实行单一制电价计费的，应安装有功电能表；对于单一制电价计费的生活照明和生产照明及两部制电价计费的生活照明，应分线装表，分表计量。

客户为满足内部核算的需要，可自行在其内部装设考核能耗用的电能表，但该表所示读数不得作为供电企业计费依据。

(2) 在客户受电点内难以按电价类别分别装设用电计量装置时，可装设总的用电计量装置，然后按其不同电价类别的用电设备容量的比例或实际可能的用电量，确定不同电价类别用电量的比例或定量进行分算，分别计价。供电企业每年至少对上述比例或定量核定一次。

(3) 高压用户的成套设备中装有自备电能表及附件时，经供电企业检验合格，加封并移交供电企业维护管理的，可作为计费电能表。客户销户时，供电企业应将该设备交还。

供电企业在新装、换装及现场校验后应对用电计量装置加封，并请客户在工作凭证上签章。

(4) 对10kV及以下电压供电的客户，应配置专用的电能计量柜(箱)；对35kV及以上电压供电的客户，应有专用的电流互感器二次绕组和专用的电压互感器二次连接线，并不得与保护，测量回路共用。电压互感器专用回路的电压降（二次压降）不得超过允许值（具体规定见计量规程）。超过时应予以改造或采取必要的技术措施予以更正。

(5) 用电计量装置原则上应装在供电设施的产权分界处。如产权分界处不适宜装表的，对专线供电的高压客户，可在供电变压器出口装表计量；对公用线路供电的高压客户，可在客户受电装置的低压侧计量。当用电计量装置不安装在产权分界处时，线路与变压器损耗的有功与无功电量均须由产权所有者负担。在计算客户基本电费（按最大需量计收时），电度电费及功率因数调整电费时，应将上述损耗电量计算在内。

(6) 城镇居民用电应实行一户一表，农村居民照明为实现城乡同网同价，也应逐步向一户一表过渡。

(7) 临时用电客户，应安装用电计量装置。对不具备安装条件的，可按其用电容量，使用时间、规定的电价计收电费。

(8) 计费电能表及附件的购置、安装、移动、更换、校验、拆除、加封及表计接线等，均由供电企业负责办理，客户应提供工作上的方便。

(9) 计费电能表装设后，客户应妥为保护，不应在表前堆放影响抄表或计量准确及安全的物品。如发生计费电能表丢失、损坏或过负荷烧坏等情况，客户应及时告知供电企业，以便供电企业采取措施。如因供电企业责任或不可抗力致使计费电能表出现或发生故障的，供电企业应负责换表，不收费用；其他原因引起的，客户应负担赔偿费或修理费。

(10) 在变压器投入运行后，应检查电能表运转是否正常，相序是否正确，并立即抄录电能表底数，作为计费起点的依据。

装表接电是业务扩充工作的最后一道程序，这道程序完成后意味着用电户正式立户。

业扩报装完成上述十道程序后，用电营业机构的业务员将报装接电的全部资料建账立卡归案，作为今后抄表收费和正常营业管理的依据。

第八节 供用电合同管理

一、供用电合同

（一）供用电合同的主要特征

（1）供用电合同是根据客户的用电需要和电网的供电能力订立的。

（2）供用电合同的供电一方当事人是法定的供电企业。

（3）供用电合同的标的物是电能，它区别于其他经济合同的标的物。

（4）供用电合同是一种连续的经济合同。

（5）供用电合同是有免除责任的经济合同。

（6）供用电合同违约责任形式是法定限额赔偿责任，是按实际损失的电量和相应的电价进行赔偿的经济合同，而不是按实际损失进行赔偿。

（7）供用电合同是规定有特殊义务的经济合同，如电能质量上的连带关系在其他经济合同中是不多见的。

（二）供电合同的主要分类

根据不同的供电方式和用电需求，供用电合同分为：①高压单电源供用电合同；②高压双电源供用电合同；③低压单电源供用电合同；④低压双电源供用电合同；⑤临时用电供用电合同；⑥委托转供电协议；⑦非标准格式供用电合同七种。

上述七种供用电合同，①～⑤种是标准格式合同。所谓非标准格式合同是指：双电源供电，供电方式特殊，如委托转供，谐波负荷，冲击负荷，波动负荷等影响电能质量的客户。另外，对于居民照明客户，也不按标准格式签订合同，而是通过背书的形式与客户明确供用双方的权利与义务。合同背书也可称为用电须知，它直接印在照明用电申请书背后。

二、签订供用电合同的原则和业务文件

（一）签订供用电合同的基本原则

（1）贯彻合法原则。签订供用电合同是一种合法的法律行为，只有当它的内容符合国家的法律和行政法规的规定，才能受到法律的保护。

（2）贯彻平等互利原则。供用电合同当事人双方或多方平等地享有供用电权利和平等地承担供用电义务。

（3）贯彻协商一致原则。供用电合同当事人在签订合同时，应在自愿协商的基础上达到意思表达真实一致，不得进行胁迫或欺诈，任何一方不得把自己的意志强加给对方。

（4）贯彻等价有偿原则。供用电合同是供用双方平等互利的经济交往，必须是等价有偿的。例如在合同中规定：供电方有按时、按质、按量供应电力的义务，同时享有取得所供电力相应价款的权利；用电方有支付所用电力价款的义务，同时享有按时、按量使用电力的权利。

（5）贯彻从实际出发的原则。必须根据用电方的用电需要和电网可供能力签订供用电合同。

（二）签订供用电合同的业务文件

用电方在办理用电申请时已认可或与供电方协商一致形成的业务文件，是签订合同的基础，具体包括：

（1）客户的用电申请报告或用电申请书。

（2）新建项目立项前双方签订的供电意向性协议。

（3）供电企业批复的供电方案。

（4）客户受电装置施工竣工检验报告。

（5）用电计量装置安装完工报告。

（6）供电设施运行维护管理协议。

（7）其他双方事先约定的有关文件。

对用电量大的客户或对供电有特殊要求的客户，在签订供用电合同时，可单独签订电费结算协议和电力调度协议等。

三、供用电合同的内容和签订注意事项

（一）供用电合同的内容

（1）合同各方的法定名称、地址、邮政编码、电话、法定代表人姓名、职务、代表人姓名、职务、联系方式。

（2）签约的目的和依据。

（3）标的。

（4）数量和质量，包括检测标准和方式。

（5）价款或酬金，包括支付方式。

（6）履行地方，期限和方式。

（7）争议解决方式。

（8）违约责任。

（9）变更或解除条件。

（10）根据法律或合同性质必须具备的条款或双方当事人共同认为必须明确的条款。

（11）正副本份数、存放地点。

（12）生效时间和条件。

（13）约定的联系方法。

（14）附件名称。

（15）签约的地点，日期。

（16）签约各方开户银行及账号。

（17）签约各方公章或合同专用章。

（18）法定代表人或委托代理人签章。

（二）供电方式

供电方式是供电企业向申请用电的客户提供的电源特性、类型及其管理关系的统称。通常情况下，供电企业可提供的供电方式有以下几种：

（1）按电压等级分，有高压供电方式和低压供电方式。

（2）按电源相数分，有单相供电方式和三相供电方式。

（3）按电源数量分，有单电源供电方式和多电源供电方式。

（4）按供电回路数分，有单路供电方式和多路供电方式。

（5）按用电期限分，有临时供电方式和正式供电方式。

（6）按计量形式分，有装表供电方式和非装表供电方式。

（7）按管理关系分，有直接供电方式和间接供电方式（如转供电方式）等。

供电方式的确定应从便于管理，保证供用电的安全、经济、合理以及电网结构规划和供电条件出发，依据国家有关规定、用电性质、容量、地点等情况和供电企业的供电条件协商确定。通常情况下，供电方式的确定以供电的电压等级和电源的数量最为重要，它涉及供电可靠性、用电分类和计量装置的配置等。所以，供电方式是供用电合同不可缺少的条款。供用电合同双方当事人应当在供用电合同中对此做出明确的规定。

（三）供电质量

供电质量主要是用供电电压、供电频率、供电可靠性三项标准来衡量。其质量要求必须符合国家规定的标准或电力行业标准。在供用电合同中，双方当事人对供电质量有无特殊要求应当做出明确规定。

（1）供电频率应当达到 50Hz。依照国家有关标准，电网容量在

300万kW及以上的为±0.2Hz，质量符合标准。电网容量在300万kW以下的为±0.5Hz，质量符合标准。如果供电频率不符合上述标准，低频率或高频率给客户和电力生产都会造成严重危害。

实践证明，影响供电质量的因素很多，责任也各不相同。如电网装机容量与调节能力、客户超用电幅度的大小、调整负荷措施的实施情况、客户冲击负荷的影响等。所以，签订供用电合同，供电频率质量、供电企业与客户的权利义务及相互责任要有明确规定。

（2）供电电压。以伏特为标准，对客户受电端的电压变动幅度是否符合标准进行衡量。一般情况下，供电电压质量应符合下列要求：

1）35kV及以上供电和对电压质量有特殊要求的客户，额定电压±5%为质量合格。

2）10kV以下交电压和低电压电力客户，额定电压±7%为质量合格。

3）220V低电压照明客户和生活用电客户，额定电压+5%，-10%为质量合格。

在正常情况下，供电企业应保证到客户受电端的电压偏差不超过上述要求。如果供电电压偏差在规定的标准内，又不能满足客户使用条件时，应由客户自行采取调压、稳压和合理设计或改造供用电设施等措施予以解决。在供电电压质量符合规定，客户要求供电企业采取措施解决时，由此引起供电企业额外增加的投资应由客户承担。但是，影响供电电压超过允许偏差的原因很多，如供电距离超过合理的半径；供电导线截面选择不当，电压损失过大；线路超过负荷运行；功率因数过低；冲击负荷、不平衡负荷影响等。

供电电压质量既关系到客户也关系到电力生产、供应单位安全，所以，保证供电质量，不仅是供电企业的义务，也是客户的义务。为此，供用电合同的质量条款供用电双方均应认真协商，以便确定各方承担的责任。

（3）供电可靠性。供电可靠性以对客户每年停电的时间或次数来衡量。供电单位应尽量减少停电次数，缩短停电时间，而且停电要按规定程序进行；客户则应严格按合同规定用电时间、用电方式和用电量用电，这是保障供电可靠性的重要因素。

（四）供电时间

供电时间是指什么时间开始供电，什么时间停止供电，以及定时定

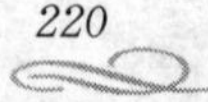

期供电的具体时间等等。

供电时间条款实质上是供用电合同的履行期限及履行的具体时间的规定。因为供用电合同的一个重要特点是供用电合同的履行和供用电的实现是靠供电时间计算和累计的。

（五）用电容量

用电容量是指供电企业根据客户申请认定的用电人受电设备的总容量，以千瓦（千伏安）表示。用电容量包括申请用电报装的、经供电企业同意的用电容量以及人民政府分配批准的用电容量，也包括在市场经济情况下，供用电双方自愿协商的用电容量。

用电容量关系到客户使用电力的多少，同时还关系到客户使用电力创造价值的多少，而在电力紧张情况下，供电企业又不可能完全满足客户需要的用电容量，所以在供用电合同中，对用电容量一定要有明确的规定。

（六）用电地址

用电地址是指用电场所的地理位置及具体用电地点。用电地址实际上属于供用电合同的履行地点。

电力的供应与使用地点一般情况下不尽相同。但是，电力供应的特点是“送货上门”，权利义务是以产权分界处或管理权分界处实现电力商品的转移，而且，通过实际使用消耗电力来实现权利，履行义务。所以，供用电合同的履行地是客户的实际用电地址。

用电地点关系到履行合同和电费征收，也是分清当事人双方责任的依据，同时，也关系到供用电合同纠纷产生时人民法院的管辖权问题。为此，根据《合同法》、《电力供应与使用条例》规定用电地址是供用电合同的必备条款。

（七）用电性质

这是供用电合同的特殊条款，即在供用电合同中要明确规定电力的用途。它决定了电价的类别，涉及到对国家规定的电价的选择和供电企业的经济效益。一般商品购销合同无须规定购买方对自己所购物品的使用用途，或者说对商品的使用不是合同的必备条款。而供用电合同则不同，它把购电方用电的性质、用途作为合同的必备条款，因为我国对不同性质的用电规定有不同的电价，例如农业用电、工业用电、商业用电、娱乐场所用电、居民用电等等。

（八）计量方式问题

主要明确规定采用什么样的计量装置计量、计量装置安装的位置、如何安装、计量装置的管理责任（维修和保护责任）及计量装置产生误差的纠正办法等。

（九）电价

主要明确电价类别、具体标准等。

（十）电费及结算方式

主要明确电费收缴办法、时间、现金结算还是转账结算、注意事项等。

（十一）供用电设施维护责任的划分

主要规定供用电设施维护的主体、内容、界限和各自应当承担的责任。

（十二）合同的有效用限

主要规定合同生效的具体时间、失效时间或具体有效期限（1 年、3 年或 5 年等）。

（十三）违约责任

即双方或一方当事人不适当或不履行合同情况下应承担的责任，主要有支付违约金、赔偿金、追缴电费、加收电费、停电限电等责任形式。

（十四）双方共同认为必须签订的其他条款

主要是双方一致认为应当通过合同这种法律形式明确的其他内容，如相互服务项目及其服务费问题、技术标准问题、电气人员的培训考核问题、上网条件及其他事项等等。

四、供用电合同的签订修改和保管

（一）合同签订

合同的签订必须授权委托代理人与客户进行签订，同时经县公司合同专责审核后方能盖章生效，其他人不得随意签订合同。

（二）及时修改

随着客户申请变更用电业务事项，供用电双方必须及时协商修改有关的合同内容，以保证其完整性，并便于双方共同执行。

（三）内外相符

要做到合同与账、卡资料记录相符。对客户坚持调查核实的方法，确保合同内容与客户用电实际相符。

（四）妥善保管

签好的合同，供用电双方各执一份。营业部门应将合同作为一项重要的客户资料加以保存。建有户务资料袋，并将合同与其他资料一起编排目录，当作客户档案妥为保管备查，不得损坏、不得遗失。

第九节　电能计量管理

一、什么是电能计量管理

电业部门把对电能计量装置在整个过程（包括报装、设计、审定、施工安装和验收、运行监督、周期轮换、修理、报废等）中的管理称为电能计量管理。电能计量管理的职能是保证电能量值的准确和统一，保证计量装置安全、可靠、客观、正确地计量电能的传输和消耗，以满足公正计费和正确计算电力系统经济指标的要求。目前我国主要执行电力行业标准 DL/T 448—2000《电能计量装置技术管理规程》。

电能计量装置管理的目的是为了保证电能计量量值的准确，统一和电能计量装置运行的安全可靠。

电能计量装置管理是指包括计量方案的确定、计量器具的选用、订货验收、检定、检修、保管、安装竣工验收、运行维护、现场检验、周期检定（轮换）、抽检、故障处理、报废的全过程管理，以及与电能计量有关的电压失压计时器、电能计量计费系统、远方集中抄表系统等相关内容的管理。

二、电能计量装置的分类和接线方式

（一）电能计量装置的分类

运行中的电能计量装置按其所计量电能量的多少和计量对象的重要程度分为五类（Ⅰ、Ⅱ、Ⅲ、Ⅳ、Ⅴ）进行管理。

Ⅰ～Ⅲ类电能计量装置在供电所较少见。

Ⅳ类电能计量装置：负荷容量为 315kV·A 以下的计费用户、发供电企业内部经济技术指标分析、考核用的电能计量装置。

Ⅴ类电能计量装置：单相供电的电力用户计费用电能计量装置。

各类电能计量装置的准确度等级，如表 5-3 所示。

表 5-3　　准确度等级

电能计量装置类别	有功电能表	无功电能表	电压互感器	电流互感器
Ⅳ	2.0	3.0	0.5	0.5S
Ⅴ	2.0	—	—	0.5S

（二）电能计量装置的接线方式

（1）接入中性点绝缘系统的电能计量装置，应采用三相三线有功、无功电能表。接入非中性点绝缘系统的电能计量装置，应采用三相四线有功、无功电能表或 3 只感应式无止逆单相电能表。

（2）接入中性点绝缘系统的 3 台电压互感器，35kV 及以上的宜采用 Yy 方式接线；35kV 以下的宜采用 Vv 方式接线。接入非中性点绝缘系统的 3 台电压互感器，宜采用 YNyn 方式接线。其一次侧接地方式和系统接地方式相一致。

（3）低压供电，负荷电流为 50A 及以下时，宜采用直接接入式电能表；负荷电流为 50A 以上时，宜采用经电流互感器接入式的接线方式。

（4）对三相三线制接线的电能计量装置，其 2 台电流互感器二次绕组与电能表之间宜采用四线连接。对三相四线制连接的电能计量装置，其 3 台电流互感器二次绕组与电能表之间宜采用六线连接。

（三）计量装置的接线检查

计量装置的接线检查是为了保证经过修校调整准确的电能表在接入电路后计量准确的必要条件，主要检查互感器的极性、三相电压互感器接线组别、二次连接导线接线的正确。在带电检查时，应注意遵守安全工作制度，特别注意电流互感器绝对不允许开路；电压互感器绝对不允许短路。当与保护共用互感器二次回路，必要时，要请保护人员协作。

三、电能计量装置安装前的管理

（一）报装中的管理

用户供电方案应按照《中华人民共和国电力法》第二十七条、《电力供应与使用条例》中第六章规定：供用电双方应签订供用电合同，其中要求就计量方式问题要明确规定采用什么样的计量装置、安装的位置、如何安装；计量管理的责任（维修和保护责任）及计量装置产生误差的纠正办法的要求，在报装方案时，给予明确；例如在电能计量方式上应明确电能计量装置的装设地点、装设电压等级、电能表类型及专用互感器及二次回路等“用电计量装置表”的内容。

（二）设计审定中的管理

电能计量装置的设计审定的基本内容包括用户的电能计量方式、电能表与互感器的接线方式、计量器具的准确度等级、专用互感器及二次回路专用互感器的额定二次负荷及额定功率因数、电流互感器额定一次电流、电能表的标定电流、电能计量柜、电能表的安装条件、高压互感器及其高压电气设备的电气间和安全距离等；主要依据 SDJ9《电测量仪表装置设计技术规程》、GBJ 63《电力装置的电测量仪表装置设计规范》。

（三）电能表及互感器的选择

在设计时要遵循电能计量装置的技术要求进行选择。在农村，特别强调以下方面：

(1) 二次导线的选择：二次回路的连接导线应采用铜质单芯绝缘线。连接导线的截面积由计算确定：电流二次回路，应按电流互感器的额定二次负荷来计算，但至少应不小于 4（2.5）mm^2；电压二次回路应按电压降来计算，但至少应不小于 2.5mm^2。

(2) 一次电流的确定：应保证其在正常运行的实际负荷电流达到额定值的 60%左右，至少应不小于 30%。

(3) 电压互感器二次回路压降应不大于额定二次电压的 0.5%。

(4) 关于安装电能柜的要求：对 10kV 以下三相线路供电的用户要配置全国统一标准的电能计量柜；35kV 供电的用户宜配置专用互感器柜或电能计量柜，35kV 以上线路供电的用户，应有电流互感器专用的二次绕组和电压互感器的二次回路，并不得与保护、测量回路共用。

(5) 居民用户电能表选择：电能表额定容量的大小，根据用户负荷的高低来选择。用电负荷上限应不超过电能表的额定容量，下限应不小于电能表允许误差规定的负荷电流值。

四、电能计量装置安装验收

(1) 电能计量方式符合设计要求

(2) 电能计量装置的接线正确、安装工艺质量尤其是接点、触点、熔断器等的接触良好。

(3) 测量一、二次回路的绝缘电阻应合格，有电压互感器和电流互感器的单位要进行二次回路压降或二次回路负荷的测试。

(4) 计量器具有有效期内的合格标志。

(5) 计量装置的接地系统。

五、电能计量装置的检定

（一）电能表检定

(1) 室内检定：包括新装和运行中定期轮换的电能表。农村用电中，电能表的检定一般要求用精度比被校表的准确度高 3 倍的校验装置

（如：在检定 2.0 级表时，检定装置等级为 0.6 级），在规定的实验条件下，运用恰当的方法及必要的调整确定电能表准确度的等级。

（2）检定内容：①直观检查；②启动试验；③潜动试验；④测定基本误差；⑤绝缘强度试验；⑥走字试验；⑦需量表需量指示器试验。重要项目是测定基本误差（检定方法可依据有关规程）。

由于电能表的检定是在规定条件下进行的，对安装和使用时中的表计都要满足规程中或生产厂家对安装条件的要求，使表计在实际运行中依然能保证其准确度的要求。要充分考虑如频率、电压、波形、温度、倾斜、自热等对影响电能表运行的外部主要因素，其中温度、倾斜、自热与安装的环境直接有关。

（3）轮换周期：执行规程中关于安装式电能表第Ⅳ类电能计量装置的规定，如 2.0 级。

（4）现场检验：按规定的检验周期，在电能表安装现场用实际负荷对其进行检验。实际负荷要求为：通入标准表的电流不低于其标定电流的 20%，现场的负荷应为实际的经常负荷，当负载电流低于被检表的 10%或功率因数低于 0.5 时，不宜进行误差测定。

现场检验条件还要符合对电压、频率、温度等的要求。检查内容：①在实际运行中测定电能表的误差；②检查是否有计差错，计量方式是否合理；③检查电能表与互感器二次回路连接是否正确。为满足现场检验的需要。许多厂家还生产了不同类型的现场检验设备，如 ST9040E 多功能电能表等。

（二）互感器检定

（1）实验室检定内容：①外观检查；②绝缘电阻的测定；③工频电压试验；④绕组极性的检查；⑤退磁（电压互感器不做）；⑥误差测定。检定方法可依据上述规程。

由于互感器的检定是在规定条件下进行的，对安装和使用时中的互感器都要满足规程中或生产厂家对安装条件的要求；要充分考虑如频率、电压、波形、温度、外界电磁场、二次回路的实际负荷等对影响互感器运行的外部主要因素。其中外界电磁场、二次回路的实际负荷与安装的环境直接有关。

（2）轮换周期：互感器的轮换（现场检验）周期：至少每 10 年轮换一次，或现场检验一次；低压电流互感器，至少每 20 年轮换一次。目前，根据 JJG313—1994 和 JJG314—1994 两个规程的要求，标准用的互感器室内检定周期一般为 2 年。

六、电能计量装置常见故障及处理方法

（一）电能计量装置常见故障

（1）互感器变比差错。

（2）电能表与互感器接线差错。

（3）倍率差错。

（4）电能表的机械故障和电气故障（包括卡字、倒转、擦盘、跳字、潜动）。

（5）电流互感器开路或匝间短路。

（6）电压互感器熔丝断开或二次回路接触不良。

（7）雷击或过负荷烧毁电能表或互感器。

（8）因计量标准器具失准造成大批量电能表、互感器的重新检定。

（二）电能表运行常见故障分析

电能表在投入运行时，由于运输、装接、雷击、湿潮热等影响及装配工艺、修理技术等原因，会出现一些故障，主要故障原因如下：

（1）过热烧坏。在统计故障退表中，60%以上是端钮盒烧毁。故障原因是长期过负荷使用，内引线在内接线端上未紧固，外引线端上、下螺钉未拧紧等引起局部发热，直到绝缘破坏，造成对地短路。

（2）计度器故障。故障表中 30%为计度器的各类故障。主要是：①进位故障，在进位时发生卡字，尤其在轻载时造成圆盘呆滞或停转。②组装差错，包括齿轮轴、横轴连接片变形、铭牌或刻度盘松动脱落、传动轮组装错位、计度器传动比与铭牌常数不符；洗涤剂使用不当，使有关零件腐蚀生锈、部分紧固镙钉松动等造成。

（3）表响（噪声）。表响对计量精度的影响不大，但产生的噪声对环境有影响，产生的主要原因是：①铁芯组装不紧凑；②电压线圈或防潜舌片及元件上的调整装置，漏磁气隙内所嵌的铜片、各类紧固镙钉松动；③转盘静平衡不好、上、下轴承不同心或宝石轴承等安装配合不好；④当上轴针的固有频率与 50Hz 相近时产生的谐振。

（4）预防电能表在无负荷时表空转。

（5）灵敏度不合格。表计起动不灵敏或不起动。主要原因是：①工作气隙中有铁屑等杂物；②转盘不平整，起动时有轻微碰盘；③转动部分安装或调整不合理或元件变形；④防潜动力矩调整过大；⑤计度器呆滞；⑥表计密封性表，致使蜗杆、轮、轴承等有油垢。

（三）窃电行为对电能计量装置的损坏

（1）绕越供电企业的用电计量装置用电。

（2）伪造或者开启法定的或授权的计量检定机构加封的用电计量装置封印用电。

（3）故障损坏供电企业用电计量装置。

（4）故障使供电企业的用电计量装置不准或者失效。

（四）常见的故障的处理方法

（1）推广使用长寿命、宽负荷且机械工艺质量优良的电能表，淘汰使用年久、绝缘老化、机械磨损的电能表；在居民用电中逐步淘汰标定电流过小的电能表。

（2）电力部门要加强检修和检定中工艺质量的监督检查，严格走字试验。

（3）经常落雷的地区，宜在低压三相电能表的进线处安装低压避雷器。

（4）加强资产管理和安装管理，防止互感器的错发、误装或同一组互感器变比不同的现象发生。

（5）严格倍率管理，要经过必要的复核；如互感器改变后，要重新计算倍率，并将有关更正结果示于明处。

（6）制定电能计量二次回路的管理制度，防止任意接入、改动、拆除、停用电能计量二次回路。

（7）封闭电能计量装置的关键部位，包括电压互感器的隔离开关操作把手；电流互感器二次绕组端子和电能计量柜、箱采用的长尾接线盒电能表的表尾等。

（8）加强计量监督，严格电能计量器具的检定周期，严格电能表、互感器及二次回路、二次负荷的现场检验。

（9）改善电能表、互感器的运输条件。

七、退补电量计算举例

（一）因计量装置误差超出范围的退补电量

$$退补电量=\frac{G\times 实走电量数}{1+G}\times K\times B$$

式中 G——电能表的实际误差值，负值表示表慢、应为补交电量，正值表示表快、为退电量；

K——电流、电压互感器倍率乘积；

B——退补月数，起讫时间查不清时，用电客户最多 6 个月退补。

（二）电能表潜动退补的电量（kW·h）

$$应退电量=\frac{天数\times停电时间（光16h、力8h）\times3600}{潜动一圈所需要的时间（s）\times电能表常数}\times倍率$$

（三）因电能计量装置故障时的退补电量

如卡盘、卡字、电压线圈不通、电压互感器熔丝断等，并分别按如下情况进行处理。

（1）照明用户应补电量$=\frac{1}{2}\times$事故日数×（原表正常前 1 个月抄表电量/这个月的抄表用电日数＋换表后至抄表日的抄用电量/换表后至抄表日用电日数）

（2）新装照明用户应补电量＝自更换电表至抄表日用电量/用电日数×事故日数－故障期已交电费电量

（3）3 只电能表中 1 只或 2 只出现故障时，按下列公式计算应补电量：

1）1 只故障应补电量＝2 只正确电能表当月电量/2－故障表电量

2）2 只故障应补电量＝1 只正确电能表当月电量×2－2 只故障表电量

3）1 只三相电能表或 3 只单相电能表全部发生故障停止运行时，月用电量比较正常的按照照明用户或新装照明用户办理，即月用电量不正常时，可根据用户的产品产量以及有关用电记录等计算。

（四）跳字应退电量按下式计算

应退电量＝已收电量－1/2（原正常月的日均电量＋抄表后至抄表日均电量）×30（天）（隔月抄表按 60 天计算）

第十节　用电检查

一、用电检查的范围和内容

（一）用电检查的范围

用电检查的主要范围是客户受电装置，但被检查的客户有下列情况之一者，检查的范围可延伸到相应目标所在处：

（1）有多类电价的，可延伸检查到按不同电价计费的用电设备。

（2）有自备电源设备的，可延伸检查到自备电源与电网电源的分界点，自备电厂并网运行的并车装置、发电频率、电压等主要技术参数和送入电网电量的计量装置。

（3）有二次变压配电的，可延伸检查到二次变压器的接地装置，绝缘性能和过流、过压、短路，瓦斯保护等装置。

（4）有违章现象的，可延伸检查到违章的用电设施和责任人。

（5）有影响电能质量的用电设备的，可延伸检查到有大电流频繁启动的设备和谐波源设备。

（6）发生影响电力系统事故的，可延伸检查到造成系统设备损坏、越级跳闸和非并网发电设备向电网倒送电等事故原因。

（7）按客户主动要求帮助检查的内容和范围。

（8）法律规定的其他用电检查，如文化娱乐场所、仓库和易燃易爆场所等预防电气火灾事故的检查。

（二）用电检查的内容

（1）检查客户执行国家有关电力供应与使用的法规、方针、政策、标准、规章制度情况。

（2）检查客户受（送）电装置工程施工质量。

（3）检查客户受（送）电装置中电气设备运行的安全状况。

（4）检查客户保安电源和非电性质的保安措施。

（5）检查客户反事故措施。

（6）检查客户进网作业电工的资格，进网作业安全状况及作业安全保障措施。

（7）检查客户执行计划用电、节约用电情况。

（8）检查电能计量装置、电力负荷控制装置（继电保护和自动装置、调度通信等安全运行情况）。

（9）检查供用电合同及有关协议履行的情况。

（10）检查受电端电能质量状况。

（11）检查违章用电和窃电行为。

（12）检查并网电源、自备电源并网安全状况。

二、用电检查的纪律和用电检查的程序

（一）用电检查的纪律

（1）用电检查人员执行用电检查任务时，应持《用电检查证》上岗工作，并按《用电检查工作单》规定项目和内容进行检查。

（2）用电检查人员在执行用电检查任务时，应遵守客户的保卫保密规定，不得在检查现场替代客户进行电工作业。

（3）用电检查人员必须遵纪守法，依法检查、廉洁奉公、不徇私舞弊，不以电谋私。违反上述规定者，依据有关规定给予经济的、行政的处分；构成犯罪的，依法追究刑事责任。

（二）用电检查的程序

（1）供电企业用电检查人员实施现场检查时，用电检查人员的人数不得少于两人。

（2）用电检查人员在检查前，应首先按规定填写《用电检查工作单》，经审核批准后，方能赴客户执行查电任务。

（3）用电检查人员在执行查电任务时，应向被检查客户出示《用电检查证》，客户不得拒绝检查，并应派员随同配合检查。

（4）经现场检查确认客户的设备状况、电工作业行为、运行管理等方面有不符合安全规定的，或者在电力使用上有明显违反国家有关规定的，用电检查人员应开具《用电检查结果通知书》或《违章用电、窃电通知书》一式两份，一份送达客户并由客户代表签收，一份存档备查。

（5）现场检查确认有危害供用电安全或扰乱供用电秩序行为的，用电检查人员应按规定，在现场予以制止。拒绝接受供电企业按规定处理的，可按国家规定的程序停止供电，并请求电力管理部门依法处理，或向司法机关起诉，依法追究其法律责任。

三、对违约用电行为和窃电行为的处理

（一）违约用电行为和窃电行为的类型

（1）在电价低的供电线路上，擅自接用电价高的用电设备或擅自改变用电类别用电的，应责成客户拆除擅自接用的用电设备或改正其用电类别，停止侵害供电企业的行为，并按规定追收其差额电费和加收电费。

（2）擅自超过注册或合同约定的容量用电时，应责成客户拆除或封存私增电力设备，停止侵害供电企业的行为，并按规定追收基本电费和加收电费。

（3）超过计划分配的电力、电量指标用电的，应责成其停止超用，按国家有关规定限制其所用电力并扣还其超用电量或按规定加收电费

（在电力市场由卖方市场演变为买方市场的情况下，此款已无实际意义）。

（4）擅自使用已在供电企业办理暂停使用手续的电力设备或启用已被供电企业封存的电力设备的，应再次封存该电力设备，制止其使用，并按规定追收基本电费和加收电费。

（5）擅自迁移、更动或操作供电企业用电计量装置，电力负荷控制装置，供电设施以及合同（协议）约定由供电企业调度范围的客户设备的，应责成其改正，并按规定加收电费。

（6）未经供电企业许可，擅自引入（或供出）电源或将自备电源擅自并网的，应责成客户当即拆除接线，停止侵害供电企业，并按规定加收电费。

（7）现场检查确定有窃电行为的，用电检查人员应当场予以中止供电，制止其对供电企业的侵害，并按规定追补电费和加收电费。对拒绝接受处理的，应报请电力管理部门依法给予行政处罚；情节严重，违反治安管理处罚规定的，由公安机关依法予以治安处罚；构成犯罪的，由司法机关依法追究刑事责任。

（二）违约用电行为应承担的违约责任

凡是危害供用电安全、扰乱正常供用电秩序和拖欠电费的行为，均属违约用电行为。具体表现在有下列行为者，应承担相应的违约责任：

（1）在电价低的供电线路上，擅自接用电价高的用电设备或私自改变用电类别的，例如在低电价的生活用电线路上接用高电价的非居民照明用电设备，或未经向供电企业办理变更用电类别的申请，擅自将生活用电变更为非居民照明用电，对这种违约行为，除按实际使用日期补交其高低电价差额电费外，并还应承担2倍的差额电费的违约使用电费，若使用的起止日期难以确定的，实际使用时间按3个月计算。

（2）私自超过合同约定的容量用电的，属违约私自增容行为。对这类违约行为，除应拆除私增容设备外，属于两部制电价的客户，应补交私增设备容量使用月数的基本电费，并承担3倍私增容量基本电费的违约使用电费；对除两部制电价以外的其他客户，应承担私增容量每千瓦（千伏·安）50元的违约使用电费，客户要求继续使用者，按新增容量办理用电申请手续，以取得合法用电权。

（3）擅自使用已在供电企业办理暂停手续的电力设备或启用供电企业封存的电力设备的，应停用违约使用的设备。属于两部制电价的客户，应补交擅自使用或启用封存设备容量和使用月数的基本电费，并承担2倍补交基本电费的违约使用电费；其他客户应承担擅自使用或启用封存设备容量每千瓦（千伏·安）30元的违约使用电费。若启用因私增容而被封存的设备的，则违约使用者还应承担第2条规定的违约责任。

(4) 私自迁移、更动和擅自操作供电企业的用电计量装置、电力负荷管理装置、供电设施以及约定由供电企业调度的客户受电设备者，属于居民客户的，应承担每次500元的违约使用电费；属于其他客户的，应承担每次5000元的违约使用电费。

(5) 未经供电企业同意，擅自引入（供出）电源或将备用电源和其他电源私自并网的，除当即拆除接线外，应承担其引入（供出）或并网电源容量每千瓦（千伏·安）500元的违约使用电费。

（三）窃电行为和窃电电量的确定

1. 窃电行为

(1) 在供电企业的供电设施上，擅自接线用电（即无用电申请、无批准手续、无计量的用电行为）。

(2) 绕越供电企业用电计量装置用电。

(3) 伪造或者开启供电企业加封的用电计量装置封印用电。

(4) 故意损坏供电企业用电计量装置。

(5) 故意使供电企业用电计量装置不准或者失效。

(6) 采用其他方法窃电。

供电企业对查获的窃电者，应予以制止，并可当场中止供电，窃电者应按所窃电量补交电费，并承担补交电费3倍的违约使用电费。拒绝承担窃电责任的，供电企业应报请电力管理部门依法处理。窃电数额较大或情节严重的，供电企业应提请司法机关依法追究刑事责任。

2. 窃电电量确定方法

(1) 在供电企业的供电设施上，擅自接线用电的，所窃电量按私接设备额定容量（千伏·安视同千瓦）乘以实际用电时间计算确定。

(2) 以其他行为窃电的，所窃电量按计量电能表标定的最大电流值（对装有限流器的，按限流器整定电流值）所指的容量（千伏·安视同千瓦）乘以实际窃用的时间计算确定（例如：电能表铭牌标定电流值为4～20A，则按20A所指的容量4kW计算窃电设备容量）。

(3) 窃电时间无法查明的，窃电日数至少以180天计算，每日窃电时间：电力户按12h计算，照明户按6h计算。

（四）违约用电或窃电的有关赔偿责任

（1）因违约用电或窃电造成供电企业的供电设施损坏的，责任者必须承担供电设施的修复费用或进行赔偿。

（2）因违约用电或窃电导致他人财产、人身安全受到侵害时，受害人有权要求违约用电或窃电者停止侵害，赔偿损失，供电企业应予协助。

（五）奖励检举查获窃电行为

奖励供电企业对检举、查获窃电或违约用电的有关人员应给予奖励，奖励办法由省电网经营企业规定。如江苏省电力公司对查获违约用电、窃电人员和检举人按下列规定给予奖励：

（1）供电企业职工的奖金每次按违约使用电费总额的15%计算，奖金额最高每人次不超过500元，最低不少于50元。

（2）非供电企业人员的奖金，每次按违约金总额的20%计算，奖金最高额每人每次不超过1000元，最低不少于100元。

供电所电能损耗管理

第一节　供电所电能损耗管理范围和目的

一、加强电能损耗管理是供电企业的一项重要工作

电能损耗是供电企业的一项十分重要的经济技术指标，也是衡量供电企业综合管理水平的重要标志。安全输送电能、合理地分配电能，并力求减少电能在输送分配过程中的损失，以获得良好的经济效益和社会效益就是供电企业的主要任务。考核供电企业的重要经济技术指标之一就是电能损耗率的高低，它不仅表明供电系统技术水平的高低，还能反映企业管理水平的好坏，所以加强电能损耗管理是供电企业的一项重要工作。

从 2005 年 5 月 1 日起执行的《销售电价管理暂行办法》的第四章销售电价的制定和调整中的第十九条指出：各电压等级平均销售电价，按计算期的单位平均购电成本加该电压等级输配电损耗、该电压等级输配电价和政府性基金确定。

由这条规定不难看出，在平均销售电价、输配电价、政府性基金这三项都已确定的条件下，供电企业要想提高自身经济效益的途径有两条：降低平均购电成本和降低输配电损耗。降低平均购电成本的主动权在买电方，而降低输配电损耗的主动权正是在供电企业。因此努力降低输配电损耗是提高供电企业经济效益的重要措施，电能损耗也就成了反映供电企业综合管理水平的重要标志。

二、电能损耗的分类和构成

（一）电能损耗分类

电能损耗可按其损耗的特点、性质和变化规律进行分类，降损工作要根据这些特点、性质和变化规律采取相应的技术和管理措施。

1. 按损耗的特点分类

可分为不变损耗和可变损耗两大类。

(1) 不变损耗（或固定损耗）。这种损耗的大小与负荷电流的变化无关，与电压变化有关，而系统电压是相对稳定的，所以其损耗相对不变。如变压器、互感器、电动机、电能表等铁芯的电能损耗，以及高压线路的电晕损耗、绝缘子损耗等。

(2) 可变损耗。这种损耗是电网各元件中的电阻在通过电流时产生，大小与电流的平方成正比。如电力线路损耗、变压器绕组中的损耗。

2. 按电能损耗的性质分类

可分为技术电能损耗和管理电能损耗两大类。

(1) 技术电能损耗，又称为理论电能损耗。它是电网各元件电能损耗的总称，主要包括不变损耗和可变损耗。技术电能损耗可通过理论计算来预测，通过采取技术措施达到降低的目的。

(2) 管理电能损耗。由计量设备误差引起的电能损耗以及由于管理不善和失误等原因造成的电能损耗。如窃电和抄表核算过程中漏抄、错抄、错算等原因造成的电能损耗。管理电能损耗通过加强管理来降低。

3. 按损耗的变化规律分类

可分为空载损耗、负载损耗和其他损耗三类。

(1) 空载损耗，即不变损耗。与通过的电流无关，但与元件所承受的电压有关。

(2) 负载损耗，即可变损耗。与通过的电流的平方成正比。

(3) 其他损耗，与管理因素有关。

(二) 电能损耗的组成

在高低压电力系统中的电能损耗，主要由以下部分构成：

(1) 升压和降压变压器的铁芯损耗和在绕组电阻中的损耗。

(2) 架空线路和电缆线路电阻的损耗。

(3) 高压线路上的电晕损耗（一般110kV及以上才考虑）。

(4) 串联和并联在线路上的（或变电所内）的电抗器中的损耗。

(5) 架空线路绝缘子表面泄漏损耗和电缆线路的介质损耗。

(6) 各类互感器、保护装置和计量仪表以及二次回路中的损耗。

(7) 电力系统中无功功率补偿设备中的有功损耗。包括调相机及其辅助设备中的损耗，发电机作调相运行时的损耗，并联电容器中的损耗。

(8) 接户线电阻中的损耗。

(9) 其他不明损耗。

三、供电所电能损耗管理范围

(1) 配电线路损失。

(2) 配电变压器损失。

(3) 低压线路损失。

(4) 配电线路无功以及低压无功补偿管理。

(5) 配电线路和低压线路的电压损失管理。

四、供电所电能损耗管理目的

供电所电能损耗管理的目的是：优化电网结构，合理调配负荷，实现最佳的经济技术指标。

第二节　供电所电能损耗指标及指标管理

一、供电所电能损耗技术指标

(一) 原国电发［1999］652号文规定的技术指标

1. 电能损耗率指标

(1) 配电线路综合损失率（包括配电变压器损失）≤10%。

(2) 低压线路损失率≤12%。

2. 线路末端电压指标

(1) 线路末端电压合格率≥90%。

(2) 配电线路电压允许波动范围为标准电压的±7%。

(3) 低压线路到户电压允许波动范围为标准电压的−10%～+7%。

3. 功率因数指标

(1) 农村生活和农业线路 $\cos\varphi \geq 0.85$。

(2) 工业、农副业专用线路 $\cos\varphi \geq 0.90$。

(二) 农村电网节电技术规程（DL/T 738—2000）规定的节电降损指标

1. 电能损耗率指标

(1) 10（6）～110（220）kV综合电能损耗率降到8%及以下。

(2) 低压电能损耗率降到12%及以下。

2. 功率因数指标

(1) 高压供电的工业用户和高压供电装有带负荷调整电压装置的电

力用户，功率因数为 0.9 及以上。

（2）设备容量为 100kV·A 及以上电力用户和大、中型电力排灌站，功率因数为 0.85 及以上。

（3）趸售和农业用户综合功率因数为 0.8 及以上。

（4）35～110kV 变电所二次侧功率因数为 0.90 及以上。

3. 电压允许偏差值指标

（1）35kV 及以上用户的电压变动幅度，应不大于系统额定电压的 ±10%，其电压允许偏差值应在系统额定电压的 90%～110%范围内。

（2）10（6）kV 用户的电压允许偏差值，为系统额定电压的±7%。

（3）0.38kV 动力用户的电压允许偏差值，为系统额定电压的±7%。

（4）0.22kV 用户的电压允许偏差值，为系统额定电压的+7%～−10%。

4. 供电半径指标

（1）35kV 及以上线路供电半径一般应不超过下列要求：35kV 线路为 40km；66kV 线路为 80km；110kV 线路为 150km（参见《全国农村节电实施细则》）。

（2）10kV 线路供电半径推荐值如表 6-1 所示。

表 6-1　　10kV 线路供电半径推荐值

负荷密度（kW/km^2）	<5	5～10	10～20	20～30	30～40	<40
供电半径（km）	20	20～16	16～12	12～10	10～8	<8

（3）0.38kV 及 0.22kV 线路供电半径宜按电压允许偏差值确定，但最大允许供电半径不宜超过 0.5km。

二、供电所电能损耗指标管理

（一）考核依据

（1）配电线路损失以线路出线总表和与线路连接的变压器二次侧计量总表为考核依据。

（2）低压线路以配电变压器二次侧计量总表和该变压器所接低压客户计费表为计算考核依据。

（二）理论计算和指标分解

（1）县供电企业每 3 年对高、低压电网进行一次理论电能损耗计算，根据各供电所的电网结构、负荷量和管理现状，每年制定一次高、低压电能损耗指标。供电所再分解到每条线路、每个电工组和用电村。

（2）电能损耗的考核按年、季、月考核，月度电能损耗波动率应小于3个百分点；分线路、分电压等级同步考核。

（三）电能损耗指标的制定

高、低压电网的建设、改造前应进行理论电能损耗计算，在达到最大设计负荷时应满足电能损耗指标的要求。在理论电能损耗的基础上并考虑合理的管理电能损耗，制定电能损耗指标。

（四）电压损失和功率因数考核

（1）电压损失的考核以电压自动记录仪对电压的记录作为考核依据，记录仪设在线路末端。配电线路以变电所的母线为单位设置监测点。低压线路每百台区设一电压监测点。

（2）功率因数以配电线路为考核单位。

（五）奖优罚劣

电能损耗完成情况要与经济责任挂钩，奖优罚劣，严格考核和兑现。

第三节　供电所电能损耗理论计算与管理

一、电能损耗理论计算与管理的要求

供电所管辖高低压线路都应进行理论计算，用于电网的建设、改造与管理，使电能损耗管理科学化、规范化。

（1）供电所电能损耗理论计算的推荐方法为电量法（即电能表取数法），也可采用线路均方根电流法（即代表日负荷电流法）或节点功率法等。

（2）农村电网在进行电能损耗理论计算时，应将理论电能损耗率计算出来，以便与实际电能损耗率对比分析；还应将固定损耗电量（或可变损耗电量）在总损耗电量中所占的比例计算出来，以便为采取降损措施提供可靠的依据。

二、10（6）kV配电线路电能损耗理论计算的推荐方法

当10（6）kV线路首端装设有功电能表、无功电能表、电压表等表计时，电能损耗理论计算可用“电量法”（即电能表取数法）较为方便、精确、快捷。

线路理论电能损耗率计算公式如下

$$\Delta A_{L}\%=\frac{\Delta A_{\Sigma}}{A_{p\cdot g}}\times 100\%=\frac{\Delta A_{kb}+\Delta A_{gd}}{A_{p\cdot g}}\times 100\%$$

$$\Delta A_{\Sigma}=\Delta A_{kb}+\Delta A_{gd}\ (kW\cdot h)$$

式中　ΔA_{Σ}——线路的总损耗，kW·h；

$A_{p\cdot g}$——线路有功供电量，kW·h；

ΔA_{kb}——线路的可变损耗，kW·h；

ΔA_{gd}——线路的固定损耗，kW·h。

（一）线路的可变损耗 ΔA_{kb} 计算

$$\Delta A_{kb}=\Delta A_{l}+\Delta A_{b}$$

式中　ΔA_{l}——线路电能损耗，kW·h；

ΔA_{h}——变压器损耗，kW·h。

（1）线路电能损耗。

$$\Delta A_{1}=(A_{p\cdot g}^{2}+A_{Q\cdot g}^{2})\frac{K^{2}R_{d\cdot d}}{U_{av}^{2}t_{1}}\times 10^{-3}\ (kW\cdot h)$$

（2）变压器损耗。

$$\Delta A_{b}=(A_{p\cdot g}^{2}+A_{Q\cdot g}^{2})\frac{K^{2}R_{d\cdot b}}{U_{av}^{2}t_{b}}\times 10^{-3}\ (kW\cdot h)$$

（3）线路的可变损耗。

$$\Delta A_{kb}=\Delta A_{1}+\Delta A_{b}$$

或　$$\Delta A_{kb}=(A_{p\cdot g}^{2}+A_{Q\cdot g}^{2})\frac{K^{2}R_{d\cdot\Sigma}}{U_{av}^{2}t_{\Sigma}}\times 10^{-3}\ (kW\cdot h)$$

式中　$A_{p\cdot g}$、$A_{Q\cdot g}$——线路有功供电量，kW·h；无功供电量，kvar·h；

K——线路负荷曲线形状系数；

t_{Σ}——线路和变压器的综合运行时间，h；

U_{av}——线路平均运行电压，kV；

$R_{d\cdot\Sigma}$——线路总等值电阻，$R_{d\cdot\Sigma}=R_{d\cdot d}+R_{d\cdot b}$，Ω；

$R_{d\cdot d}$、$R_{d\cdot b}$——线路导线等值电阻、变压器绕组等值电阻，Ω；

t_{1}、t_{b}——线路运行时间、变压器平均运行时间，h。

（4）线路导线等值电阻 $R_{d\cdot d}$ 计算。在计算之前，首先按照导线型号、长度、输送负荷均相同者为一线段的原则，从线路末端到首端，从分支线到主干线（即按负荷递增方式）的次序，将计算线段（或支路）划分出来，编上序号，然后按线段逐一进行计算

$$R_{\mathrm{d \cdot d}}=\frac{\sum_{j=1}^{n}A_{\mathrm{j\Sigma}}^{2}R_{\mathrm{j}}}{(\sum_{i=1}^{m}A_{\mathrm{bi}})^{2}}(\Omega)$$

$$R_{\mathrm{j}}=r_{0\mathrm{j}};\ L_{\mathrm{j}}\ (\Omega)$$

式中　A_{bi}——线路上第 i 台变压器二次侧总表的实抄电量，kW·h；

$A_{\mathrm{j\Sigma}}$——由第 j 段线路供电的所有变压器实抄见电量之和，kW·h；

R_{j}、L_{j}——任意线段的电阻（Ω）、长度，km；

$r_{0\mathrm{j}}$——任意线段导线单位长度电阻值，Ω/km；

m——线路上投运变压器的台数；

n——线路分段的总数。

（5）变压器绕组等值电阻 $R_{\mathrm{d \cdot b}}$ 计算。

在计算之前，将线路上投运的变压器按台（或台区）编上序号，然后按序号逐一进行计算。

$$R_{\mathrm{d \cdot b}}=\frac{\sum_{i=1}^{m}A_{\mathrm{bi}}^{2}R_{\mathrm{i}}}{(\sum_{i=1}^{m}A_{\mathrm{bi}})^{2}}(\Omega)$$

$$R_{\mathrm{i}}=\Delta P_{\mathrm{k \cdot i}}\left(\frac{U_{\mathrm{1N}}}{S_{\mathrm{N \cdot i}}}\right)^{2}(\Omega)$$

式中　R_{i}——变压器归算到一次侧的电阻，Ω；

U_{1N}——变压器一次侧额定电压，kV；

$S_{\mathrm{N \cdot i}}$、$\Delta P_{\mathrm{k \cdot i}}$——每台变压器的额定容量，kV·A、短路损耗，W。

（6）t_1、t_{b}、t_{Σ} 的计算确定

$$t_1=24\times 天数-停电时间\ (\mathrm{h})$$

$$t_{\mathrm{b}}=\frac{\sum_{i=1}^{m}t_{\mathrm{i}}S_{\mathrm{N \cdot i}}}{\sum_{i=1}^{m}S_{\mathrm{N \cdot r}}}(\mathrm{h})\ 或\ t_{\mathrm{b}}=\frac{\sum_{i=1}^{m}t_{\mathrm{i}}}{m}(\mathrm{h})$$

$$t_{\Sigma}=\frac{t_1R_{\mathrm{d \cdot d}}+t_{\mathrm{b}}R_{\mathrm{d \cdot b}}}{R_{\mathrm{d \cdot d}}+R_{\mathrm{d \cdot b}}}(\mathrm{h})$$

式中　t_{i}——每台变压器装设的计时钟的记录时间，h。

（7）线路负荷曲线形状系数 K 值的确定。线路负荷曲线形状系数 K 值，一般 $K\geqslant 1$。首先计算出对应于线路供用电高峰月份，有较大有

功供电量的较小的负荷形状系数 K_x 值，以及对应于线路供用电低谷月份，较小有功供电量的较大的负荷曲线形状系数 K_d 值，K_x 值和 K_d 值均可按下式计算确定

$$K=\frac{I_{jf}}{I_{av}}=\frac{\sqrt{\frac{1}{24}\sum_{i=1}^{24}I_i^2}}{\frac{1}{24}\sum_{i=1}^{24}I_i} \text{ 或 } K=\frac{\sqrt{\frac{1}{n}\sum_{i=1}^{n}I_i^2}}{\frac{1}{n}\sum_{i=1}^{n}I_i}$$

式中 I_i——第 i 小时或任意一时段内的电流，A；

I_{jf}、I_{av}——均方根电流、平均负荷电流，A；

24——一天的小时数；

n——一天内电流值抄录的数目或次数。

然后绘制出线路 $K=f$（$A_{p\cdot g}$）曲线坐标图，其他月份的 K 值可根据当月有功供电量从图中直接查取，不必每月都计算一次，如图 6-1 所示。

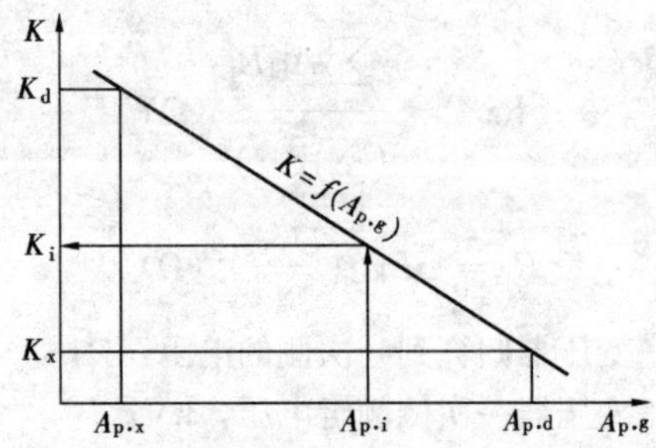

图 6-1 某线路的 $K=f$（$A_{p\cdot g}$）坐标图

$A_{p\cdot i}$—某月有功供电量；K_i—某月查取的 K 值

（8）线路平均运行电压 U_{av} 的确定。由于线路平均运行电压的确定较为麻烦，为简单方便起见，并考虑运行电压对可变损耗和固定损耗影响的互补性，一般可取 $U_{av}\approx U_N$（kV）。

（二）线路的固定损耗 ΔA_{gd} 计算

$$\Delta A_{gd}=(\sum_{i=1}^{m}\Delta P_{0\cdot i})\times t_b\times 10^{-3}(\text{kW}\cdot\text{h})$$

式中 $\Delta P_{0\cdot i}$——线路上投运的第 i 台变压器的空载损耗，kW；

m——线路上投运的配电变压器台数。

（三）线路中固定损耗所占比重

$$\Delta A_{gd}\%=\frac{\Delta A_{gd}}{\Delta A_{\Sigma}}\times 100\%$$

（四）线路最佳理论电能损耗率（或称经济运行电能损耗率）

$$\Delta A_{zj}\%=\frac{2K\times 10^{-3}}{U_{N}\cos\varphi}\sqrt{R_{d\cdot\Sigma}\sum_{i=1}^{m}\Delta P_{0\cdot i}}\times 100\%$$

式中 $\Delta P_{0\cdot i}$——线路上投运的第 i 台变压器的空载损耗，kW；

K——线路负荷曲线形状系数；

$R_{d\cdot\Sigma}$——线路总等值电阻，Ω；

m——线路上投运的配电变压器台数；

U_N——线路额定电压，kV。

$\cos\varphi$——线路负荷功率因数：$\cos\varphi=\frac{A_{p\cdot g}}{\sqrt{A_{p\cdot g}^2+A_{Q\cdot g}^2}}$

（五）线路经济负荷电流

$$I_{jj}=\frac{\sqrt{\sum_{i=1}^{m}\Delta P_{0\cdot i}}}{3K^2R_{d\cdot\Sigma}}\text{(A)}$$

三、0.38kV配电线路电能损耗理论计算的推荐方法

低压线路的理论电能损耗率

$$\Delta A_{L}\%=\frac{\Delta A}{A_{p\cdot g}}\times 100\%$$

式中 ΔA——低压线路理论电能损耗电量，kW·h；

$A_{p\cdot g}$——低压线路供电量，kW·h。

（一）低压线路理论电能损耗电量 ΔA 计算

$$\Delta A=NI_{av}^2K^2R_{dz}t\times 10^{-3}\ \text{(kW·h)}$$

式中 N——配电变压器低压出口电网结构常数，三相三线制取 $N=3$；三相四线制取 $N=3.5$；单相两线制取 $N=2$；

I_{av}——线路首端平均负荷电流，A；

K——线路负荷曲线形状系数（取值方法同10kV线路）；

R_{dz}——低压线路等值电阻，Ω；

t——配电变压器向低压线路供电的时间，即低压线路的运行时间，h。

（二）线路首端平均负荷电流 I_{av} 计算

（1）对于 100kV·A 及以上的配电变压器，其二次侧应装设有功电能表和无功电能表，此时则有

$$I_{av}=\frac{1}{U_{av}t}\sqrt{\frac{1}{3}\left(A_{p\cdot g}^2+A_{Q\cdot g}^2\right)}\ (A)$$

式中 $A_{p\cdot g}$——线路有功供电量，kW·h；

$A_{Q\cdot g}$——线路无功供电量，kvar；

U_{av}——低压线路平均运行电压，可取 $U_{av}\approx U_N\approx 0.38kV$；

t——计算电能损耗时段的时间，即配变供电时间，h。

（2）对于 100kV·A 以下的配电变压器，其二次侧可装设有功电能表和功率因数表，此时则有

$$I_{av}=\frac{A_{p\cdot g}}{\sqrt{3}U_{av}t\cos\varphi}\ (A)$$

（三）低压线路等值电阻 R_{dz} 计算

同 10kV 线路电能损耗计算一样，计算前将低压线路的计算线段划分出来，此时则有

$$R_{dz}=\frac{\sum_{j=1}^{n}N_jA_{j\Sigma}^2R_j}{N\left(\sum_{i=1}^{m}A_i\right)^2}(\Omega)$$

式中 A_i——第 i 个 380/220V 用户电能表的实抄电量，kW·h；

$A_{j\Sigma}$——第 i 个计算线段供电的所有低压用户电能表抄见电量之和，kW·h；

N_j——第 i 个计算线段线路结构常数，取值方法与 N 相同；

R_j——第 i 个计算线段导线电阻 $R_j=r_{0j}L_j$，Ω；

n——计算线段数；

r_{0j}——计算线段导线的单位长度电阻，Ω/km；

L_j——计算线段长度，km。

第四节　降低电能损耗的技术措施

一、高低压配电线路降低电能损耗措施

（一）导线截面应按经济电流密度选择

高低压线路导线截面积宜按经济电流密度选择，并以电压允许偏差

值进行校验。经济电流密度推荐值如表 6-2 所示。

表 6-2 导线经济电流密度 单位：A/mm^2

导线材料	年最大负荷利用小时数（h）		
	＜3000	3000～5000	＞5000
铝　线	1.65	1.15	0.9
铜　线	3.0	2.25	1.75

（二）重视线路改造

应重视线路的改造，改造的重点是：10（6）kV 及以上“瓶颈”线路、迂回线路、瓷件不符合要求的线路及接地电阻不满足要求的两线一地线路。

（三）采用绝缘导线或架空绝缘集束导线

0.38kV 主干线、分支线、下户线、进户线，有条件的宜采用防老化绝缘导线或防老化绝缘集束线。

（四）做好三相负荷平衡

0.38kV 三相四线制线路，三相负荷均匀分配使中性线电流不宜超过首端相线电流的 15%。

二、变电所降低电能损耗措施

（1）变压器的台数为两台及以上时，其运行方式应始终遵循电能损耗最小为目标，按电能损耗最小曲线改变其运行方式。

（2）新建变电所或更新变压器必须选用低损耗节能型变压器，有条件的宜选用低损耗节能型有载调压变压器。

（3）有载调压变压器电压调整宜采用逆调压法进行。

（4）变电所的所用配电变压器必须选用低损耗节能型。

三、配电台区降低损耗措施

（1）按照 20 世纪 60、70 年代原机械部老标准生产的配电变压器必须淘汰，更换或新投入的配电变压器应选用低损耗节能型，有条件的宜选用非晶铁芯低损耗节能型配电变压器。

（2）配电变压器应布置在负荷中心。当负荷密度高供电范围大时，通过经济技术比较可采用两点或多点布置。

（3）对于山区根据负荷分散情况宜选用单相配电变压器。

（4）排灌站专用配电变压器应按季节投切。

（5）对于用电季节性变化大的综合配电台区宜采用调容配电变压器。

(6) 搞好三相负荷平衡。一般要求配电变压器低压出口电流的不平衡度不超过10%，低压干线及主干支线始端的电流不平衡度不超过20%。

四、利用无功补偿装置降低电能损耗

(1) 农网的无功补偿应遵循“全面规划、合理布局、分级补偿、就地平衡”的原则，采用“集中补偿与分散补偿相结合，以分散补偿为主；高压补偿与低压补偿相结合，以低压补偿为主；调压与降损相结合，以降损为主”的补偿方法。

(2) 对110kV及以下变电所，宜按主变压器容量的10%～15%进行无功补偿。

(3) 10 (6) kV配电变压器按容量的5%～10%进行随器补偿：对容量在100kV·A及以上的配电变压器宜采用自动投切方式。

(4) 当10 (6) kV线路上采用无功补偿时，补偿点可设在线路的无功负荷中心处。

(5) 电动机容量在7.5kW及以上时，年运行小时超过4500h的，宜采用随电机补偿方式，补偿容量按下式确定为

$$Q=(0.9\sim0.95)\sqrt{3}U_{N}I_{0}\ (\text{kvar})$$

式中 U_N——电动机额定电压，kV；

I_0——电动机空载电流，A。

五、其他降低电能损耗的技术措施

(一) 仪表节电

110kV及以下变电所仪表及配电台区电能表应选用低损耗节能型。

(二) 电动机及弧焊机节电

(1) 高能耗电动机是指JO (J) 系列，凡是7.5kW及以上的高能耗电动机应更新或采用“磁性槽泥技术”进行改造。

(2) 新装电动机应采用Y系列高效节能型电动机。

(3) 电动机负载率应达到40%以上。通风机、鼓风机效率达不到70%应进行更换或改造。

(4) 容量较大且频繁起动的电动机宜采用调速（变频调速或变压调速）电机。

(5) 作为控制电动机的交流接触器宜选用无压运行方式。

(6) 交流弧焊机应选用节能型，非节能型弧焊机应加装空载控制装置。

第五节 降低电能损耗的管理措施

一、强化营销管理中的几个环节

（1）强化业扩工作流程管理，提高安装工艺质量。

（2）变台总表和客户表计的准确计费是直接影响低压电能损耗情况的重要因素，必须依法进行表计的检测，加强对农村户表和集装表箱的检查管理。供电所要推行良好的、相互监督的抄收管理模式，尽快改变原有的村电工拿着全村集装表箱钥匙、抄本村表的做法，并应对实抄率进行考核，严禁估抄、漏抄，减少错抄、误抄现象。

（3）加强电费核算环节，采用微机系统管理，建立和完善农户用电基础数据，并依据基础数字对农村低压电能损耗指标的统计分析；对个别异常情况，要加大检查力度和及时采取相应的得力措施。

（4）建立同步抄表制度，实行高压、低压计量表同步抄表，尽量消除因抄表时间差出现的电能损耗波动。

（5）建立计量表管理制度，明确计量表的管辖权限，积极推广应用新技术、新产品，提高计量准确度。

（6）加强营业管理，杜绝估抄、漏抄、错抄、违约用电、计量事故、错误接线。

二、量化对设备的日常巡视管理

（1）供电所应量化对设备的日常巡视管理工作，并落实到人。作到定期测试和合理调整、平衡变台低压出线三相负荷，加强设备维护管理、及时处理设备缺陷，努力提高线路的安全运行水平，减少供电设备的漏电损失。

（2）建立定期母线电能表平衡制度，母线电能表不平衡率＜2%。采取多级电能表平衡方法，分析电能损耗，监控表计运行。

三、合理确定低压电能损耗考核指标

（1）应实事求是、合理确定低压电能损耗考核指标，主要是低压有损电能损耗管理指标。按照公式进行电能损耗理论计算，由于在计算中，假定的影响低压电能损耗的主要因素（如运行电压、导线质量、温度及负荷变化）等数据很难与实际相符，按照理论公式测算确定的指标一般与实际误差较大。所以要使农村低压电能损耗指标的确定尽量符合实际，对客户和用电量较少、线路较长的山区，低压电能损耗考核指标可能会超过12%以上（甚至更高），应据实、考虑各种因素确定数据。

（2）供电所要把农村低压电能损耗管理作为重要指标分解落实到人，实行专责管理；要建立健全具体的管理分析制度和低压电能损耗指标考核台账，定期进行分析和公布指标完成情况，并切实作到奖罚兑现。

（3）在对村（台区）的农村低压电能损耗考核管理中，要纠正片面的"全奖全赔"指标承包的方法，完成电能损耗指标要与各专责工资奖罚直接挂钩，而不能与电费收缴直接挂钩。要坚决制止违规分摊低损电量和堵住折算电量及虚假统计的问题。

四、建立电能损耗管理制度

（1）县级供电企业要建立对供电所的电能损耗管理制度，供电所设专责人，从事电能损耗统计、分析、考核和其他电能损耗管理工作。

（2）建立电能损耗分析例会制度，及时发现和纠正问题，并对以后的电能损耗进行预测，制定降损措施。

五、严厉制止和打击窃电行为

要加强农村用电宣传工作和依法用电管电，积极争取各部门的支持与配合，严厉打击和坚决制止偷窃电行为，努力建立起一个规范的农村用电市场秩序。

第六节　电能损耗率的统计、分析和考核

一、供电所台区电能损耗指标的确定方法

供电所台区电能损耗指标确定一般是以理论计算为基础，考虑历史完成情况，然后综合诸因素而确定。供电所台区电能损耗指标确定步骤如下：

（1）绘制负荷分布平面图。

（2）计算台区理论电能损耗值。

（3）进行实测计算。

（4）将实测值与理论值进行比较，实测值经过验证后，根据地理条件差异、工作量大小、设备状况等另加管理系数。

（5）依据历史数据，修正指标。

（6）确定电能损耗率指标。

对于每一条低压线路，供电所电能损耗管理人员均应科学合理地确定其电能损耗指标并按照责任人分片、分线、分区进行管理。

二、低压电能损耗率的统计

（一）农村低压电能损耗率分为两类

一般村内使用的配电变压器带有不同用电类别的多个客户，它依靠较多的低压线路和接户线连接到客户计费表计（称之为有损变台）。而专供乡（镇）、村或个体企业、农业排灌用电的专用配电变压器，其客户单一，配电变压器总表也作为低压计费的户表，一般把它视为无损低压线路，称之为无损变台。由此也将农村低压电能损耗率相应分为低压有损电能损耗率、低压综合电能损耗率两种管理指标。在进行统计分析时，农村低压综合电能损耗率是将一个供电所、村（台区）全部配电变压器的供用电情况作为统计对象，而农村低压有损电能损耗率只是把村内有损变台的供用电情况作为统计对象。考核低压有损电能损耗率才能真实地反映其管理水平及工作好坏。

（二）影响电能损耗统计的因素

在用电基本情况和管理水平不变的情况下，影响低压电能损耗统计的因素还有变损电量、无损电量、表损电量等变化情况，由于统计方法的不同，将直接影响到农村低压电能损耗率的统计结果。例如当一个村或台区的总用电量变化较大时，是否考虑配电变压器变损电量对计算低压电能损耗率高低的影响，成为影响农村低压电能损耗率统计结果的主要因素；而在农村集体电力设备移交县供电企业后，应不存在加收变损电量电费问题。同样，在总用电量变化不大时，是否计算无损变台用电量，对低压电能损耗率的影响也很大；而客户表损则基本是固定数。

（三）低压有损电能损耗率计算公式

为了比较科学地反映供电所及专责对低压电能损耗的管理水平，在统计时应将非管理原因且影响统计结果较大的变损电量因素剔除；鉴于表损基本为固定数，从提高实抄表率的管理要求出发，一般将表损列入确定指标时考虑，而不再单独统计或扣除表损对电能损耗的影响。因此，低压有损电能损耗率计算公式为

有损供电量＝村内有损变台总表电量(不包括变损电量)

有损售电量＝村内有损变台客户表计实抄电量

有损电能损耗电量＝村内有损变台总表电量(不包括变损电量)－村内变台客户表计实抄电量

低压有损电能损耗率＝低压有损电能损耗电量/村内有损变台总表电量(不包括变损电量)×100％

同时，还应列表统计计算每位责任人完成低压电能损耗情况、每条400V以下线路电能损耗情况、每个变台电能损耗情况。

（四）低压综合电能损耗率计算公式

考虑到在电能损耗统计上与10kV配网电能损耗率的衔接，以便对整个电网的效益情况真实正确地进行分析，必须对农村低压综合电能损耗率进行统计。低压综合电能损耗率为对供电所或村、电工组所辖全部变台（包括村内变台、企业和农灌专用变台）进行的电能损耗统计方法。其计算公式为

综合供电量＝所辖全部变台总表合计电量（包括各变台变损计费电量）

综合售电量＝所辖全部变台各类客户表计合计实抄电量

综合电能损耗电量＝所辖全部变台总表合计电量（包括各变台变损计费电量）－各类客户表计合计实抄电量

低压综合电能损耗率＝低压综合电能损耗电量/所辖全部变台总表合计电量（包括各变台变损计费电量）×100％

三、低压电能损耗率的分析

（一）电能损耗分析的目的和意义

电能损耗分析是电能损耗管理工作的最后一道环节，其目的在于鉴定网络结构和运行的合理性，找出计量装置、设备性能、用电管理、运行方式、理论计算、抄收统计等方面存在的问题，以便采取降损措施。另外，通过客观的统计分析，可以分清电能损耗管理责任，是全面落实县供电企业电能损耗指标考核的依据和基础，其重要性不言而喻。

供电所应每月召开一次电能损耗分析会，针对每条线路、每个台区、每个电压等级的电能损耗进行全面详细地剖析，指出存在的问题，建议应采取的措施。

（二）电能损耗分析的方法

（1）应坚持分压、分线、分台区、分责任人进行统计分析。

（2）针对电能损耗偏高或偏低的线路、台区，要排查原因、找准症结、区别轻重缓急，采取对策、分步实施，努力将偏高的电能损耗降下来。

（3）将实际电能损耗与理论电能损耗进行比较，两者偏差的大小，可以看出管理上的差距，分析可能存在的问题，然后采取相应措施。

（4）与历史同期数据进行比较看其一致性。若变化比较大，应找出

其影响因素，并进行定量分析。

（三）影响电能损耗的不利因素

1. 架空线路方面

（1）线路布局不合理，近电远供，迂回供电。

（2）导线截面小，长期过负荷运行或不在最佳状态下运行。

（3）线路低负荷运行，如农电线路在非农灌期间，一般只有少量照明，配电负荷很小这样配电线路电流小，损耗所占比例大。

（4）接户线过长、过细、年久失修、破损严重。

（5）瓷横担、绝缘子表面严重积灰、油泥、污染物等物，在雾天和小雨天气，表面泄漏增加，污区不清扫、不清洗。

（6）零值、低值、破损绝缘子穿弧漏电。

（7）线路接头电阻大，增加接触面发热损耗。

（8）导线对树枝碰线引起漏电。

（9）雾天、大风碰线、倒杆引起事故。

（10）低压线路三相负荷不平衡，引起中性线电流增大，损耗相应增加。

（11）低压线路过长，末端电压过低，损耗相应增加。

2. 用电管理方面

（1）用电设备和变压器负载不配套，“大马拉小车”或“小马拉大车”，引起损耗增大。

（2）客户的无功补偿不合理，不按照经济功率因数进行补偿。

（3）电能表未按规定校验周期定期检修校验。

（4）计量互感器不符合规定要求，极性不明，精确度不够。

（5）计量设备容量大，用电负荷小，长期过负荷或空载计量。

（6）计量设备安装不符合规定，疏忽计量设备运行管理。

（7）无表及违章用电，抄表日期不固定，存在不抄、估抄、漏抄或延长时间抄表等现象。

（8）人为漏电。

3. 运行管理方面

（1）检修安排不合理，造成运行线路和变压器超负荷运行。

（2）不坚持计划检修，不进行定期清扫，造成泄漏增加。

（3）不进行负荷和电压实测工作，不经常平衡低压三相负荷，不进行移负荷工作。

四、电能损耗管理工作的考核方法

制订科学合理的电能损耗考核指标是一个基础，要真正实现电能损耗指标管理工作的考核，应采取年度责任目标考核与日常考核相结合，综合考核与单项激励相结合，电能损耗指标考核与管理工作质量相结合的办法，完善考核机制，提高管理水平。

（一）供电所电能损耗管理工作的年度考核

县公司应将电能损耗率指标作为一项重要内容，纳入与供电所的年度经营责任目标进行考核。可采用缴纳风险抵押金的办法，年终全面完成各项经营指标的，按缴纳风险抵押金的数额加倍返还，进行奖励；完不成经营目标的，扣除所缴纳的风险抵押金。具体考核指标应以县公司年初分解、下达的电能损耗率指标和签定的经营目标责任书为准。

（二）供电所电能损耗管理工作的日常考核

县公司应制订《供电所电能损耗管理考核细则》，将供电所电能损耗指标完成情况纳入考核范围，按月对各供电所进行考核兑现。当月电能损耗指标未完成时认真分析原因，采取措施进行控制。

（三）对农电工的日常考核

供电所应制订《农电工考核细则》，将 10kV 线路综合电能损耗及台区低压电能损耗完成情况作为农电工考核的主要指标。对完不成考核指标的，按考核细则规定处罚，对完成指标的按规定奖励。同时，对未完成指标的农电工，电能损耗管理人员应帮助其分析查找原因，在下个月采取有力措施。

供电所对电能损耗管理岗位人员的管理考核流程，如图 6-2 所示。

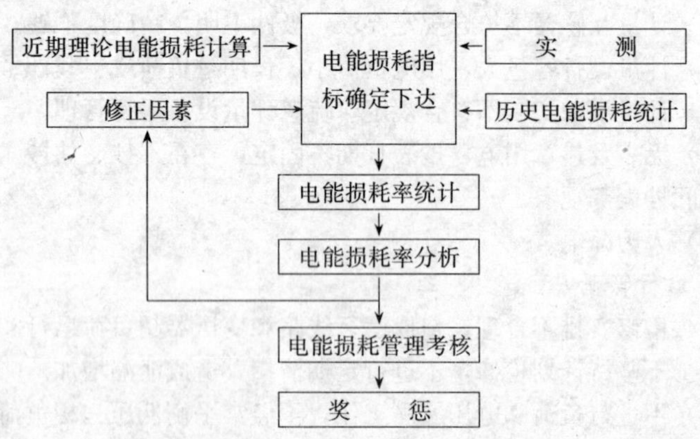

图 6-2　低压电能损耗管理工作考核流程

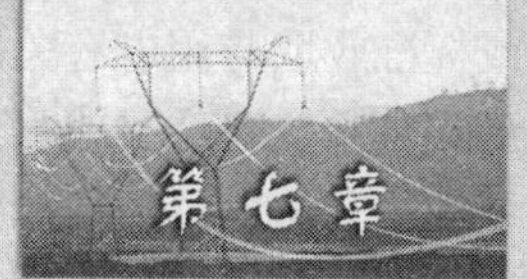

供电优质服务管理

第一节　供电服务和供电优质服务

一、什么是供电服务

供电服务是指供电企业依照国家法律法规和国家电力监管委员会颁发的《供电服务监管办法（试行）》和国家标准等规定，在电力供应活动中向社会、用户承担责任和履行义务的行为。

供电企业应当按照规定履行电力普遍服务义务。

所谓普遍服务，就是供电营业机构不得对本营业区内申请用电的单位和个人拒绝供电，供电企业应当在其营业场所公告用电的程序、制度和收费标准，并提供用户须知资料。

二、优质服务年活动的五项要求

前国家电力公司为贯彻三个代表重要思想，本着为国民经济持续、快速、健康发展和社会全面进步提供优质服务的宗旨，曾决定将 2001 年作为“电力市场整顿和优质服务年”。这是将“人民电业为人民”的服务宗旨的具体化，也是第一次在电力行业引入优质服务的理念。当年提出的五项要求已在电力行业深深扎根，结出硕果。现将这五项要求列于下面。

（一）建立电网调度信息公开制度

（1）坚持电网调度“公平、公正、公开”（“三公”），维护并网发电厂和电力客户的合法权益，促进电力资源的优化配置。

（2）定期发布月度、季度、年度电网调度信息。

（3）开设“三公”调度信息网页或通过适当的媒体按时发布电网调度信息，提高调度信息的及时性和透明度。

（二）规范供电企业经营行为

（1）严格执行国家电价政策和收费规定，不得随电费代收国家明令取消的各种基金、附加费、保证金等。

（2）严禁自立名目或标准收取与用电有关的费用。在城乡电网建设和改造中，不得以任何形式自立收费项目或收费标准。

（3）严格规范公司系统员工用电行为，严格规范公司系统多经企业用电行为。

（三）公开服务承诺，规范服务行为

（1）公开服务承诺和服务程序。客户办理用电手续实行“一口对外”，不得因内部管理问题拖延送电时间。

（2）提供24h电力故障报修服务。设立统一报修电话。迅速响应，及时处理，尽快恢复供电。

（3）供电设施计划检修停电，提前7天向社会公告停电的区域、线路及停电和恢复供电的时间。计划检修兑现率不低于98%。

（4）在报装工程中，对客户自建工程不指定设计，不指定施工队伍，不指定设备材料采购。

（四）提高供电质量，推出便民利民措施

（1）提高供电安全可靠性和客户端电压合格率。2001年城市地区实现供电可靠率不低于99.89%，客户端电压合格率不低于95%；农村地区供电可靠率和居民客户端电压合格率，经省（区、市）电力公司核定后，由各地市电力公司公布承诺指标。

（2）全面推进“一户一表”工程，实现供电到户，抄表到户，收费到户，服务到户。

（3）建立技术支持系统，解决客户报装报修难、咨询查询难、交付电费难的问题。

（五）加强行风建设，接受社会监督

（1）坚决反对以电谋私行为，不得发生个人或法人以电谋私的腐败现象。

（2）严格遵守职业道德规范，讲文明，讲礼貌，推行文明用语。

（3）聘请国家公务员、社会知名人士、客户代表担任社会用电服务质量监督员，对公司系统开展“电力市场整顿和优质服务年”活动进行监督。公司和公司系统各单位定期听取意见，切实改进工作。

（4）向社会公布供电服务投诉和举报电话。投诉电话应在5天内，举报电话应在10天内答复。

三、供电服务承诺

向社会公开进行供电服务承诺，这也是自有人民电业以来的第一次，而且是以国家电力公司的名义向社会公开承诺。

2001年国家电力公司供电服务承诺内容共八条如下。

(1) 公司系统所有供电营业场所公开电价标准和服务程序。

(2) 县以上营业场所实行无周休日制度。

(3) 不断提高城市地区安全可靠优质供电水平。城市地区供电可靠率不低于99.89%。城市地区居民客户端电压合格率不低于95%。

(4) 不断提高农村地区安全可靠优质供电水平。农村地区供电可靠率和居民客户电压合格率，经省（区、市）电力公司核定后，由各地市电力公司公布承诺指标。

(5) 提供24h电力故障报修服务。到达故障现场抢修的时限：城市45min；农村90min，特殊边远山区2h。

(6) 供电设施计划检修停电，提前7天向社会公告。

(7) 供电企业在受理居民客户申请用电后，5个工作日内送电；其他客户在受电装置验收合格后，5个工作日内送电。

(8) 公布电力故障报修、供电服务投诉与举报电话。国家电力公司供电服务投诉举报电话：010-63416315。

四、城市供电营业规范化服务标准

为认真贯彻“优质、方便、规范、真诚”的供电服务方针，进一步深化城市供电营业规范化服务活动，在总结“电力市场整顿和优质服务年”活动及城市供电营业规范化服务窗口建设工作的基础上，原国家电力公司制定了城市供电营业规范化服务四项标准。这里所说的城市是指地市级城市的供电企业。

(一) 服务环境及标准

(1) 营业场所应有醒目的名称标志，营业柜台应有办理各项业务的标牌。

(2) 营业场所内外环境整洁，室内有明显的禁烟标志。

(3) 在营业场所明显位置放置免费赠送的宣传资料，包括：电力法规、电费与电价、业务流程和安全用电常识等。

(4) 营业场所提倡使用开放式营业柜台。

(5) 在营业场所设有客户等候休息处，备有饮用水、饮水杯，置备客户书写台、纸、笔等。

(6) 营业场所应告示营业时间及受理业务范围、办事程序、收费项目、收费标准、收费依据、服务守则等。

(7) 窗口人员应统一着装，佩戴统一编号的服务证（章），到客户处从事用电监察、检查、抄表收费等工作时，要主动向客户出示证件，说明来意，工作完毕，向客户表示谢意。

(8) 窗口人员接待客户要主动、热情、周到，必须使用规范化文明用语，提倡使用普通话。

(9) 工程施工人员到客户处工作，要文明礼貌，主动为客户保护好环境，工作结束后要为客户打扫好现场卫生并请客户填写服务质量评价单。

(二) 服务方式

根据各地的不同情况，可按以下三种方式，为客户办理有关用电业务。

(1) 在用电营业场所实行柜台服务，办理有关用电方面的全部业务。

(2) 逐步实行电话服务，通过不断完善管理，实现“只要您一个电话，其余的事由我们来做”的目标。

(3) 有条件的地方，逐步实行网络化服务，通过网络办理查询、咨询、报装接电等各项用电业务。

(三) 服务内容及标准

(1) 营业场所设置咨询服务岗位，为客户提供电力法律法规、用电报装、电费等查询和咨询服务。

(2) 办理居民客户收费业务的时间每件不超过 5min，客户办理用电业务的时间每件不超过 20min。

(3) 客户办理新装增容用电和变更用电业务可采用多种方式，但要按规定程序统一受理，一口对外。

(4) 在受理居民客户用电申请后，5 个工作日内送电，其他客户在受电装置验收合格后 5 个工作日内送电。

(5) 严格执行值班制度，提供 24h 电力故障报修服务，到达故障现场的时限为 45min。

(6) 供电设施计划检修停电，应提前 7 天向社会公告，特殊重要客户应通知到户。

(7) 临时处理供电设施故障需停电时，应及时通知客户。

(8) 突发故障停电，客户咨询时，应做好解释工作。对造成一定影响的拉闸限电，要通过当地新闻媒体向社会各界作出解释。

(9) 加强供电可靠性管理，确保供电可靠率不低于省电力公司规定标准。

(10) 加强电压质量管理，确保居民客户端电压合格率不低于省电力公司规定标准。

(11) 严格执行国家电价政策，严禁代收国家明令取消的一切费用。

(12) 对外公布供电服务电话，逐步开通事故报修、投诉举报、业务查询和用电报装等服务功能，服务电话要在铃响5声内摘机通话。

(13) 对确有需要的伤残、孤寡老人提供上门服务。

(四) 服务监督

(1) 在营业场所设置意见箱和意见簿，广泛征集和认真听取客户意见。

(2) 聘请社会行风监督员，定期召开座谈会、走访客户，听取对供电营业服务方面的意见。

(3) 对客户服务质量方面的投诉，15个工作日内答复处理结果。

(4) 供电营业窗口实行领导接待日制度。

五、农村供电营业规范化服务标准

国家电力公司为农村供电营业规范化服务制定了六条标准。这里所说的农村供电营业是指：县供电企业及其分支机构（供电所），在固定的供电营业场所（营业厅、营业室）为客户办理用电业务的各项活动。

(一) 营业环境

(1) 营业场所有明显的名称标志。营业室内有办理各类业务的标志、标牌，统一制式，定置摆放，并在显著位置公布工作人员的姓名、照片、岗位和工号。

(2) 办公设施及用品定置管理；工、器具管理，做到账、卡、物相符。

(3) 营业场所内卫生整洁，确定卫生责任区和责任人，车辆定点存放，有明显的禁烟标志。

(4) 设立公开栏，公布现行电价、各项收费标准、业扩报装程序、服务内容和标准、用电须知、服务守则等。

(5) 营业室内设有书写台，备有向客户免费提供的用电须知、报装业务指南、收费标准、承诺内容、安全用电等方面的宣传资料。

(6) 营业室内设有客户休息座位，备有饮用水和客户意见簿。

（二）服务行为

（1）工作人员着装整洁，营业室工作人员统一着工装，全部挂牌服务。

（2）建立健全岗位责任制，严格遵守劳动纪律。

（3）工作人员必须经过培训上岗；营业室工作人员接待客户主动、礼貌、耐心、热情，使用规范化文明用语，提倡使用普通话。对客户提出的问题不得推诿、搪塞。当出现差错时，要向客户表示歉意，并及时纠正。

（4）工作人员上门为客户服务时应主动出示证件，尊重客户的风俗和习惯。工作完成后，做到设备整洁，场地清洁，并向客户发放“征求意见书”，征求客户意见和建议。

（5）工作人员不得在客户处就餐，特殊情况必须在客户处临时搭伙就餐的，应足额交纳伙食费。

（三）电价电费

（1）严格执行电费月结月清收缴制度，严禁截留挪用电费。

（2）在农电体制改革和农村电网改造完成的地区，电费的抄核收全面实行“五统一”、“三公开”、“四到户”，电费收缴情况公布率达到100%。

（3）电费票据实行微机开票，使用县（市）供电企业统一规定的格式，票据内容应明确反映出电量、电价、电费。

（4）严格执行电价政策，积极主动做好宣传工作，杜绝“三乱”、“三电”和搭车收费现象。

（5）电费账目清楚，手续健全，专柜存放。严格执行财务制度，自觉接受业务主管部门的审计和检查。

（四）报装和维修

（1）新装增容用电和用电变更等业务，由专门柜台统一受理，按规定程序，一口对外。

（2）客户业扩工程竣工验收合格并办完用电手续后，低压客户接电时间不超过3个工作日，高压客户接电时间不超过10个工作日。

（3）建立完善的事故抢修制度和措施，公开报修电话，严格值班制度。接到客户报修电话，事故抢修人员及时赶到现场，处理用电故障。

（4）农村居民用电保证率达到98%及以上，对地方重大活动、重点工程建设和农村季节性用电保证率达到100%。

(5) 计划检修停电，要提前发布停电通知。突发故障停电，客户咨询时，应做好耐心解释工作。

(五) 便民措施

(1) 定期组织便民服务活动和用电宣传活动，对确有需要的烈军属、残疾人和孤寡老人提供上门服务。

(2) 客户在营业场所交费时间，每人次不超过10min。在集中收费期间，高峰期要增设收费窗口和适当延长收费服务时间。

(3) 提倡在有条件的营业场所，设置电费语音查询系统，为客户提供方便快捷服务。

(六) 社会监督

(1) 设立并公布服务质量投诉电话，在营业场所设立意见箱或意见簿，实行所长接待日制度。

(2) 在客户中聘请服务质量监督员。定期召开客户座谈会和走访客户，听取意见或建议。

(3) 严肃查处以电谋私不正之风行为，对客户投诉做好受理记录，并在15日内答复处理情况。对重大问题的处理，按有关规定办理。

第二节 供电服务监管

一、供电服务监管内容

自国家电力体制改革后，国家电力监管委员（下称电监会）及其派出机构依据《电力监管条例》及有关法律法规，为规范供电服务行为，提高供电服务质量，维护电力使用者（下称用户）、供电企业双方的合法权益和社会公共利益，对供电服务实行监管，监管内容共有以下几个方面。

(一) 普遍服务义务

供电企业应当按照国家规定履行电力普遍服务义务。

(二) 电能质量

1. 电压合格率

供电企业应当向用户提供符合国家标准的电能。用户对电能质量有特殊要求的，可以在供用电合同中约定。

(1) 城市居民用户受电端电压合格率不低于95.00%。

（2）农村居民用户受电端电压合格率不低于90.00%。

2. 供电可靠性

供电企业应当采取措施，改善供电可靠性。

（1）城市地区年供电可靠率不低于99.80%；

（2）农村地区年供电可靠率不低于95.00%。

（三）电费和业务费用的收取标准

供电企业应当严格执行政府价格主管部门规定的电价政策及业务收费标准。

（四）保证电能计量准确性

供电企业应当严格执行《中华人民共和国计量法》及相关法律法规的规定，保证电能计量的准确性。

（五）实施电力需求侧管理

供电企业应当按照有关规定实施电力需求侧管理，在技术上指导用户科学用电、合理用电和节约用电，促进全社会电力资源优化配置。

（六）供用电合同

供电企业应当与用户签订供用电合同。供用电合同应参照国家电力监管委员会和国家行政管理总局联合印发的《供用电合同（示范文本)》。

（七）用电业务办理时限规定

供电企业应当提供多种服务方式，方便用户办理各项用电业务。

供电企业办理各项用电业务的时限应当符合以下规定：

（1）供电方案答复期限，居民用户最长不超过5个工作日，低压电力用户最长不超过10个工作日，高压单电源用户最长不超过30个工作日，高压双电源用户最长不超过60个工作日。

（2）受电工程设计文件和有关资料审核期限，低压供电用户最长不超过10个工作日，高压供电用户最长不超过30个工作日。

（3）在受电装置验收合格并办结相关手续后，10kV及以上高压用户应于7个工作日内装表接电，低压用户应于5个工作日内装表接电，零散居民用户应于3个工作日内装表接电。

（八）用户受电工程

（1）供电企业应当对用户受电工程的建设提供专业咨询和技术服务，不得指定设计、施工单位和设备材料供应商。

（2）供电企业应当按照国家有关规定，对用户的受电工程进行竣工检验，验收合格后方可送电。

（九）因故停电或限电应符合的要求

供电企业应当连续向用户供电。引起停电或者限电的原因消除后，供电企业应当尽快恢复正常供电。因故需要停电或者限电的，应当符合下列要求：

(1) 供电设施因计划检修需要停电的，应当提前 7 日公告停电区域、停电线路、停电和恢复供电的时间，并通知重要用户。

(2) 供电设施因临时检修需要停电的，应当提前 24h 通知重要用户。

(3) 因用户欠费和其他违约用电需要停电的，在送达停电通知书后，方可实施停电；对重要用户，应当在停电前 30min，将停电时间再次通知用户，方可按原定的时间实施停电。

(4) 因电网发生故障或电力供需紧张等原因需要停电、限电时，应当按照批准的限电序位表和错峰、避峰方案执行。

（十）紧急供电的电力保障

因抢险救灾、突发事件、重大政治活动需要紧急供电时，供电企业应当及时提供电力保障。

（十一）告知用户危及供用电安全的解决方案

因用户原因危及供用电安全时，供电企业应当及时告知用户，并指导其制定有效的解决方案。

（十二）故障报修和现场抢修

(1) 供电企业应当建立完善的报修服务制度，公开报修电话，24h 受理用户的电力故障报修。

(2) 供电企业应当快速、不间断地处理电力故障报修。尽快恢复正常供电。

(3) 供电企业人员到达现场抢修的时限，城区范围一般不超过 60min；农村地区一般不超过 120min；边远、交通不便地区一般不超过 180min。

(4) 因天气、交通等特殊原因无法在规定时限内到达现场的，应当向用户作出解释。

（十三）举报投诉

(1) 供电企业应当建立供电服务举报、投诉及处理制度，公开举报、投诉电话。

（2）对用户的举报、投诉，供电企业应当在10个工作日内处理完毕，并答复用户；特殊情况可延长20个工作日。

二、供电服务监管措施

（一）报送文件资料

电力监管机构根据供电服务监管的需要，有权要求供电企业报送相关文件、资料，供电企业应当如实提供。

（二）披露信息

电力监管机构有权要求供电企业按照有关规定披露下列信息：

（1）履行电力普遍服务情况。

（2）执行电能质量、供电可靠率等标准情况。

（3）重大停电、限电情况。

（4）重大事故抢修及处理情况。

（5）重大投诉及处理情况。

（三）现场检查

电力监管机构可以依法采取下列现场检查措施，实施供电服务监管：

（1）进入供电企业进行检查。

（2）询问有关人员，要求其对检查事项做出说明。

（3）查阅、复制与检查事项有关的文件、资料、投诉记录等，对可能被转移、隐匿、损毁的文件、资料、投诉记录等予以封存。

（4）对检查中发现的违反本办法的行为，有权当场予以纠正或者要求限期改正。

（四）供电服务满意度评价

电力监管机构可以选择部分供电企业开展供电服务满意度评价，并公布评价结果。

（五）处理举报投诉

电力监管机构对单位和个人的举报、投诉，应当按照相关规定处理，并为举报者、投诉者保密。

（六）受理争议

电力监管机构应当按照电力争议调解的有关规定，受理并调解供电企业和用户之间的争议。

中国将建立电力争议调解机制，设立投诉窗口，制定立案、调查、执行程序，建立行政处罚委员会制度和听证会制度，对电力市场违法违规案件进行处理。

（七）公告违规供电企业

供电企业未按供电服务监管内容实施供电服务，造成重大损失或者重大影响的，电力监管机构可以向社会公告，并在其《电力业务许可证》中予以记录。

三、对违规供电企业的处罚

（一）警告

供电企业有下列情形之一的，由电力监管机构责令改正；情节严重的，给予警告。

（1）电能质量、供电可靠率达不到规定的。

（2）违反政府价格主管部门规定的电价政策及业务收费标准的。

（3）发现用电计量装置不准或者失效，未及时处理的。

（4）指定用户受电工程的设计单位、施工单位和材料供应商的。

（5）未按照规定的时限办理用电业务的。

（6）未按照规定的程序和时限要求停电、限电的。

（7）未按照规定处理电力故障报修的。

（8）未建立投诉制度，公开投诉电话的。

（二）处分

供电企业有下列情形之一的，由电力监管机构责令改正，给予警告；情节严重的，对直接负责的主管人员和其他直接责任人员，责令供电企业给予行政处分。

（1）未按照国家规定履行电力普遍服务义务的。

（2）在抢险救灾、突发事件或者重大政治活动中，拒绝提供电力保障的。

（三）罚款与追究刑事责任

供电企业有下列情形之一的，由电力监管机构责令改正；拒不改正的，处5万元以上50万元以下的罚款，对直接负责的主管人员和直接责任人员，可以责成供电企业给予行政处分；构成犯罪的，依法追究刑事责任：

（1）拒绝或者阻碍电力监管机构及其从事监管工作的人员依法履行监管职责的。

（2）提供虚假或者隐瞒重要事实的文件、资料的。

（3）未按照规定报送材料和披露信息的。

（四）调离现任岗位

对于造成严重后果的供电企业主管人员或者直接责任人员，电力监管机构可以建议有管理权限的部门将其调离现任岗位，并且三年内不得提任供电企业同类职务。

第三节　电业员工道德规范

一、爱国守法、关爱社会

（一）爱国守法

（1）热爱祖国。了解中华民族悠久历史，继承优良传统文化，懂得国旗、国徽的内涵，会唱国歌；牢固树立中华民族自尊、自信、自强的精神和祖国利益至上的意识；艰苦奋斗，奋发图强，为把中国建设成为富强、民主、文明的社会主义国家做贡献。

（2）奉公守法。学习《宪法》和国家基本法律，遵守国家法律法规，依法行使权利和履行义务；不参加非法组织和非法活动，不搞封建迷信，自觉抵制黄、赌、毒的侵害，敢于同违法行为和邪恶势力做斗争，维护社会和企业的稳定。

（3）依法经营。熟悉社会主义市场经济基本法律法规，认真执行电力法律法规和相关法律政策，严格遵守电力市场秩序，依法办电，依法治企，自觉维护国家利益和正常的经济秩序，维护企业自身和用户的合法权益。

（二）关爱社会

（1）倡导文明。提倡健康文明的生活方式，积极参加创建文明行业、文明单位、文明城市、文明村镇、文明社区等活动；自觉遵守社会公约、条例、守则等有关规定，带头移风易俗，做文明公民，树行业新风。

（2）助人为乐。增强社会责任感、正义感，热心公益事业，关心帮助他人，踊跃参与社会扶贫济困活动，致力于建立相互友爱的人际关系；见义勇为，敢于挺身而出与违法犯罪行为做斗争，勇于制止损害公共利益和公共秩序的不良行为。

（3）保护环境。增强环境保护意识，自觉遵守环保法规，善待自然，绿化、净化、美化生活环境，讲究公共卫生，爱护花草树木、人文景观，努力节约资源。

二、诚实守信、遵章守纪

（一）诚实守信

（1）诚信做人。以诚实守信为基本准则，说老实话，办老实事，做老实人，表里如一；对自己，加强修养，完善人格，扬善去恶，光明磊落；对工作，求真务实、恪守职责，坚持真理、修正错误，以诚实的劳动创造财富、获取报酬。

（2）办事公道。按原则和政策办事，对外办理业务坚持公开、公平、公正的原则，秉公办事，一视同仁，不徇私情；处理事务实事求是，言行一致，客观公正。

（3）信守承诺。在社会经济交往和工作关系中，守信用、讲信誉、重信义，认真履行合同、契约和社会服务承诺；珍重合作关系，不任意违约，不制假售假，做到互帮、互让、互惠、互利。

（二）遵章守纪

（1）服从大局。牢固树立“全网一盘棋”思想，听从上级指挥，做到令行禁止，雷厉风行，局部服从全局，个人服从整体；坚决贯彻“安全第一、预防为主”的方针，严格执行电网调度指令，自觉维护电网正常、稳定的运营秩序。

（2）严守规章。严格遵守企业的各项规章制度，认真执行工作标准、岗位规范和作业规程；模范遵守劳动纪律，不发生违章违纪行为，杜绝违章指挥和违章操作。

（3）保守秘密。严格遵守保密法规和保密纪律，不泄露国家秘密和企业商业秘密，妥善保管涉密文件和资料，不传播、不复制机密信息和文件，不携带机密资料出入公共场所，自觉维护国家安全和企业利益。

三、敬业爱岗、优质服务

（一）敬业爱岗

（1）紧密配合。大力弘扬集体主义精神和团队精神，正确处理开展竞争与团结协作的关系；上下班次互相负责，上下工序互相把关，单位部门之间紧密配合，不各自为政，不推诿扯皮，不搞内耗，齐心协力干好工作。

（2）同心同德。上下级互相尊重，领导支持下级工作，维护职工民主权利，关心群众疾苦，自觉接受群众监督；下级服从上级管理，对工作勇于负责，创造性地完成领导交办的任务，维护企业的整体利益和形象。

（3）团结友善。同事间和睦相处，互相帮助，相互支持，善待他人；一切以工作为重，求同存异，不计较个人恩怨得失，做到处事宽容、大度，善于理解和谅解别人，努力营造心情舒畅、温暖和谐的工作氛围。

（二）优质服务

（1）恪守宗旨。坚持“人民电业为人民”的服务宗旨，坚持“客户至上、服务第一”的价值观念，忠实履行电网企业承担的义务和责任，满腔热情地为社会、为客户和发电企业服务，做到让政府放心、客户满意。

（2）真挚服务。坚持“优质、方便、规范、真诚”的服务方针，认真执行供电规范化服务标准和文明服务行为规范，自觉接受社会监督，虚心听取客户意见，做到服务态度端正、服务行为规范、服务纪律严明、服务语言文明。

（3）讲求质量。牢固树立以质量求生存、求发展的思想，做到办理业务认真，抢修事故及时，执行政策严格，不断提高服务质量和服务技术水平，保证客户用上安全、优质、可靠、经济的电能。

四、团结协作、文明礼貌

（一）团结协作

（1）热爱本职。了解电力发展史和现状，明确电网公司在社会发展中肩负的责任，树立强烈的事业心和责任感；立足本职，不断进取，做到干一行、爱一行、专一行，为企业改革发展稳定勇挑重担，乐于奉献。

（2）钻研业务。努力学习政治、业务和科学文化知识，熟练掌握本职业务和工作技能，不断学习新知识，掌握新技术，努力提高思想道德素质、专业技术素质和实际工作能力，做本专业的行家能手。

（3）追求卓越。有强烈的市场意识、竞争意识和创新意识，认真履行岗位职责，勤奋工作、勇于创新、精益求精，高标准、高质量地完成自己承担的各项任务，努力创造一流成果和突出业绩。

（二）文明礼貌

（1）仪容端庄。仪容自然大方、端庄，修饰文雅；衣着整洁、协调，工作岗位穿职业装，岗位标识佩戴规范；举止稳健，言行得体，态度谦和，精神饱满。

（2）文明待人。在与他人交往中，以礼相待，与人为善，亲切诚恳，宽宏大度；发生矛盾互谅互让，参加活动守时守约，交谈时和颜悦色，出行时互相礼让；待人礼貌热情，使用文明用语和普通话，不讲脏话。

(3) 家庭和睦。增强家庭伦理观念，自觉履行赡养老人、孝敬父母的义务，自觉承担抚养、教育子女的责任；夫妻之间平等相待、互敬互爱，实行计划生育；家庭生活精打细算，勤俭持家；邻里之间相互帮助，和睦相处。

第四节　供电服务规范

一、通用服务规范

(一) 基本道德和技能规范

(1) 坚持人民电业为人民的服务宗旨，认真贯彻优质、方便、规范、真诚的供电服务方针，不断提高供电服务质量。

(2) 严格遵守国家法律、法规，诚实守信、恪守承诺。爱岗敬业，乐于奉献，廉洁自律，秉公办事。

(3) 真心实意为客户着想，尽量满足客户的合理要求。对客户的咨询、投诉等不推诿，不拒绝，不搪塞，及时、耐心、准确地给予解答。

(4) 遵守国家的保密原则，尊重客户的保密要求，不对外泄露客户的保密资料。

(5) 工作期间精神饱满，注意力集中。使用规范化文明用语，提倡使用普通话。

(6) 熟知本岗位的业务知识和相关技能，岗位操作规范、熟练，具有合格的专业技术水平。

(二) 诚信服务规范

(1) 公布服务承诺、服务项目、服务范围、服务程序、收费标准和收费依据，接受社会与客户的监督。

(2) 从方便客户出发，合理设置供电服务营业网点或满足基本业务需要的代办点，并保证服务质量。

(3) 根据国家有关法律法规，本着平等、自愿、诚实信用的原则，以合同形式明确供电企业与客户双方的权利和义务，明确产权责任分界点，维护双方的合法权益。

(4) 严格执行国家规定的电费电价政策及业务收费标准，严禁利用各种方式和手段变相扩大收费范围或提高收费标准。

（5）聘请供电服务质量监督员，定期召开客户座谈会并走访客户，听取客户意见，改进供电服务工作。

（6）经常开展安全供用电宣传。

（7）以实现全社会电力资源优化配置为目标，开展电力需求侧管理和服务活动，减少客户用电成本，提高用电负荷率。

（三）行为举止规范

（1）行为举止应做到自然、文雅、端庄、大方。站立时，抬头、挺胸、收腹，双手下垂置于身体两侧或双手交叠自然下垂，双脚并拢，脚跟相靠，脚尖微开，不得双手抱胸、叉腰。坐下时，上身自然挺直，两肩平衡放松，后背与椅背保持一定间隙，不用手托腮或趴在工作台上，不抖动腿和翘二郎腿。走路时，步幅适当，节奏适宜，不奔跑追逐，不边走边大声谈笑喧哗。尽量避免在客户面前打哈欠、打喷嚏，难以控制时，应侧面回避，并向对方致歉。

（2）为客户提供服务时，应礼貌、谦和、热情。接待客户时，应面带微笑，目光专注，做到来有迎声、去有送声。与客户会话时，应亲切、诚恳，有问必答。工作发生差错时，应及时更正并向客户道歉。

（3）当客户的要求与政策、法律、法规及本企业制度相悖时，应向客户耐心解释，争取客户理解，做到有理有节。遇有客户提出不合理要求时，应向客户委婉说明。不得与客户发生争吵。

（4）为行动不便的客户提供服务时，应主动给予特别照顾和帮助。对听力不好的客户，应适当提高语音，放慢语速。

（5）与客户交接钱物时，应唱收唱付，轻拿轻放，不抛不丢。

（四）仪容仪表规范

（1）供电服务人员上岗必须统一着装，并佩戴工号牌。

（2）保持仪容仪表美观大方，不得浓妆艳抹，不得敞怀、将长裤卷起，不得戴墨镜。

二、营业场所服务规范

（一）营业场所环境要求

（1）环境整洁。有条件的地方，可设置无障碍通道。

（2）营业场所外设置规范的供电企业标志和营业时间牌。

（3）营业场所内应张贴“优质、方便、规范、真诚”的服务标语。公布供电服务项目、业务办理程序、电价表、收费项目及收费标准。公布岗位纪律、服务承诺、服务及投诉电话。设置意见箱或意见簿。

（4）营业场所内应布局合理、舒适安全。设有客户等候休息处，备有饮用水；配置客户书写台、书写工具、老花眼镜、登记表书写示范样本等；放置免费赠送的宣传资料；墙面应挂有时钟、日历牌；有明显的禁烟标志。有条件的营业场所，应设置业务洽谈区域和电能利用展示区。

（5）营业窗口应设置醒目的业务受理标识。标识一般由窗口编号或名称、经办业务种类等组成。必要时，应设有中英文对照标识，少数民族地区应设有汉文和民族文字对应标识。

（6）具备可供客户查询相关资料的手段。有条件的营业场所，应设置客户自助查询的计算机终端。

（二）服务内容和具体要求

（1）受理电力客户新装或增加用电容量、变更用电、业务咨询与查询、交纳电费、报修、投诉等。

（2）设置值班主任，安排领导接待日；值班主任应对业务受理中的疑难问题及时进行协调处理。

（3）县以上供电营业场所无周休日。

（4）营业人员必须准点上岗，做好营业前的各项准备工作。

（5）实行首问负责制。无论办理业务是否对口，接待人员都要认真倾听，热心引导，快速衔接，并为客户提供准确的联系人、联系电话和地址。

（6）实行限时办结制。办理居民客户收费业务的时间一般每件不超过 5min，办理客户用电业务的时间一般每件不超过 20min。

（7）受理用电业务时，应主动向客户说明该项业务需客户提供的相关资料、办理的基本流程、相关的收费项目和标准，并提供业务咨询和投诉电话号码。

（8）客户填写业务登记表时，营业人员应给予热情的指导和帮助，并认真审核，如发现填写有误，应及时向客户指出。

（9）客户来办理业务时，应主动接待，不因遇见熟人或接听电话而怠慢客户。如前一位客户业务办理时间过长，应礼貌地向下一位客户致歉。

（10）因计算机系统出现故障而影响业务办理时，若短时间内可以恢复，应请客户稍候并致歉；若需较长时间才能恢复，除向客户说明情况并道歉外，应请客户留下联系电话，以便另约服务时间。

（11）当有特殊情况必须暂时停办业务时，应列示“暂停营业”标牌。

（12）临下班时，对于正在处理中的业务应照常办理完毕后方可下班。下班时如仍有等候办理业务的客户，应继续办理。

（三）供电所服务文明用语和服务忌语（见表 7-1）

表 7-1　　供电所服务文明用语和服务忌语

序号	服务内容	文明用语	服务忌语
1	称谓	老大爷、老大娘、师傅、同志、小姐、小朋友	老头、老太婆、伙计、丫头、小孩
2	用户进门	您好！请坐！请喝水！请问您有什么事	干什么？有事快说，现在正忙，门外面等着
3	为用户办理用电业务时	请问……请稍候，我马上为您办理	喊什么，等会儿，这里忙得不可开交，少啰嗦
4	用户所办业务一时难以答复需请示领导时	对不起，您的事情应该到××找××同志，请往这边走	我解决不了，愿意找谁就找谁去！走吧，过几天听信，要不去找领导吧
5	用户所办业务部属于自己职责时	请稍候，我们研究一下。对不起请留下电话号码，我们改日答复您	不知道，找别人去，这不是我管的事，该找谁去找谁
6	用户交款时	您是××元钱，应找您××元钱，请点清收好	数清楚，少了别找我们，没零钱，找不开，后面等着去，早不准备好，快点
7	用户离开时	请您走好，再见	走吧，没事还不快走
8	接用户电话时	您好！我是××供电所，请问您有什么事	有什么事快说，别啰嗦，真烦人，不是告诉你了吗，怎么还不明白
9	到用户处	您好！我是××供电所，来抄电表（收费）	来查表（收费）了，快开门！快交钱，不认识了？交电费，快点，开门，供电所抄表的
10	填发电费通知单时	这是您的电费通知单，电量是××，电费是××，请收好	接单交费吧，单子上都有，自己看去，给你电费通知单，保存好，丢了不管
11	因错抄引起电费突增时	对不起，由于我们工作失误，电费多收，下月一定给您冲减回来	错抄多收了电费没关系，下回给你冲回来就行了，不就是多收了电费了吗
12	遇无理拒付电费，多次工作无效时	根据供用电政策规定，经过批准，给予停电，请做好准备	用电不交钱，我们马上停你的电！有意见随便告，停你的电就老实了，敬酒不吃吃罚酒

续表

序号	服务内容	文明用语	服务忌语
13	用户表损坏或丢失时	劳驾！请您介绍一下电表损坏（丢失）的情况好吗	别的用户电表不损坏、不丢失，就你家事多，现在才说早干吗来着
14	发现用户违章窃电时	同志，您是违章窃电行为，我们要根据供用电政策规定处理	你违章、偷电，我们不罚你？有能耐你告去，告哪都不怕
15	工作出现差错时	对不起，请原谅，请多批评	错了有什么，改过来不就行了
16	与用户交谈工作时	您好、请、谢谢、打扰了、劳驾、麻烦、再见	到点了，快着点。你问我，我问谁。有话直说，别耽误时间
17	离开用户家时	打扰了，再见	就这样吧，走人，喂！我们走了
18	用户打错电话时	同志，您挂错了，这里是××供电所	错了，瞎打！真烦人，看清号码再拨。错了，净瞎要
19	未听清楚，需要用户重复时	对不起，我没听清楚，请您再说一遍，谢谢您	没吃饭吗？大点声，再说一遍！没听清楚。连句话都说不清楚
20	接到电话问事，不属于我们责任时	同志，对不起，这事不属于我们管，请您挂××电话	我管不着，你问我、我问谁，不是我们管，该找谁就找谁
21	电表潜动不属于我们责任时	请不要着急，我们马上派人去处理	着嘛急呀，等着，我们抽空看看去
22	用户对校验结果不相信时	同志，检验结果电表误差没超过许可范围，按规定不返电费，请谅解	电表没问题，不返电费。信不信由你，电费照交
23	用户怀疑电表有误差，不同意交款时	本月电费请您还按时交付，如果怀疑电表有误差，可以申请校验，如确有误差，我们会返还电费的	想赖电费，没门！如怀疑电表有问题验表后再说，我只管收费，不交钱别用电
24	遇有个别用户蛮不讲理时	不要着急，有事好商量，如果您有意见，可以请有关方面解决	讲不讲理呀，怎么纠缠个没完，喊什么，有能耐告去
25	为用户接表时	请您打开开关，看看是否有电	已经修好了，今后少给找麻烦。看看有电不，给你们干活还不快点

续表

序号	服务内容	文明用语	服务忌语
26	遇有障碍物或需借椅子等物时	请您把这个挪动一下好吗？谢谢。您的椅子用完了，谢谢	快把这个搬开，别影响干活，这玩意儿不用了，拿走
27	用户询问停电时	因为线路检修，系统限电，请谅解，大约××时送电	着急什么，修好送电，等着
28	接故障报修电话时	您好，我是值班室。好的，我们派人前去修理	知道了，等着吧，现在没车去不了，我没办法
29	用户报错地址，未见去人修理又来电话时	我们已经过去了，但没有找到，请详细报一下您的地址	怎么搞的，连个地址也报不清，让我们白跑一趟
30	检修完毕时	请您把开关打开看一下是否有电	愣着干吗，你不会打开看看
31	用户向我们道谢时	没关系，这是我们应该做的	谢值几个钱，算了，谢什么，多给宣传（表扬）点就行了
32	用户前来询问图纸审核情况	您好！请坐！您的图纸正在审核中，请稍候	怎么设计得乱七八糟，拿回去修改。图纸设计有毛病，修改好了再来
33	在审核中发现问题时	您看！此处设计不符合要求，请修改一下	图纸还没审完，等着吧。急什么，图纸没审完呢
34	到竣工现场验收时	我们前来竣工验收，请协助我们的工作	叫你们头来，我们来验收
35	验收中发现问题时	经检查发现，此处不符合规程要求，请修改一下	这是怎么搞的，你们赶快修改！这是谁干的，懂不懂规程，赶快修改
36	用户工程验收合格	您的工程验收合格，可以用电	合格了，用你的电吧！凑凑合合，等着送电吧
37	用户要求修理内线时	好，我们马上去人解决	现在忙着呢，先挂个号，等排上你再说
38	客人参观检查工作时	您好！我叫×××，负责××工作，欢迎检查指导	检查吧，有什么问题我们听着，查吧，有事跟头说，这里就是这个样

三、服务承诺规范

（1）服务承诺最基本的条件是全体员工更新观念，做好培训，提高员工素质。服务承诺＝合理价格＋高质量高可靠性供电＋优质服务。

(2) 服务承诺是全公司的承诺，而不是“窗口”承诺，承诺的要县供电企业输、配等各个环节共同努力来完成，供电所才能最终实现对客户的承诺。

(3) 承诺最重要的第一目标是供电可靠程度，如果经常拉闸限电，电压、频率不稳，“窗口”微笑再多也无济于事。

(4) 服务承诺的质量要建立在高科技的基础之上，必须有良好的电脑系统，有必要的工具和办法。

(5) 服务承诺要建立在业务流程创新改革的基础之上，必须简化工作流程，加快办事速度，提高工作效率。

(6) 服务承诺是建立在客户监督的基础之上，通过意见卡、客户咨询、客户调查等各种渠道倾听客户呼声，不断改进服务质量，使服务承诺的内容不断更新、升级、提高。

四、95598 服务规范

(一)“95598”服务内容

(1)“95598”客户服务热线：停电信息公告、电力故障报修、服务质量投诉、用电信息查询、咨询、业务受理等。

(2)“95598”客户服务网页（网站）：停电信息公告、用电信息查询、业务办理信息查询、供用电政策法规查询、服务质量投诉等。

(3) 24h不间断服务。

(二)“95598”客户服务热线服务规范

(1) 时刻保持电话畅通，电话铃响 4 声内接听，超过 4 声应道歉。应答时要首先问候，然后报出单位名称和工号。

(2) 接听电话时，应做到语言亲切、语气诚恳、语音清晰、语速适中、语调平和、言简意赅。应根据实际情况随时说“是”、“对”等，以示在专心聆听，重要内容要注意重复、确认。通话结束，须等客户先挂断电话后再挂电话，不可强行挂断。

(3) 受理客户咨询时，应耐心、细致，尽量少用生僻的电力专业术语，以免影响与客户的交流效果。如不能当即答复，应向客户致歉，并留下联系电话，经研究或请示领导后，尽快答复。客户咨询或投诉叙述不清时，应用客气周到的语言引导或提示客户，不随意打断客人的话语。

(4) 核对客户资料时（姓名、地址等），对于多音字应选择中性词或褒义词，避免使用贬义词或反面人物名字。

(5) 接到客户报修时，应详细询问故障情况。如判断确属供电企业抢修范围内的故障或无法判断故障原因，应详细记录，立即通知抢修部门前去处理。如判断属客户内部故障，可电话引导客户排查故障，也可应客户要求提供抢修服务，但要事先向客户说明该项服务是有偿服务。

(6) 因输配电设备事故、检修引起停电，客户询问时，应告知客户停电原因，并主动致歉。

(7) 客户打错电话时，应礼貌地说明情况。对带有主观恶意的骚扰电话，可用恰当的言语警告后先行挂断电话并向值长或主管汇报。

(8) 客户来电话发泄怒气时，应仔细倾听并做记录，对客户讲话应有所反应，并表示体谅对方的情绪。如感到难以处理时，应适时地将电话转给值长、主管等，避免与客户发生正面冲突。

(9) 建立客户回访制度。对客户投诉，应100%跟踪投诉受理全过程，5天内答复。对故障报修，必要时在修复后及时进行回访，听取意见和建议。

(三)"95598"客户服务网页（网站）服务规范

(1) 网页制作应直观，色彩明快。首页应有明显的"供电客户服务"字样。为方便客户使用，应设有导航服务系统。

(2) 网页内容应及时更新。

(3) 网上开通业务受理项目的，应提供方便客户填写的表格以及办理各项业务的说明资料。

(4) 网上应设立咨询台、留言簿，管理员应及时对客户的意见和建议进行回复。

五、现场服务规范

(一) 现场服务内容

(1) 客户侧计费电能表电量抄见。

(2) 故障抢修。

(3) 客户侧停电、复电。

(4) 客户侧用电情况的巡查。

(5) 客户侧用电报装工程的设施安装、验收、接电前检查及设备接电。

(6) 客户侧计费电能表现场安装、校验。

(二) 现场服务纪律

(1) 对客户的受电工程不指定设计单位，不指定施工队伍，不指定设备材料采购。

(2) 到客户现场服务前，有必要且有条件的，应与客户预约时间，讲明工作内容和工作地点，请客户予以配合。

(3) 进入客户现场时，应主动出示工作证件，并进行自我介绍。进入居民室内时，应先按门铃或轻轻敲门，主动出示工作证件，征得同意后，穿上鞋套，方可入内。

(4) 到客户现场工作时，应遵守客户内部有关规章制度，尊重客户的风俗习惯。

(5) 到客户现场工作时，应携带必备的工具和材料。工具、材料应摆放有序，严禁乱堆乱放。如需借用客户物品，应征得客户同意，用完后先清洁再轻轻放回原处，并向客户致谢。

(6) 如在工作中损坏了客户原有设施，应尽量恢复原状或等价赔偿。

(7) 在公共场所施工，应有安全措施，悬挂施工单位标志、安全标志，并配有礼貌用语。在道路两旁施工时，应在恰当位置摆放醒目的告示牌。

(8) 现场工作结束后，应立即清扫，不能留有废料和污迹，做到设备、场地清洁。同时应向客户交代有关注意事项，并主动征求客户意见。电力电缆沟道等作业完成后，应立即盖好所有盖板，确保行人、车辆通行。

(9) 原则上不在客户处住宿、就餐，如因特殊情况确需在客户处住宿、就餐的，应按价付费。

(三) 供电方案答复及送电时限

(1) 已受理的用电报装，供电方案答复时限：低压电力客户最长不超过10天；高压单电源客户最长不超过1个月；高压双电源客户最长不超过2个月。若不能如期确定供电方案时，供电企业应向客户说明原因。

(2) 对客户送审的受电工程设计文件和有关资料答复时限：高压供电的最长不超过1个月；低压供电的最长不超过10天。供电企业的审核意见应以书面形式连同审核过的受电工程设计文件一份和有关资料一并退还客户，以便客户据以施工。

(3) 受理居民客户申请用电后，5个工作日内送电；其他客户在受电装置验收合格并签订供用电合同后，5个工作日内送电。

(四) 装表、接电及现场检查服务规范

(1) 供电企业在新装、换装及现场校验后应对电能计量装置加封，并请客户在工作凭证上签章。如居民客户不在家，应以其他方式通知其电表底数。拆回的电能计量装置应在表库至少存放1个月，以便客户提出异议时进行复核。

（2）对客户受电工程的中间检查和竣工检验，应以有关的法律法规、技术规范、技术标准、施工设计为依据，不得提出不合理要求。对检查或检验不合格的，应向客户耐心说明，并留下书面整改意见。客户改正后予以再次检验，直至合格。

（3）用电检查人员依法到客户用电现场执行用电检查任务时，必须按照《用电检查管理办法》的规定，主动向被检查客户出示《用电检查证》，并按“用电检查工作单”确定的项目和内容进行检查。

（4）用电检查人员不得在检查现场替代客户进行电工作业。

（5）供电企业应按规程规定的周期检验或检定、轮换计费电能表，并对电能计量装置进行不定期检查。发现计量装置失常时，应及时查明原因并按规定处理。

（6）发现因客户责任引起的电能计量装置损坏，应礼貌地与客户分析损坏原因，由客户确认，并在工作单上签字。

（7）客户对计费电能表的准确性提出异议，并要求进行校验的，经有资质的电能计量技术检定机构检定，在允许误差范围内的，校验费由客户承担；超出允许误差范围的，校验费由供电企业承担，并按规定向客户退补相应电量的电费。

（五）停、复电服务规范

（1）因故对客户实施停电时，应严格按照《供电营业规则》规定的程序办理。

（2）引起停电的原因消除后应及时恢复供电，不能及时恢复供电的，应向客户说明原因。

（六）抄表收费服务规范

（1）供电企业应在规定的日期准确抄录计费电能表读数。因客户的原因不能如期抄录计费电能表读数时，可通知客户待期补抄或暂按前次用电量计收电费，待下一次抄表时一并结清。确需调整抄表时间的，应事先通知客户。

（2）供电企业应向客户提供不少于两种可供选择的缴纳电费方式。

（3）在尊重客户、有利于公平结算的前提下，供电企业可采用客户乐于接受的技术手段、结算和付费方式进行抄表收费工作。

（七）故障抢修服务规范

（1）提供24h电力故障报修服务，对电力报修请求做到快速反应、有效处理。

（2）加快故障抢修速度，缩短故障处理时间。有条件的地区应配备用于临时供电的发电车。

（3）接到报修电话后，故障抢修人员到达故障现场的时限：城区45min、农村90min、边远地区2h，特殊边远地区根据实际情况合理确定。

（4）因天气等特殊原因造成故障较多不能在规定时间内到达现场进行处理的，应向客户做好解释工作，并争取尽快安排抢修工作。

六、有偿服务规范

（一）有偿服务的项目和收费标准

（1）对产权不属于供电企业的电力设施进行维护和抢修实行有偿服务的原则。

（2）应客户要求进行有偿服务的，电力修复或更换电气材料的费用，执行省（自治区、直辖市）物价管理部门核定的收费标准。

（二）有偿服务工作要求

（1）进行有偿服务工作时，应向客户逐一列出修复项目、收费标准、消耗材料、单价等清单，并经客户确认、签字。付费后，应开具正式发票。

（2）有偿服务工作完毕后，应留下联系电话，并主动回访客户，征求意见。

七、投诉举报处理服务规范

规范投诉举报处理程序，建立严格的供电服务投诉举报管理制度。

（一）投诉和举报的受理方式

通过以下方式接受客户的投诉和举报：

（1）“95598”供电客户服务热线或专设的投诉举报电话。

（2）营业场所设置意见箱或意见簿；在村或配电台区设置意见箱。

（3）信函。

（4）“95598”供电客户服务网页（网站）。

（5）领导对外接待日。

（6）聘请社会监督员，定期召开行风建设座谈会。多方面听取意见和建议，实行民主评议行风。建立客户接待制度和走访客户制度。

（7）其他渠道。

（二）投诉和举报处理程序和时间要求

接到客户投诉或举报时，应向客户致谢，详细记录具体情况后，立即转递相关部门或领导处理。投诉在 5 天内、举报在 10 天内答复。全部受理情况记录在案。

（三）投诉和举报处理原则

处理客户投诉应以事实和法律为依据，以维护客户的合法权益和保护国有财产不受侵犯为原则。

（四）投诉和举报管理制度

(1) 对客户投诉，无论责任归于何方，都应积极、热情、认真进行处理，不得在处理过程中发生内部推诿、搪塞或敷衍了事的情况。

(2) 建立对投诉举报客户的回访制度。及时跟踪投诉举报处理进展情况，进行督办，并适时予以通报。

(3) 严格保密制度，尊重客户意愿，满足客户匿名请求，为投诉举报人做好保密工作。

(4) 对隐瞒投诉举报情况或隐匿、销毁投诉举报件者，一经发现，严肃处理。

(5) 保护投诉举报人的合法权利。对打击报复投诉举报人的行为，一经发现，严肃处理。

第五节　供电所做好优质服务的措施

一、整合服务资源、统一服务品牌

国家电网公司提出了加强内质外形建设，树立国家电网公司优质服务形象，结合公司企业文化建设，统筹利用公司系统各种服务资源，在公司系统全面推广“国家电网”服务品牌的要求。因此每个供电所应在所有的供电营业窗口推广使用统一的服务标识。

（一）国家电网公司企业标志（见图 7-1）

（二）中国南方电网有限公司企业标志（见图 7-2）

二、建立优质服务工作常态运行机制

虽然优质服务体现在电力调度、营业窗口直接的服务上，但这种体现离不开各个专业同样优质工作的支持。也就是说服务优质是企业综合实力的体现，是电力生产的各个环节、各个部门共同完成的。因此，供电所要根据内部生产经营的特点，建立有效的工作协调机制，把优质服务工作贯穿到生产的各个环节。

图 7-1　国家电网公司企业标志图

释义：

(1) 球形的标志涵盖了国有大型企业无限发展的特征，突出了企业实力。

(2) 圆形图案是企业团结、力量的象征。又寓意了在新的市场格局中，企业与客户共同发展、和谐相处，具有较强的亲和力。

(3) 纵横交错的经纬线代表国家电网公司“经营电网”的核心业务，也代表能源安全、合理、及时的传输。

(4) 标志的标准色为绿色，代表国家电网公司为社会提供洁净能源，树立良好的企业形象。

中国南方电网
CHINA SOUTHERN POWER GRID

图 7-2　中国南方电网有限公司企业标志图

释义：标志是汉字“电”的变形，纵横交错的经纬线代表了南方电网公司“经营电网”的核心业务。体现了西电东送，代表了“统一开放、结构合理、技术先进、安全可靠的电网发展目标和分三步走的发展计划。

三、完善业务体系、规范服务流程

整合营销、调度、生产、计划等服务资源，规范业务流程，确保服务工作规范高效。加强营销技术支持系统建设，完善95598客户服务系统的功能，推行“一站式”服务。深化体制改革，整合业务流程，建设好客户服务中心，为客户提供专业化服务。对城乡居民客户主动上门服务，对大企业客户实行客户代表制，为客户提供个性化服务。

四、强化服务窗口建设，提升规范化服务水平

不断完善供电营业规范化服务标准，进一步加强规范化服务窗口建设。城市规范化服务窗口达标率达到100%，农村规范化服务窗口达标率达到80%。加强示范窗口的监督和检查，确保示范窗口的整体质量，以示范窗口建设带动规范化窗口建设，以规范化服务推动优质服务工作的不断深入。

所有营业场所统一张贴、悬挂“三个十条”，让广大客户家喻户晓、人人皆知。严格执行供电服务行为“十个不准”，加强作风建设，严格自律，树立公司良好服务形象；制定切实可行的实施方案，层层落实责任制，认真履行供电服务“十项承诺”，加强监督与考核，不断提升公司的服务质量，树立公司诚信服务形象。

制订切实可行的优质服务考核评价办法，逐步建立和完善对规范化窗口达标率、电压合格率、供电可靠率、服务承诺兑现率、投诉举报结案率、客户满意度指数等的监督考核。建立和完善社会监督评价机制，定期开展客户满意度调查，行业作风测评，通过调查和测评，了解客户的期望和内在需求，深化和延伸优质服务工作。

认真对待客户的投诉，及时与投诉客户沟通，对反映的问题进行认真分析研究，利用客户投诉这面镜子，改进和完善服务工作，努力实现事后监督向事前控制的转变，使优质服务工作的质量不断提升。对于有令不行、违章违纪的事件，在全公司进行通报，对于责任人按照规定进行严惩。

下面列出国家电网公司2005年为做好供电优质服务提出的“四个服务”和“三个十条”。

附：

“四个服务”和“三个十条”

国家电网公司为切实抓好“四个服务”，在2005年掀起了新一轮的供电优质服务高潮。

国家电网公司提出的四个服务是：

(1）服务于党和国家的工作大局。

(2）服务于发电企业。

(3）服务于电力客户。

(4）服务于社会发展。

国家电网公司提出的“三个十条”，是国家电网公司大力加强行风建设、全面提高电力优质服务水平的重大举措，是国家电网公司内强素质、外塑形象的重大基本建设，是国家电网公司贯彻科学发展观，维护改革发展稳定、积极促进构建社会主义和谐社会的具体行动。

(一）员工服务十个不准

国家电网公司员工服务“十个不准”内容如下：

(1）不准违反规定停电、无故拖延送电。

(2）不准自立收费项目、擅自更改收费标准。

(3）不准为客户指定设计、施工、供货单位。

(4）不准对客户投诉、咨询推诿塞责。

(5）不准为亲友用电谋取私利。

(6）不准对外泄漏客户的商业秘密。

(7）不准收受客户礼品、礼金、有价证券。

(8）不准接受客户组织的宴请、旅游和娱乐活动。

(9）不准工作时间饮酒。

(10）不准利用工作之便谋取其他不正当利益。

(二）供电服务十项承诺

国家电网公司供电服务“十项承诺”内容如下：

(1）城市地区：供电可靠率不低于99.90%，居民客户端电压合格率不低于96%；农村地区：供电可靠率和居民客户端电压合格率，经国家电网公司核定后，由各省（自治区、直辖市）电力公司公布承诺指标。

(2）供电营业场所公开电价、收费标准和服务程序。

(3）供电方案答复期限：居民客户不超过3个工作日，低压电力客户不超过7个工作日，高压单电源客户不超过15个工作日，高压双电源客户不超过30个工作日。

(4）城乡居民客户向供电企业申请用电，受电装置检验合格并办理相关手续后，3个工作日内送电。

(5）非居民客户向供电企业申请用电，受电工程验收合格并办理相关手续后，5 个工作日内送电。

(6) 当电力供应不足，不能保证连续供电时，严格执行政府批准的限电序位。

(7) 供电设施计划检修停电，提前 7 天向社会公告。

(8) 提供 24h 电力故障报修服务，供电抢修人员到达现场的时间一般不超过：城区范围 45min；农村地区 90min；特殊边远地区 2h。

(9) 客户欠电费需依法采取停电措施的，提前 7 天送达停电通知书。

(10) 电力服务热线“95598” 24h 受理业务咨询、信息查询、服务投诉和电力故障报修。

(三) 三公调度十项措施

国家电网公司“三公”调度“十项措施”内容如下：

(1) 坚持依法公开、公平、公正调度，保障电力系统安全稳定运行。

(2) 遵守《电力监管条例》，每季度向有关电力监管机构报告“三公”调度工作情况。

(3) 颁布《国家电网公司“三公”调度工作管理规定》，规范“三公”调度管理。

(4) 严格执行购售电合同及并网调度协议，科学合理安排运行方式。

(5) 统一规范调度信息发布内容、形式和周期，每月 10 日统一更新网站信息。

(6) 建立问询答复制度，对并网发电厂提出的问询必须在 10 个工作日内予以答复。

(7) 完善网厂联系制度，每年至少召开两次网厂联席会议。

(8) 聘请“三公”调度监督员，建立外部监督机制。

(9) 建立责任制，严格监督检查，将“三公”调度作为评价调度机构工作的重要内容。

(10) 严肃“三公”调度工作纪律，严格执行《国家电网公司电力调度机构工作人员“五不准”规定》。

五、做好知识和技能培训，全面提高服务人员素质

开展“以人为本，忠诚企业，奉献社会”为主题的营销知识问答活动，树立正确的服务理念，培养良好的职业道德，把“努力超越、追求卓越”的企业精神，融入每个员工的思想中，落实在实际行动上。

开展农村供电所长知识技能竞赛活动，抓好用电营业班组建设，做

到事事有标准，项项有考核。在服务标准化、规范化的基础上，根据当地的用电特点，因地制宜，创新服务，逐步把基层班组建设成为专业化、现代化、科学化的服务窗口。

(1) 加强对供电所人员的技术培训和职业道德教育，提高人员素质。

(2) 建立完善的培训制度，实行上岗培训、定期培训、全员培训等。

(3) 举办各类培训班进行强化培训。在加强对职工的职业道德教育的同时，组织开展各类学习和技术业务培训，努力提高职工技术业务水平。

(4) 对职工进行培训要注重效果，不要走形式，要在过去重视技术培训的同时加强综合素质和规范服务方面的内容。

(5) 每期培训班结束后，要进行严格的考试。对考试不及格的，进行补考，补考不及格的，予以解聘。

(6) 选拔优秀人才送出去培训。采取脱产和在职相结合的形式进行较为系统的培训。

(7) 对有业务技术专长的人员进行吸纳、引进。企业要发展，需要不断吸收新人才作为重要资源。

(8) 大力提倡、鼓励职工自学成才。

供电所现代化管理

第一节　计算机管理信息系统的组成

一个计算机系统包括硬件系统和软件系统两大部分。只有将硬件系统与软件系统有机的结合起来，才能显示出计算机的强大功能。一个计算机系统的基本组成，如图 8-1 所示。

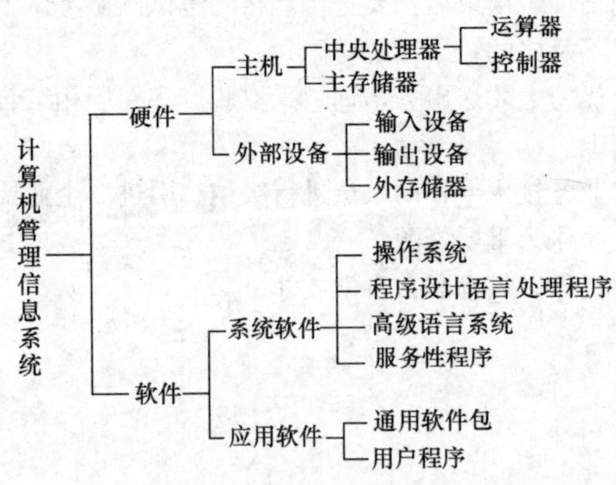

图 8-1　计算机系统的基本组成

一、硬件

（1）运算器。运算器又称算逻部件，简称 ALU，是计算机用来进行数据运算的部件。

（2）控制器。控制器是计算机的指挥中心，计算机的工作就是在控制器控制下有条不紊地工作的。

（3）存储器。存储器是个具有记忆能力的部件，用来存放程序或数据。

（4）输入设备。输入设备是用来输入程序和数据的部件，它由两部分构成：输入接口电路和输入装置，输入装置很多，如：键盘、鼠标器、光笔、图像扫描仪、数字化仪、磁盘机等。

(5) 输出设备。输出设备是用于输出结果的部件，它也包括两部分：输出接口电路和输出装置。计算机最基本的输出装置是显示器，常用的还有打印机、绘图仪和磁盘机等。

二、软件

(1) 系统软件。系统软件是指管理、监控和维护计算机系统正常工作的程序和有关资料。在系统软件中操作系统最重要，因为它直接与硬件接触，管理和控制硬件资源，为用户使用计算机提供了一个友好的界面。

(2) 应用软件。应用软件是指为解决某个实际问题而编制的程序和有关资料，分为通用软件包和用户程序。通用软件包是软件公司为解决带有通用性问题而精心研制的程序，而用户程序是特定用户为解决特定问题而开发的软件。

第二节　供电所管理信息系统

一、供电所实行信息化管理的意义和作用

供电所信息化管理是指利用计算机为基础的信息技术，去改善供电所的各项管理，从而从根本上对供电所传统的思维方式、管理理念、工作机制、资源配置和权力结构产生深刻的变革。信息化管理是供电所规范化管理的重要体现和辅助手段。

(1) 信息技术代表了当今世界最先进的生产力，其作为管理手段在供电所中应用，既会带动供电所乃至县级供电企业的管理革命，又必将带来供电所和整个县供电公司管理的规范化。

(2) 信息化管理是供电所规范化建设的主要载体。供电所作为县级供电企业的最基层单位，其管理涉及机构和人员、安全生产及设备管理、营销管理、专业技术、优质服务和基础资料管理等诸多方面。要规范供电所上述管理，必须在信息技术的支持下，以供电所的生产经营为主线，梳理、整合、优化、规范供电所管理流程，从而真正实现供电所规范化、专业化、系统化管理。

(3) 借助信息化管理，能有效的提高供电所综合管理能力和监管水平。由于信息化管理涉及供电所生产经营、管理监督、辅助决策等各个环节，涵盖了供电所机构和人员、安全生产及设备管理、营销管理、专业技术、优质服务和基础资料管理等功能模块，因此，它必将极大地提

高供电所综合管理能力和监管水平，并为促进供电所电量的增长、效益的提高发挥积极的作用。

二、管理信息系统的定义和功能

（一）定义

1. 信息的定义

信息是经过加工后的数据，它对接收者有用，它对决策或行为有现实或潜在的价值。

2. 系统的定义

系统是由一些部件组成的，这些部件间存在着密切的联系，通过这些联系达到某种目的。因而系统也可以说是为了达到某种目的的相互联系的事物的集合。这里目标、部件、连接是不可缺少的因素。

3. 信息系统的定义

简言之，一个系统，输入的是数据资料，经过处理后，输出的是信息，这个系统就是信息系统，如图 8-2 所示。

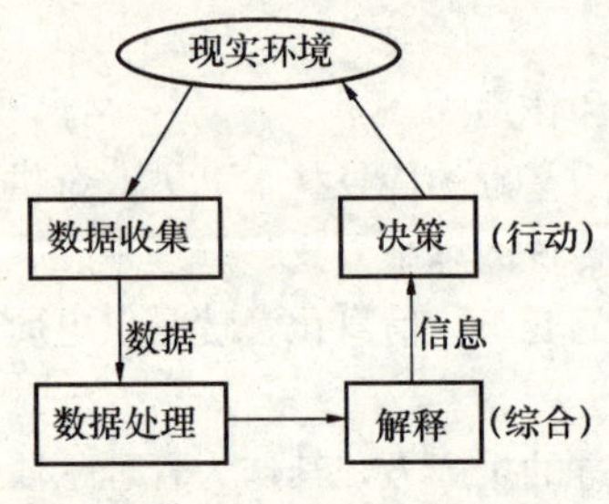

图 8-2 信息系统

它通过外界环境，将数据收集起来，进行综合和解释，变成信息提供给管理人员，以便他们进行决策，然后再将决策信息输出到外界去。

4. 管理信息系统定义

管理信息系统是“一个由人、计算机等组成的能进行信息的收集、传送、储存、加工、维护和使用的系统。管理信息系统能实测企业的各种运行情况；利用过去的数据预测未来；从企业全局出发辅助企业进行决策；利用信息控制企业的行为；帮助企业实现其规划目标”。

（二）管理信息系统的功能

（1）准备和提供统一格式的信息，使各种统计工作简化，使信息成本最低。

（2）及时全面地提供不同要求的、不同细度的信息，以期分析解释现象最快，及时产生正确的控制。

（3）全面系统地保存大量的信息，并能很快地查询和综合，为组织的决策提出信息支持。

（4）利用数学方法和各种模型处理信息，以期预测未来和科学地进行决策。

三、开发供电所计算机管理系统的原则

在开发适用于全国供电所的计算机管理系统时，必须坚持以下原则：第一，必须坚持以本手册前七章所述的供电所安全生产管理、电能损耗管理、电压合格率管理、供电可靠性管理、设备运行维护检修管理、营销管理、规范化服务管理为依据。第二，选用先进的技术，开发实用的软件。目前，计算机技术飞速发展，新的开发工具层出不穷。因此，在选择技术先进的开发工具的同时还要兼顾它的通用性。而开发过程中还要考虑到农电系统计算机应用基础差、水平参差不齐的现状，开发出的应用系统要保证界面简洁直观、操作简便、易于维护、运行安全可靠。第三，以结构灵活适用不同的需求。我国幅员广阔地区差异大，因此，我们要从管理和业务流程上规范化、标准化供电所的管理。同时，在计算机技术实现手段上要结构灵活，既要有单用户运行方式，也要有多用户运行方式，以保证适应不同的地区、不同的业务数据量、不同的经济条件的供电所的应用。第四，保证系统接口规范。供电所计算机管理系统是县级供电企业 MIS 系统的子系统，是县级供电企业 MIS 系统的数据加工和采集点，因此，必须保证两级系统之间的接口完好。同时，供电所计算机管理系统作为一个独立系统要保证与其他相关系统有开放的数据规约和接口。

要想真正搞好供电所的配电生产和用电营销工作，跟上信息时代的步伐，必须尽快为供电所开发一套功能齐全、技术先进、安全可靠、界面友好的计算机管理系统。

四、供电所计算机管理系统

（一）供电所计算机管理系统的子系统

供电所计算机管理系统是县级供电企业计算机管理信息系统的分系统，按照供电所的业务范围和岗位责任，供电所计算机管理系统应包括以下子系统：营销管理、安全生产管理、电力负荷管理、优质服务管理等，如图 8-3 所示。

（二）营销管理子系统

（1）业扩报装模块实现业扩报装与用电变更管理的自动化，取消手工工作票传递，对各类工作票进行动态管理，建立和修改用户用电档案，收取贴费、保证金等各种业务费用，真正实现“一口对外”。该模块的重点放在用电申请和工作票的管理上。同时把与工作票相关的业务

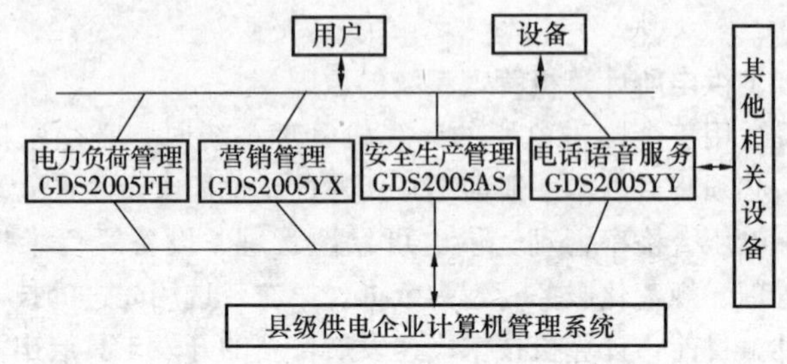

图 8-3 供电所计算机管理系统

渗透到工作票的管理中。通过工作票的管理，将业扩报装的各个步骤连接起来形成规范的流程，并随流程采集、整理出用户用电档案。

（2）电量电费模块实现对供电营业区内所有用户的抄表、核算、收费、差错、欠费处理等日常营业工作进行管理。

（3）计量管理模块实现对辖区内用户计费和电能损耗考核的电能计量装置的全面管理，包括电能表和互感器的档案管理、定期轮换管理、计量差错和追退电量管理，以及对新装、撤出、故障更换等工作管理。

（4）检查管理实现用户人身触电事故、设备事故及违约用电、窃电的管理。

（5）电能损耗管理模块是对供电营业所管辖的高压线路和低压台区的供电量和售电量进行准确统计，产生有关考核指标，并进行对比分析。对供电量、售电量、损失电量、当月电能损耗率、当年累计电能损耗率的统计、查询，可按低压台区、乡村、高压线路、全所等分类进行，并使用户可方便地输出各类报表。

电能损耗分析可以帮助管理人员掌握当年各月电能损耗率的变化趋势以及与去年同期电能损耗率的对照比较，分析结果可以形象的以数据列表和多种图形形式显示。

（6）综合查询模块将各项业务（业扩报装、电量电费、电能损耗管理、计量检查）所产生的原始数据进行处理，生成各种统计报表和相应的直方图、折线图、饼图，显示重要信息和主要经营指标，为管理人员的决策、分析提供帮助。同时该模块可以将统计生成的各类统计报表转化为 DBF 文件，通过调制解调器联网使数据上报县（市）供电公司。

本模块还应具有自定义报表的编辑功能，使管理人员可根据需要添加新的报表，并对报表的数据来源、显示格式进行编辑、修改。

（7）数据维护模块主要是针对供电营业所计算机管理系统中所用到的一系列对照表、用户信息、计量信息、电费信息、电能损耗考核信息等基础数据进行维护，同时也是对基础数据标准化、规范化过程。在系统的前期运行中，主要用于准备各种基础数据，起到初始化整个系统的作用。而在系统正常运作后，为了保证系统安全稳定的运行及数据的完整性、正确性，可以在操作人员权限许可的情况下进行正常的数据修改。

（三）安全生产管理子系统

（1）电气接线图管理实现配网（10kV线路及380V、220V低压配电线路）图形的编辑、修改、放大、缩小、漫游、量尺、制图成册功能，图中以标准符号表示每种设备，图符与设备数据相对应，实现配电变压器、油断路器、跌落式熔断器等设备的查询。

（2）设备档案管理设备档案作为配电管理的基础，包括架空线路档案、变压器档案、杆塔与导线档案、柱上断路器档案、隔离开关档案、跌落式熔断器档案、避雷器档案、电容器档案和交叉跨越点档案。在配电管理的实现工作中，各种设备具有一定的层次关系。《供电所计算机管理系统——安全生产管理》软件根据实际情况，利用树状结构形象地表示出设备的层次关系。

（3）运行管理实现对配网线路及其设备运行的巡视工作管理。

（4）检修管理实现对配网线路及其设备的检修工作管理。

（5）测试管理实现配电设备定期测试和试验管理。

（6）电压监测管理实现电压监测点档案和电压监测数据记录。并根据监测数据分别计算各监测点、各条线路以及整个配电网的电压合格率。

（7）配电管理统计、查询实现对设备情况、设备缺陷和设备完好率进行统计。并针对统计内容，可以使用各种组合条件进行查询。

（8）安全管理实现安全合格证管理、安全“四种人”管理、工作票管理、人身事故管理、设备事故管理、机动车管理和安全用具管理。

（四）应用电话语音系统

（1）查询功能实现电力法规、服务指南（公约）、营业指南、收费标准、电费查询、节电常识、安全用电的语音查询功能。

（2）自动催费实现电话语音自动催交客户所欠电费、违约金等。

（3）事故抢修服务实现用电事故报修录音、事故抢修工作人员自动寻呼。

（4）投诉录音实现用户举报投诉电话自动录音功能。

五、实现供电所计算机管理应具备的条件

供电所计算机管理系统的开发与建设是一项计算机技术、通信技术与电力企业管理相结合的系统工程，是建立在科学化、规范化、标准化管理基础之上的现代化管理手段。因此，要实现供电所计算机管理应具备如下条件：

(1) 领导重视、支持和参与是计算机管理系统开发和应用成功的关键。计算机管理系统是一个人机结合的系统工程。对一个供电所来说，是一个引入新观念、新方法和新手段的改革过程。它涉及到供电所的各个部门、各类人员，是一项全局性的工作，是管理领域的一项革命，没有领导的决心、正确的决策、统筹安排和强有力的指挥，是很难开发和应用成功的。

(2) 具备有先进合用的计算机硬件设备。

(3) 具备有一套先进合用的计算机软件，特别要求有一套能满足供电所配电、安全、营销、服务各项管理内容的功能齐全、安全可靠、界面友好的应用软件。

(4) 具有一定的科学管理基础。计算机管理系统的开发与应用成功有赖于很好的管理基础，离不开及时、可靠、有效的数据支持，反过来又能进一步改善管理工作，使之更科学、更合理和更完善。

为了适应计算机辅助管理的要求，供电所应抓紧建立规范化的管理制度和标准化的业务流程，逐步实现管理工作程序化、报表文件统一化，只有这样，才能充分发挥计算机管理系统的效能。

(5) 加强计算机专业人员和广大职工的计算机知识培训。

1) 电力法规培训。如《中华人民共和国电力法》、《电力供应与使用条例》、《供电营业规则》等。

2) 电业规章制度培训。如《电业安全工作规程》、配电运行与检修有关规程、上级颁发有关用电营销方面的工作标准与管理办法。

3) 配电生产与用电营销各工作岗位涉及的专业技术理论培训。

4) 现代化管理方法与知识培训。

5) 计算机硬件、软件及管理信息系统知识培训。

六、供电所计算机系统维护管理

(一) 计算机系统维护管理岗位设置

供电所计算机维护由县级计算机管理人员总体负责，供电所计算机兼职人员负责基本的维护，保证计算机及网络的安全。

供电所应设一名兼职的计算机维护人员，必须由熟练掌握计算机专业知识，并具有较强的事业心和责任心的员工担任。

供电所计算机系统岗位职责要求如下：

（1）负责目前供电所各类计算机日常管理维护及技术指导工作。

（2）熟悉日常使用的计算机操作系统,并且能够做到简单的日常维护。

（3）保证供电所的应用网络设备的安全，计算机网络设置符合安全要求；要能够处理简单的网络故障。

（4）能够较为熟练指导供电所其他人员应用各种应用的管理信息系统，并能对出现的简单故障处理。

（5）不能处理的问题应及时汇总和上报。

（6）上级安排的有关计算机管理工作。

（二）供电所计算机系统维护范围

随着供电所信息化的发展，供电所计算机使用量也越来越大，计算机的维护量也随之增加。供电所计算机维护分为硬件、操作系统、应用软件、网络连接等几个方面。

供电所计算机维护按照职责要求，计算机维护分为供电所兼职计算机管理人员自行处理的问题以及由县供电企业系统管理人员处理的故障。计算机维护的范围主要有以下几个方面：

（1）计算机硬件故障。

（2）操作系统问题。

（3）供电所信息管理应用软件问题。

（4）病毒问题。

（5）办公常用软件问题。

第三节 电力负荷管理

一、用电负荷的构成与管理

（一）用电负荷构成

除电力企业自身负荷之外的其他用电负荷构成用电负荷。

用电负荷构成即是对一定范围（一个地区、一个部门、一个企业、一个车间等）用电负荷组成的种类、比重及其相互之间关系的总体表述，称用电负荷构成，简称“用电构成”。

分析研究用电负荷的构成，有利于及时掌握用电负荷的变化规律及发展趋势，有利于用电负荷的科学管理，有利于计划用电工作的开展。同时通过用电负荷的构成还可以看出国家或地区在各个时期的经济政策、国民经济状况和人民生活水平。

（二）用电负荷管理

用电负荷是电力总负荷中的主要部分，所以对其管理更是重要。

用电负荷涉及国民经济和人民生活的各个行业及领域，所以面广、点多。由于思想观念的、历史的等多方面原因，造成用电负荷中的不少用电设备性能差、陈旧、生产工艺流程落后，电能利用率低。用电人员及用电管理人员素质不高，法制观念薄弱，管理水平低。同时，一些企业受眼前利益的驱动，节能和环保意识不强，造成电能严重浪费，存在的问题不少，亟待解决。

用电负荷的管理不仅关系电网安全、稳定的运行，同时，关系到电力企业与用户的眼前及长远利益，更关系到国家利益和全人类的生存环境，因此，加强用电负荷的管理意义重大。

用电负荷的管理首先应在国家健全的政策法规前提下，提高思想认识，完善监督机制。供、用双方应共同努力，尤其是电力企业要深入到每个用电户中，详细了解、掌握各类用户的用电方式、用电特点，找出症结所在，才能有的放矢地将用电负荷管理中的问题解决好。

二、负荷调整

（一）为什么要进行负荷调整

由于用户的用电性质不同，各类用户最大负荷出现的时间也不同。当用电负荷增加时，电力系统发电机出力也应随之增加；当用电负荷减少时，电力系统的发电机出力也须相应减少。如果各种用户最大负荷出现的时间过分集中，电力系统就得有足够的发电机出力满足用户需要，否则电力系统的电源和负荷不能平衡，出现供小于求的状况，造成低频率运行。当用电负荷高峰时间一过，系统电源多于用电负荷，造成高频率运行。这些情况的出现都会带来很大危害，同时增加了系统的大量投资。要想保证电网安全、经济地运行，就要进行负荷调整。

（二）进行负荷调整对电力系统的好处

（1）节约国家对电力工业的基建投资。

（2）提高发电设备的热效率，降低燃料消耗，降低发电成本。

（3）充分利用水利资源，使之不发生弃水状况。

（4）增加电力系统运行的安全稳定性和提高供电质量。

(5) 有利于电力设备的检修工作。

（三）进行负荷调整对广大用电户的好处

(1) 可节省国家对用户设备的投资。

(2) 由于削峰填谷，将高峰时段用电改在低谷时段用电，减少了电费支出，从而也降低了生产成本。

(3) 对市政生活有利。由于采取调整负荷措施，各工厂企业职工均匀轮休，并错开上下班时间，从而使地方交通运输、供水供煤气等服务性行业、文化娱乐场所等等的负荷都能实现均匀化。

三、电力负荷管理系统

（一）什么是电力负荷管理系统

近几年随着经济的快速发展，人民生活水平的显著提高，用电负荷急剧上升，使全国大多数地区出现了电力短缺现象。各地电力部门配合政府制订了有序用电措施，加强了电力需求侧管理。电力负荷管理系统就是需求侧管理和电力营销的重要技术手段。

为适应需求侧管理的技术和管理的要求，规范电力负荷管理系统的建设和相关产品的生产，在国家电力公司主持下，中国电力科学研究院通信研究所牵头组织专家、科研人员起草了《电力负荷管理系统功能规范》、《电力负荷管理系统建设与运行管理办法》、《电力负荷系统通用技术条件》和《电力负荷管理系统数据传输规约》四个技术文件，并分别于 2004 年 7 月和 11 月由国家电网公司发布试行。各单位及电力用户要提高电力负荷管理系统在调整和控制电力负荷、保障电网安全运行、促进电力资源全套配置等方面重要性的认识。逐步实现电力负荷管理到户，努力做到限电不拉路，以取得最大的经济效益和社会效益。

（二）电力负荷管理系统建设有关规定

(1) 所有用电负荷在 100kV·A 及以上的用户原则上都应安装电力负荷管理终端。100kV·A 及以上的新增用电户在装表接电前必须安装电力负荷管理终端。在 2005 年 6 月 30 日夏季用电高峰前，完成所有 315kV·A 及以上大工业用户和商业用户电力负荷终端的安装；在 2005 年 12 月底之前，100kV·A 及以上至 315kV·A 间工业用户和商业用户的安装率达到 80%以上，到 2006 年 6 月 30 日之前，所有 100kV·A 及以上的工业和商业用户都安装上电力负荷管理终端。

(2) 有序用电工作小组负责推广应用电力负荷管理系统的组织和协调。供电企业负责电力负荷管理系统和终端的安装、运行维护和管理。

安装终端的用户有责任协助做好有关设备的维护，同时不能擅自更改或损坏终端的正常运行。

（3）电力负荷管理系统建设所需资金按下列原则处理：安装在电力部门内的电力负荷管理装置所需资金由供电部门承担，安装在用户侧的电力负荷管理终端设备由用户承担费用，投运后产权属供电部门。所有设备的运行维护费用和设备更新升级费用由供电部门承担。

（4）根据成本认证结论并按实从紧的原则，用户侧负荷管理终端设备价格最高暂定为23800元；由用户原因引起的装置迁移费用，每台次不超过3000元。

（5）电力负荷管理系统由供电部门统一建设，并保证其质量，为降低费用，所需设备实行统一招标购置。

（6）上述收费标准已含设备购置费、安装调试费、频道占用费、运杂费、辅材费等费用，未经批准，供电企业不得向用户收取其他任何费用。

（7）为保证资金专款专用，不挪作他用，供电部门向用户所收费用应单独建账，并接受价格、审计等部门的监督检查。

四、无线电电力负荷控制装置

（一）无线电电力负荷控制装置的特点和构成

无线电电力负荷控制装置具有投资少、见效快、方便、灵活等优点。尽管它在信息传输中衰落多、易受干扰，但通过降低传输速率、缩窄带宽、自动请求重发后，系统误码率可以小于10^{-5}，完全可以满足负荷控制的需要。

无线电电力负荷控制装置由控制中心设备和各种终端构成。以地区

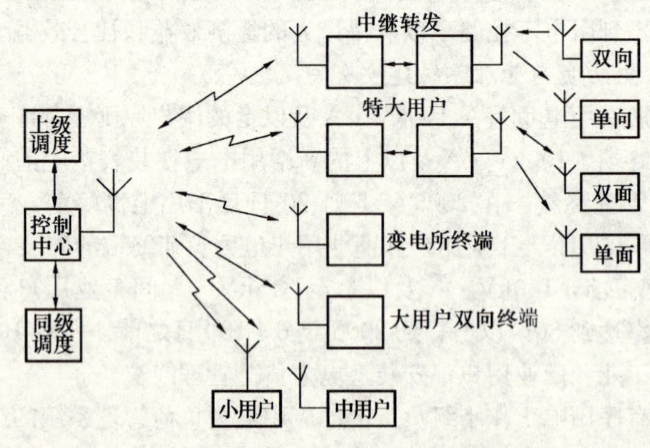

图8-4　无线电电力负荷控制系统框图

（市）为中心组成的无线电电力负荷控制装置构成如图 8-4 所示。在某些情况下，控制中心的无线电台不能覆盖整个地区时，则需要中继转发，对于某些特大用户，也需要类似中继转发的结构。

1. 控制中心

控制中心的主要设备有控制计算机及外围设备、无线电台、双机切换控制器、天线、电源等。计算机及外围设备的主要功能是进行信息处理，无线电台和天线是用来发射控制编码信号以及接收由终端发来的信息的。

2. 终端

无线电电力负荷控制装置的终端，是用来接收并执行负荷控制命令的，它可以分为三大类，即双向终端、遥控定量器、遥控开关。双向终端又可分为变电所型三遥终端和大工业用户双向终端。双向终端不仅可以执行由控制中心发来的负荷控制命令，而且还可以将采集到的数据传送给控制中心，实现遥控、遥信和遥测。遥控定量器只接受远方定值设置和是否需要控制负荷的指令，而不需要将采集到的数据向控制中心发送。遥控开关比遥控定量器更简单，不需要采集用户用电量数据，只根据控制中心的指令执行控制，一般用于较小电力用户控制或用于躲峰用电设备的控制及分时计费表计的控制。

3. 中继转发站

中继转发是将接收到的信号经放大后再转发出去。

（二）无线电电力负荷控制装置的使用方法

无线电电力负荷控制装置分壁挂式和柜式两种，如图 8-5 和图8-6 所示。

1. 显示面板按键和显示功能

在 DS-2 型双向终端的显示面板上有 8 个指示灯、8 个数码管、9 个轻触按键，这就是 DS-2 型双向终端与人对话的窗口，它最多可显示多达 178 种用电以及其他数据。

（1）指示灯为红、绿、橙三色的含义。

（通信）
- 绿：正在接收中央所发来的信息
- 橙：—
- 红：正在向中央所发送信息

（功控）
- 绿：功控投入（此时注意实时负荷不能超过功率定值）
- 橙：—
- 红：功控越限

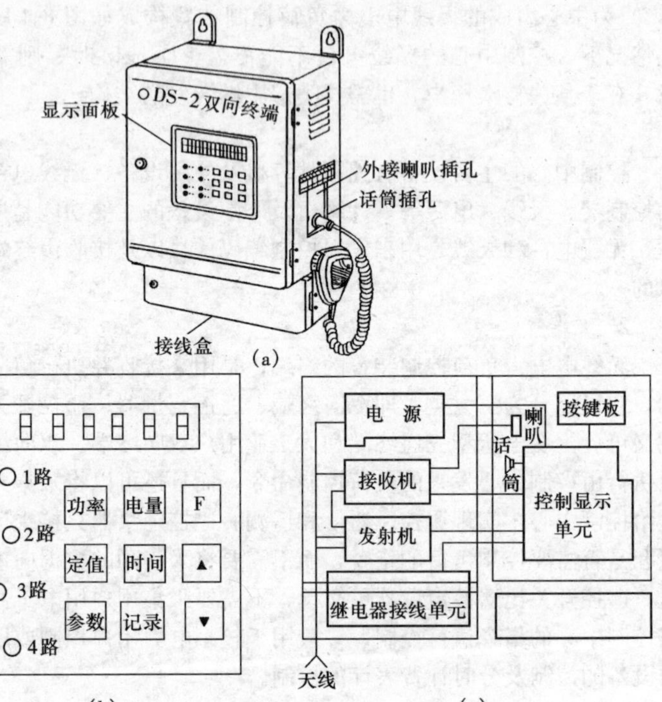

图 8-5 DS-2 型壁挂式无线电电力负荷控制装置

(a) 双向终端；(b) 显示面板；(c) 终端内部系统框图

（电控）
- 绿：电控投入（此时注意当前用电量不能超过电量定值）
- 橙：—
- 红：电量越限

（时段）
- 绿：低谷时段
- 橙：平段时段
- 红：高峰时段

（1 路）
- 绿：允许第 1 路断路器合闸
- 红：拉第 1 路闸
- 红绿交替闪烁：即将拉第 1 路闸

（2 路）
- 绿：允许第 2 路断路器合闸
- 红：拉第 2 路闸
- 红绿交替闪烁：即将拉第 2 路闸

（3 路）{ 绿：允许第 3 路断路器合闸
红：拉第 3 路闸
红绿交替闪烁：即将拉第 3 路闸 }

（4 路）{ 绿：允许第 4 路断路器合闸
红：拉第 4 路闸
红绿交替闪烁：即将拉第 4 路闸 }

（2）薄膜按键共 9 个，分为以下三类：

1 类：【功率】【电量】【定值】【时间】【参数】【记录】

2 类：【▲】【▼】

3 类：【F】

第 1 类键为项目键，第 2 类键为换行键，【F】为复合键。如按了【时间】键后，进入时间项目显示，再按【▼】键则依次显示时分秒、年月日、当前时段及星期等，再按【▲】键又可逆向显示本项目中各行内容。

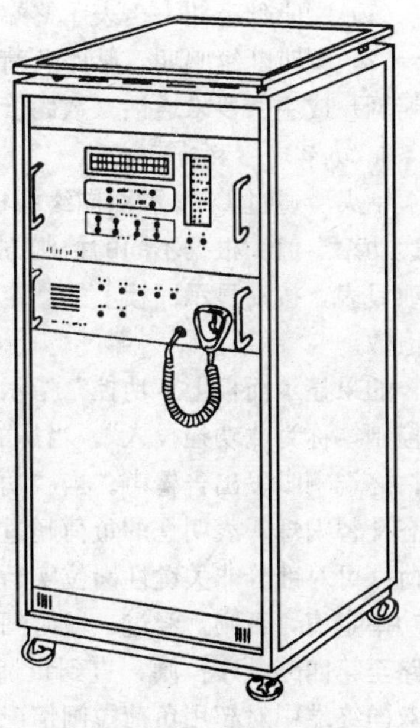

图 8-6　DS-1D 型柜式无线电电力负荷控制装置双向终端

（3）【F】键使用方法。

【F】键不能单独使用，必须与其他键配合。

1）先按【F】键再按【▲】键则为申请通话功能，此时数码管显示为：

Γ	—	—			0	0	0

如中央所同意与终端通话，中央所会向终端发出通话指令，此时终端显示：

Γ	—	—			3	0	0

表示允许通话 3min，并同时开始 3min 倒计时。通话完毕后，先按【F】键，再按【▼】键则为取消通话，表示挂机，此时显示为：

Γ	—	—			0	0	0

2）先按【F】键，再按【记录】键则进入状态显示项目，详细显示内容，见显示内容表。

3）先按【F】键，再按【电量】键则显示上月电量。

4）先按【F】键，再按【参数】键则显示电表止码。

2. 告警显示

通常情况下，喇叭不叫，但遇到下列情况时，喇叭发出鸣叫：

（1）喇叭低音叫一声表示终端机初上电。

（2）喇叭断续鸣叫，某路负荷开关即将断开（对应的隔离开关指示灯闪烁）或主所要求通话（数码管显示“Γ-×××”）。

3. 功率定值及功率控制

中央所通过DS-2型双向终端机实现控制用电的一个重要指标就是下达功率定值。根据不同的控制方式，有四种功率定值，用户可对照显示项目表，按动显示面板上的“定值”功能键查看中央所分配给用户的定值数。

如果显示面板上“功控”指示灯点亮并为绿色时，表示用电负荷受到控制，称为“功控投入”。当您的用电实时负荷达到“当前功率定值”时，终端喇叭发出告警声。当“功控”指示灯变为红色，被控负荷开关状态交替闪烁，表明您的负荷超过规定值，这时要做的工作是立即减少负荷（可对部分非关键性岗位实行内部拉闸断电），使负荷降到低于当前功率定值，否则，经过一段时间告警后，负荷控制开关将被自动从第一路至第四路顺序拉闸，直到负荷降到当前功率定值以内，并在DS-2型双向终端中对超用负荷拉闸情况进行记录。

如果显示面板“功控”指示灯熄灭，表示功率不受控制，即负荷放开。

中央站通过DS-2型双向终端实现控制用电的另一个重要指标是下达电量定值。根据不同的控制方式，分日控、月控两种，用户可对照显示项目表。按动显示面板上的“定值”功能键查看。

如果显示面板上“电控”指示灯亮，并为绿色时，表示用电量受到控制，称为“电控投入。”当您的当日（月）用电量达到本日（月）用电量定值的80%，终端机喇叭发出告警声，“电控”指示灯变为红色，被控负荷开关状态灯红绿交替闪烁，提醒您本日（月）电量已快用到定值，这时按显示面板上任意键，告警停止。当用电量达到定值时，负荷开关自动断开。如果显示面板上“电控”指示灯熄灭，表示电量不受控制，即电量放开。

用户在使用DS-2型双向终端时，特别要注意的就是“功控”和“电控”状态及其定值指标，在“功控”或“电控”指示灯点亮的情况下，应注意比较当前的实时负荷与当前功率定值的大小，比较当前的实时电量与当前电量定值的大小，严格在其定值以内，以保证计划用电。

第四节　电力需求侧管理

一、需求侧管理和综合资源规划

需求侧管理（DSM）和综合资源规划（IRP）是当前国际上推行的一种先进的管理和资源规划方法。它可应用在电力、煤气、热力、供水等公用事业部门。应用在电力部门称电力需求侧管理，简称需求侧管理。它于1992年初引入中国，已得到普遍重视和推广。综合资源规划是将资源供应侧和需求侧作为一个整体进行的资源规划，在电力规划中，把节电视作一种资源，即把电力需求侧管理减少的电量消耗和降低的电力需求，视为与电力供应侧资源同等重要的电力资源。综合资源规划更新了单纯注重以增加电力、电量供应来满足需求增长的传统思维模式，标志着人类在提高能源使用价值的思维上步入了一个崭新的阶段，预示着人类更高效、更经济地利用能源，以满足人们日益增长的物质文化需要。需求侧管理是综合资源规划的重要内容，搞好需求侧管理对于电力综合资源规划意义重大。

需求侧管理是电力公司采用行政、技术、经济等手段，与用户共同协力提高终端用电效率，改变用电方式，为减少电量消耗和电力需求，节约一次能源，提高经济效益和环境效益所进行的管理活动。需求侧管理是一项涉及面广而且复杂的系统工程。它无论是同电力部门传统的用电管理相比，还是同政府部门传统的三电办公室的管理相比，都有着观念上和理论上的创新，它更强调电力公司的主体作用，电力公司与用电户间的协作以及电力公司为用户的服务。

二、中国电力需求侧管理

电力需求侧管理是国家能源战略的重要组成部分，是缓解电力供应紧张状况，提高电力使用效率的重要举措，是科学发展观的具体体现，对促进能源、经济、环境协调发展具有重要意义。为了进一步做好全国电力需求侧管理，保证电力需求侧管理工作规范、有效、持续地开展，依据有关法律法规，于2004年5月27日国家发展和改革委员会、国家电力监管委员会联合印发了《加强电力需求侧管理工作的指导意见》。

（一）什么是电力需求侧管理

电力需求侧管理是指通过采取有效的激励措施，引导电力用户改变用电方式，提高终端用电效率，优化资源配置，改善和保护环境，实现最小成本电力服务所进行的用电管理活动，是促进电力工业与国民经济、社会协调发展的一项系统工程。

电力需求侧管理工作，要由各级政府大力推动和主导，加强规划管理、负荷管理、节电管理，大力开展宣传与培训，监管机构实施有效监管，利用经济、技术及必要的行政措施等多种手段，充分调动电网经营企业、发电企业、用户及能源中介机构等各方积极性，共同参与，共享收益，以取得最佳的社会效益和经济效益。

（二）电力需求侧管理涉及四方的职责

（1）各省（区、市）政府负责主导、推动本地区电力需求侧管理工作，组织制定电力需求侧管理规章、标准和规划，出台相应政策，建立健全电力需求侧管理运行机制，研究提出开展电力需求侧管理工作的内容和目标，推动能源服务中介组织的发展，建立大电力用户能源效率评价制度，协调社会、电力企业、用户的利益，充分调动各方积极性，推动电力需求侧管理健康发展。

（2）电力监管机构应协助政府制定有关规章、标准及政策，监督检查电力需求侧管理各项措施的落实和各项目标的完成情况。协助政府部门监督检查电力需求侧管理资金的使用以及高效节能产品和技术的推广应用等，保证电力需求侧管理工作规范健康发展。

（3）电网经营企业是实施电力需求侧管理工作的主体，受政府委托研究提出电力需求侧管理规章、标准、规划及政策建议，并在电力系统规划、生产和运行管理中落实电力需求侧管理的各项工作。

（4）电力用户要增强节能意识和环保意识，要制定节电规划，积极采用高效节电技术和产品，优化用电方式，提高能源效率，减少电力消耗，并配合落实各项负荷管理措施。大电力用户是电力需求侧管理的重要参与者，要根据能源效率评价制度要求，定期上报能源消耗指标，配合能源效率评价工作。

（三）规划管理

（1）各省（区、市）政府应根据本地区经济发展目标和电力供需特点，将通过电力需求侧管理节约的电力和电量，作为一种资源纳入电力工业发展规划、能源发展规划与地区经济发展规划。

(2) 各省（区、市）政府应组织本地电网经营企业制订年度电力需求侧管理工作计划，提出负荷管理目标、节电目标和实施方案等。

（四）负荷管理

(1) 各省（区、市）政府有关部门应制定积极的经济激励政策，引导用户移峰填谷、合理用电。经济激励政策包括：

1）适当扩大电网销售环节峰谷分时电价执行范围和峰谷分时电价价差。具备条件的地区，中小企业和居民用户也可实行峰谷分时电价。电网尖峰负荷突出的地区，可根据具体情况实行尖峰电价，尖峰电价水平适当高于高峰时段电价。

2）具备条件的地区在发电上网环节实行与电网销售环节联动的峰谷分时电价。

3）水电比重大或用电随季节变化大的地区可实行丰枯电价或季节性电价。

4）逐步扩大两部制电价执行范围，适当提高两部制电价中基本电价的比重。

5）研究可中断负荷和高可靠性电价政策，具备条件的地区，可制定可中断负荷与高可靠性电价实施办法。

(2) 各省（区、市）政府应大力推广蓄能，包括蓄冷、蓄热等转移负荷类技术措施。各地区要加快建设和完善电力负荷管理系统，负荷监控能力应达到本地区总用电负荷的70%，引导电力用户主动转移高峰负荷。

(3) 电力供需紧张情况下，各省（区、市）政府要组织电网经营企业制定电力需求侧管理错峰方案，按照“先错峰、后避峰、再限电”的实施原则，采取科学、合理、有效措施，实现有序用电、有序限电。当用电需求超过电网供电能力时，电网经营企业要按政府批准的拉限电序位表实施拉限电，并事先通知电力用户。错峰方案要优先保障居民生活、交通信号灯、农业灌溉以及其他重要用户的用电，避免出现因限电导致的社会不稳定问题。

（五）节电管理

(1) 各省（区、市）政府有关部门应制定经济补贴等优惠政策，研究提出信贷政策建议，扶持节电技术、产品的研究开发和生产。节能技术包括：绿色照明技术、产品和节能型家用电器；高效风机、水泵、电动机、变压器的应用技术；大功率低频电源冶炼技术；交流电动机调速运行技术；建筑节能技术等等。组织高效先进技术的示范工程，鼓励电力用户购买、使用节能技术和产品，替代旧的高能耗工艺。

（2）各行业协会要加强本行业的单位产值耗电量管理，研究提出本行业能效标准，对本行业的重点用电大户进行能源效率评价，并制订节能增效实施方案，报国家发展改革委备案。

（3）各省（区、市）政府应积极推行用电设备的能源效率标准和建筑节能设计标准，逐步淘汰低效用电设备，开展能源效率评价工作。

（4）各省（区、市）政府有关部门要根据产业政策和能效标准，定期对本地区前100家用电大户进行排序，确定本地区节电增效的重点电力用户，并制定或提出专项节电措施，落实责任，尽快提高用电企业的能源利用效率。

（六）宣传与培训

（1）加强电力需求侧管理的宣传工作。利用各种宣传手段，向全社会广泛深入地宣传电力需求侧管理的理念、意义、作用以及技术、产品和成功案例，为电力用户提供电力需求侧管理技术信息和经验，引导电力用户采用科学的用电方式和先进的用电技术。

（2）加强电力需求侧管理政策、标准、知识、技术等方面的培训，促进电力需求侧管理工作有效开展。各省（区、市）政府有关部门、各行业协会应组织需求侧管理的宣传和培训工作，各级电网经营企业要积极配合做好宣传和培训工作。培训重点提高政府部门有关人员的责任意识和管理水平；强化电网经营企业有关人员的服务意识，掌握技术标准，提高业务能力；加强电力用户的节能意识，熟知并执行技术标准，促进用电企业采用先进节能技术，提高能效。在电力供应紧张时期，电网经营企业的工作人员更应做到耐心、细致、周到地服务。

（七）资金来源与使用

（1）有关财政部门要大力支持电力需求侧管理资金的筹措，各省（区、市）政府要积极研究筹措电力需求侧管理专项资金。资金来源可考虑从销售电价代收的城市公用事业附加费中提取、从政府财政预算中列支以及调整电价政策等多种渠道筹集。逐步建立电力需求侧管理的效益机制，从施行电力需求侧管理带来的效益中筹集资金。

（2）电力需求侧管理资金必须专款专用，主要用于：电力需求侧管理的宣传、培训和示范项目，支持节电产品的研究开发，支持用户节电

技术改造、购买节电产品和实行可中断负荷的经济补贴，支持电网企业建设负荷管理系统等。

三、需求侧管理技术

需求侧管理技术主要包括引导手段、行政手段、技术手段和经济手段。

（一）引导手段

众多用电户在接受新型节电产品或节电技术时，往往存在着认识、技术、经济等方面的心理障碍，电力公司及有关行政机构必须通过诸多引导手段，使用电户正确认识、消除顾虑、产生购买欲望。

主要引导措施有：普及节能知识、信息传播、研讨交流、审计咨询、技术推广、宣传鼓动、政策支持、新旧对比等。

主要方式有两种：一种是利用各种媒介把信息传递给用户，如电视、广播、报刊、展览、广告、画册、读物、信箱等；另一种是与用户直接接触，提供各种能源服务，如讲座、座谈、研讨、培训、询访、诊断、咨询、审计等。

（二）行政手段

政府和有关职能部门通过法规、条例、标准等来规范电力消费和市场的行为，以政府持有的行政力量和权威性来推动节能节电、约束浪费、保护环境的管理活动。如减免税收、低息贷款、财政资助、利润提成、贯彻环保法等。

（三）技术手段

（1）削峰。在电网高峰负荷期减少用户的电力需求的方法称削峰。削峰的好处是可以减少高峰期间调用昂贵发电机组的次数，减少备用容量，降低运行费用，提高电网运行的安全性和经济性。削峰可以分为直接负荷控制和用户减负荷两种措施。

（2）填谷。填谷是指提高电网低谷负荷。为了刺激低谷时的用电需要，充分利用空闲机组，降低峰谷差，采用日峰谷价和季节性峰谷价。这样既能增加电力企业的收入，也降低了用户的电费支出。

（3）移峰填谷。采用分时电价、蓄冷、蓄热技术，电器设备交替运行及能源替代运行等，将电网高峰负荷移到低谷负荷时段运行，起到削峰和填谷的双重作用。

（4）提高用户的用电效率。通过改变用户的消费行为，采用先进的节能技术和高效节电设备来实现。主要措施有：采用高效用电设备，实行节电运行，采用能源替代，实现余能、余热回收，应用高效节电材料，作业合理调度，改变消费行为等。

（四）经济手段

利用经济杠杆原理刺激和鼓励用户主动改变消费行为和用电方式，减少电量消耗和电力需求的手段。主要经济手段有：电价鼓励、折让鼓励、免费安装鼓励、借贷鼓励、节电设备租赁鼓励、节电特别奖励、节电招标鼓励等。

参 考 文 献

1 国家电力公司农电工作部编．农村供电所标准规定汇编（2002 年版）．北京：中国电力出版社，2003.7
2 国家电力公司农电工作部编．农村供电所管理规定汇编（2002 年版）北京：中国电力出版社，2003.4
3 国家电力公司编．发供电企业劳动定员标准及使用说明汇编．北京：中国电力出版社，2002.1
4 王抒祥主编．供电所管理．北京：中国电力出版社，2000.8
5 国家电力公司农电工作部编．供电所规范化管理读本．北京：中国水利水电出版社，2002.5
6 国家电网公司农电工作部中国电力企业联合会农电分会组编．供电所工作务实手册．北京：中国电力出版社，2004.9
7 国家电力公司纠风办组编．供电优质服务规范手册．中国电力出版社，2002 年．7
8 国家电网公司发布．国家电网公司安全生产规程规定．北京：中国电力出版社，2003.11